道徳教育はこうすれば〈もっと〉おもしろい

未来を拓く教育学と心理学のコラボレーション

A collaboration for moral education

荒木寿友・藤澤　文　編著

北大路書房

巻頭言

　個人の権利や人間性を軽視した教師による価値の押しつけを排し，民主主義に立脚したモラルディスカッション（話し合いや討論）を通して，児童生徒自らが主体的に道徳性の発達に関与することこそ，これからの日本の道徳教育には必要である。そんな思いに駆られて，私たちは，理論編，実践編，教材編で構成した全く新しいタイプのモラルジレンマ授業に関する書籍を『道徳教育はこうすればおもしろい―コールバーグ理論とその実践―』として1988年に北大路書房から出版した（荒木, 1988）。1985年のコールバーグ博士の初来日も手伝って，『道徳教育はこうすればおもしろい』は，多くの研究者，現場の先生方の注目を集め，2015年には教育専門書としては異例の4版5刷と長期のベストセラー図書となっていた。

　私たちはその後，道徳性発達検査や役割取得検査等を開発し，小・中・高校生用に作ったモラルジレンマ教材を使って授業実践し，授業評価や授業分析を試みた。モラルジレンマ討論では知と情が相互作用することを，ベールズ授業分析を用いて様々なジレンマ教材のもとで実証したが，全く注目されなかった。しかしモラルジレンマ授業は北海道から沖縄まで全国に普及し，教育センターや教育委員会等でモラルジレンマ授業が取り上げられた。かくしてコールバーグ博士と親交のある道徳心理学者とのコラボで新訂『続 道徳教育はこうすればおもしろい―コールバーグ理論の発展とモラルジレンマ授業―』（荒木, 1997）を出版した。

　これまで40年近くのモラルジレンマ授業研究での主要な成果は次のようである。「道徳性発達研究会が開発したモラルジレンマ資料」（道徳性発達研究会・荒木, 2010）では，182編を紹介し，「兵庫教育大学方式によるモラルジレンマ授業の研究」（荒木, 2015）では，①従来型の道徳授業では道徳的な発達は認められなかったが，モラルジレンマ授業ではブラッド効果，1/3段階の道徳性発達の上昇以外に，2/5段階の役割取得能力の段階上昇を認めた。授業のねらいを道徳性の発達としたことが立証された事実は重い。②従来型の道徳授業と比べて参加した児童・生徒は内発的に動機づけられ，主体的で意欲的であった。

　ひるがえって，文部科学省は，単なる話し合いや読み物の登場人物の心情の読み取りに偏ることなく，道徳教育の質的変換を図るために，道徳教育に係る評価等の在り方に関する専門家会議（2016）を受けて，2017年3月，学習指導要領の全面改訂を行った。道徳の時間は「特別の教科 道徳」と位置づけられ，「読む道徳，聞く道徳」から「考え，議論する道徳」へと質的変換が図られ，道徳科での「主体的，対話的で

深い学び」の授業が打ち出された。すでにこの改革は，小学校は 2018 年度から，中学校は 2019 年度から始まっている。文部科学省（2017）は，新しい道徳を「発達の段階に応じ，答えが一つでない道徳的な課題を一人ひとりの児童生徒が自分自身の問題と捉え，向き合う『考える道徳』『議論する道徳』への変換を図るものである」と示した。この新しい道徳を表す，「発達の段階」，「答えが一つでない道徳的な課題」，「考え，議論する道徳」，という特徴は，モラルジレンマ授業においてもみられる。

　私たちはコールバーグに従って「発達の段階」表を表したが，文部科学省ではあいまいにしている。答えが 1 つでない課題，問題場面，認知的不均衡はモラルジレンマタイプ以外にも多数存在する。討論のために用意した発問が認知的不均衡を及ぼし討論を促す。このように 2 つは同じようであって同じでない。私たちが提唱するモラルジレンマ授業はどのような成果をもたらしたか？　「ぜったいひみつ」を用いた授業についての一連の分析（畑・荒木, 2019; 鈴木・荒木, 2019; 荒木, 2019）から道徳性の有意な発達が実証された。しかし，道徳性の発達という授業のねらい，「である」ではなく普遍性や指令性を求める当為「べき」で考える授業法，道徳性発達段階（価値分析）表に基づく評価等は，現場では全く浸透していないことがわかった一方で，「オープンエンド」の考え方，民主主義に立った話し合いは広く受け止められていた。

　コールバーグが示した「3 水準 6 段階の道徳性発達」の考えは，今なお世界の道徳教育における金字塔である。しかし，この 40 年間の間で世界の道徳心理学，道徳哲学，倫理学，そして道徳教育実践はその形を大きく変えている。コールバーグ理論を越える新たな試みや模索の中で，道徳教育の世界は大きな進歩を遂げている。本書『道徳教育はこうすれば〈もっと〉おもしろい』は教育方法学，道徳心理学の 2 本柱の上に「新生の道徳教育，道徳授業法」の構築を願って，コールバーグ道徳第 1 世代から見た第 2 世代の立命館大学荒木寿友氏と鎌倉女子大学藤澤文氏に編集を託した。自由な発想で，様々な立場の先生方を巻き込んで，非常におもしろい，最先端の研究成果を取り入れた，新しい形の道徳教育書が誕生したと考える。お 2 人に厚く感謝するとともにご執筆をいただいた諸先生方にお礼申し上げる。最後に編集の労を長年にわたってとっていただいた北大路書房，若森乾也氏にお礼申し上げる。

兵庫教育大学名誉教授　　荒木　紀幸

序　文

　荒木紀幸氏ならびに道徳性発達研究会（現日本道徳性発達実践学会）が中心となっ
て，日本におけるモラルジレンマ研究は展開されてきた。1988 年に『道徳教育はこ
うすればおもしろい』，そして 1997 年には『続　道徳教育はこうすればおもしろい』
が出版され，すでに四分の一世紀の歳月が流れた。この 2 冊によってコールバーグ研
究やモラルジレンマ授業が大きく進展したことは間違いないであろう。

　そして今回，『道徳教育はこうすれば〈もっと〉おもしろい』が出版される運びと
なった。

　本書は，先の 2 冊の続編にあたるものであるが，前著 2 冊がコールバーグ理論，な
らびにモラルジレンマ授業を中心に内容が構成されていたのに対して，本書はコール
バーグ理論にとらわれることなく，新しい道徳教育の在り方を様々な角度から切り込
んでいくことによって，多様な読者が「おもしろい」と知的好奇心を喚起することを
目指した。

　この数十年で社会状況が大きく変化しているのは周知の事実である。社会状況の変
化，すなわち，グローバリゼーションによる経済や文化の摩擦，国内外の経済格差の
拡大，思想の対立，環境・エネルギー問題，人口構造の変化，人工知能（AI）の台頭
など，世界各国が危急の課題としてこれらの変化に取り組まねばならない状況になっ
ている。これに伴い，教育の世界ではコンテンツベースからコンピテンシーベースへ
の転換が図られ（ただしこの両者は必ずしも対立するものではない），教育内容をど
れだけ再生できるかという旧来の学力観から，不確定な未来に対して私たち人間はい
かに思考を巡らせ判断し，多文化共生を図りながらよりよい世界を構築していくかと
いうことが教育の上で目指され始めている（たとえば OECD Education2030 など）。

　また発達心理学，進化心理学，乳幼児心理学をはじめ，文化人類学，脳神経科学，
ボノボやチンパンジーといった霊長類の研究，行動経済学など，実に様々な研究分野
において道徳にまつわる新たな知見がこの数十年で積み上げられてきている。

　このように，社会状況の変化に伴った教育に対する取り組みの変化や道徳における
新たな研究結果の蓄積を踏まえて，私たちは「道徳教育」そのものを再構造化してい
く時期に差し掛かっているといえるのではないだろうか。本書では，その第一歩を踏
み出そうと試みた。

　本書は 3 部に分かれる。第 1 部では，主として教育学の視点から道徳について捉え
ており，全 8 章で構成されている。第 1 章では，2017 年，2018 年告示の学習指導要

領においてどのような資質・能力を育んでいくのか，その中で道徳教育が果たすべき役割について論じている。続く第2章から第5章までは教育方法学の視点（目的・目標 - 内容 - 方法 - 評価）から道徳教育について捉え，今後の道徳教育や道徳科の方向性を示している。とりわけ第2章においては，コンピテンシーに基づき新たな道徳性の定義を試みている。第6章では多文化共生社会の実現に向けて，道徳科に対して国際教育の視点から提言がなされている。第7章では生活指導や進路指導と学校の教育活動全体で行われる道徳教育の相互補完的な関係について論じている。そして第8章では，これまで道徳教育の分野ではほとんど語られることのなかった法教育の視点から道徳教育の新たな可能性を探っている。

第2部では，道徳教育を心理学の観点から7つの章にわたって考察している。第9章は第2部の総論的な役割を果たす章になっている。道徳性発達研究，特にコールバーグ理論に焦点を当て，その問題点と現在の流れについてまとめている。第10章は道徳的情動に焦点を当て，道徳教育における情動の役割について論じている。続く第11章では，人々が助け合う「利他性」がどのような進化をたどったのか，人間という種を生物学的な基盤から捉えている。第12章は，反社会的行動について複数の視座から捉え，教育的介入をいかに行うかについて論じている。第13章では道徳的な振る舞いに関するパーソナリティ（性格）について考察し，教育的介入によって道徳的パーソナリティを安易に育む危険性について述べている。そして子どもの道徳性発達に焦点を当て，「心の理論」の発達と道徳性との関連について論じているのが第14章である。第2部の最後，第15章は，障害理解教育に焦点を当て，教室の中の多様性をいかにして保障していくかについて述べている。

第3部では，道徳の授業をどのように展開するのか，合計15本の学習指導案を掲載している。2018年度から小学校，2019年度には中学校で道徳科が完全実施されることもあり，実践者にとって参考となる指導案が提示されている。

このように，本書では道徳科を中心に据え，教育学の立場から理論枠組みを，心理学の立場から実証的証拠及び理論枠組みを，そして，実際の授業ではどのような実践が可能になってくるのかについて，いわば理論研究 - 実践の相互補完的な関係に基づき道徳教育のさらなる発展，理論的再構造化の礎となることを目指した。これからの道徳教育を考えていくにあたり，本書がひとつの「きっかけ」になれば幸いである。

執筆者を代表して

荒木　寿友

◆ 目 次

巻頭言　*i*
序文　*iii*

第1部　道徳を学校教育の観点から捉える　*1*

第1章　学習指導要領における道徳教育の捉え方　*2*

1. 道徳教育とその要としての道徳科　*2*

    (1) 道徳教育の教育課程上の位置づけ　*2*

    (2) 特別教科化の背景　*4*

2.「考え，議論する道徳」への質的転換　*6*

    (1)「考え，議論する道徳」とは　*6*

    (2) 道徳科の目標と育成を目指す資質・能力　*7*

    (3) 道徳科における「主体的・対話的で深い学び」の視点　*10*

3. 道徳教育のカリキュラム・マネジメント　*11*

第2章　コンピテンシー（資質・能力）としての道徳性　*13*

1. 人間はどこまで道徳的か　*13*

    (1) 直観的な道徳的判断の支配　*13*

    (2) 道徳の起源と人間の特性　*15*

2. 道徳性はどのように捉えられているか　*16*

3. 学習指導要領における資質・能力と新たな道徳性の枠組み　*18*

    (1) 学習指導要領における道徳性と資質・能力　*18*

    (2) 新たな道徳のコンピテンシー　*19*

4. おわりに　*22*

第3章　道徳教育内容・教材論　*23*

1. 内容項目とは何か　*23*

    (1) 内容項目と道徳的価値　*23*

    (2) 内容項目の4つの視点　*26*

    (3) 重点的に扱う内容項目はあるのか　*27*

2. 情報モラルや現代的な諸課題の扱い　*29*

    (1) 情報モラル　*29*

    (2) 社会の持続可能な発展などの現代的な課題　*30*

v

目　次

3．教科書教材の特徴と教材開発の視点　*31*

（1）教科書教材の特徴　*31*

（2）教材開発の視点　*32*

第4章　道徳教育方法論　*34*

1．道徳の授業の成立要件　*34*

（1）自己を見つめる活動　*35*

（2）多面的・多角的に物事を捉える活動　*36*

（3）自己（人間として）の生き方について考えを深める活動　*36*

2．「考え，議論する道徳」への転換　*36*

（1）「考え，議論する道徳」の背景　*36*

（2）自我関与と深い学び　*38*

（3）ディープ・アクティブラーニングと道徳における深い学び　*39*

3．道徳の授業における問いづくり　*39*

（1）場面発問　*40*

（2）中心発問　*40*

（3）テーマ発問　*41*

（4）補助発問（切り返し・問い返し発問）　*41*

（5）モラルジレンマにおける問い　*42*

4．学習指導案の作成について　*43*

（1）学習指導案とは何か　*43*

（2）学習指導案の作成　*43*

第5章　道徳科の評価　*47*

1．教育課程における教育評価の位置づけ　*47*

2．道徳科の評価　*48*

（1）「道徳の時間」の評価　*48*

（2）道徳科の評価：学習状況や道徳性に係る成長を見取る「視点」　*49*

（3）道徳科の評価：授業評価の「観点」　*51*

（4）どのように児童生徒の成長を記述するのか　*52*

3．道徳性の測定と評価　*53*

4．道徳における自己評価の可能性　*55*

（1）ポートフォリオ評価　*56*

（2）言語連想法を用いた評価の方法　*56*

目　次

第6章　多文化共生：グローバル時代の道徳教育　　*60*

1. はじめに　*60*
2. 教科「道徳」の内容上の変化　*61*
3. 国際理解から文化の多様性・複合性へ　*63*
4. 国際理解から共生へ：「異己」理解・共生プロジェクトから　*64*
5. 思考と対話の空間づくりの試み：シティズンシップ教育の視点　*66*
6. 偉人化の落とし穴：問いを立てることは可能か　*67*
7. おわりに：教師の役割　*68*

第7章　生活指導，教育相談と道徳教育　　*70*

1. 「道徳」で育てたいもの　*70*
   (1) 「道徳」がなかった時期　*70*
   (2) 社会要請のもとに復活した「道徳」　*71*
2. 子どもたちの生きづらさ　*72*
   (1) 子どもたちの生活の変化　*72*
   (2) 隠されるネガティブな感情と自己否定　*73*
3. 問題行動を克服し，予防する　*73*
   (1) 問題行動とは何か　*73*
   (2) 問題行動への対応　*74*
   (3) 問題行動の予防　*75*
4. 生活の中で獲得される道徳的価値観　*76*
   (1) 発達段階に応じて獲得される道徳的価値観　*76*
   (2) 子どもたちを生活主体として育てる　*77*

第8章　法教育と道徳教育：当事者視点で反道徳的行為への対応を考える「修復的正義」　　*79*

1. 法教育を通して，反道徳的行動への事後対応を考える機会を　*79*
2. 従来の法制度を超えた「エルマイラ事件」への対応方法　*81*
3. 当事者視点から法制度の課題を乗り越える「修復的正義」　*83*
4. 法を学ぶだけでなく，道徳的に再考する機会を　*85*

vii

目　次

第2部　道徳教育を心理学の観点から考える　*89*

第9章　道徳的認知　*90*

1. 道徳性発達研究の始まり　*90*
   - (1) 子どもの規則理解の始まり　*90*
   - (2) 児童期以降の道徳判断の発達　*92*
   - (3) 相手の置かれた立場や気持ちの理解　*94*
2. コールバーグ派への反論　*95*
   - (1) 子どもは道徳がわかる，慣習もわかる　*95*
   - (2) 道徳領域，慣習領域，個人領域の発達　*96*
   - (3) 直観か，あるいは理性的判断か　*97*
   - (4) 道徳は公正概念だけから構成されるのか　*98*
   - (5) コールバーグ派への反論の反論　*99*
3. 認知発達理論に基づいた道徳教育　*100*
   - (1) モラルジレンマ討論　*100*
   - (2) ビジネス倫理　*101*
4. 「考え，議論する道徳」への教育的示唆　*102*

第10章　道徳的情動：クリスチャンソンの情動教育を中心に　*104*

1. 道徳的情動とは何か　*104*
   - (1) 程度問題としての道徳的情動　*106*
   - (2) 徳の情動　*107*
2. 道徳的情動の具体：畏敬・尊敬を例に　*108*
3. 「考え，議論する道徳」への教育的示唆：道徳的情動をどのように育むか　*111*
   - (1) 情動教育の考え方　*112*
   - (2) 情動教育の具体的方略　*112*
4. おわりに　*114*

第11章　利他行動：進化からみたヒトの利他性　*115*

1. なぜヒトは「利他的」なのか　*115*
   - (1) 複数レベル淘汰　*115*
   - (2) 偏狭な利他主義と戦争，罰　*117*
   - (3) 互恵的利他主義　*118*
   - (4) 間接互恵性　*119*

viii

2. 「心でっかち」な私たち　*120*

　(1) なぜ動機や意図を問題にするのか　*120*

　(2) 心は適応的なモジュールの寄せ集め　*121*

　(3) 「道徳的行為」は状況に左右される　*122*

3. ヒトはどのような生物か　*123*

第12章 反社会的行動：バーチャルリアリティの教育場面への応用可能性
124

1. 反社会的行動とは　*124*

2. 子どもの反社会的行動　*124*

3. 学問による反社会的行動の捉え方の異なり：社会学的側面，生物学的側面，
心理学的側面，精神医学的側面　*127*

4. 道徳心理学の知見を踏まえた基礎的研究と教育的介入　*128*

5. 教育的介入におけるバーチャルリアリティの活用　*129*

第13章 モラルパーソナリティ　*132*

1. パーソナリティと道徳性　*132*

　(1) パーソナリティ特性とは何か　*133*

　(2) パーソナリティ特性と道徳性の関連　*134*

2. パーソナリティは変わるのか　*136*

　(1) 児童期のパーソナリティ特性　*136*

　(2) 青年期のパーソナリティ特性　*137*

　(3) パーソナリティ特性の変化に関する注意点　*137*

3. 「道徳的」なパーソナリティは育むことができるのか　*138*

第14章 子どもの道徳性の発達　*140*

1. 道徳性はどのように発達するか　*140*

　(1) 理性か直観か　*140*

　(2) 赤ちゃんの道徳性のめばえ　*141*

2. 理性的な道徳的判断を支える心の働き　*143*

　(1) 実行機能の発達と道徳性　*143*

　(2) 心の理論の発達と道徳性　*144*

3. 「考え，議論する道徳」への教育的示唆　*145*

第15章 子どもの多様性と道徳：障害理解教育を通じた多様性の理解　*148*

1. 多様な児童生徒の存在　*148*
   - (1) クラスの中の多様性　*148*
   - (2) 多様性の理解：偏見と寛容　*150*
2. クラスにおける障害児童生徒　*151*
   - (1) 障害をもつ児童生徒の困難　*151*
   - (2) 問題を抱えた障害児童生徒への対応　*152*
3. 障害理解と教育　*154*
   - (1) 障害理解教育の現状と課題　*154*
   - (2) 障害理解を促すために　*155*

第3部　学習指導案を創る　*157*

第16章 小学校低学年の指導案　*158*
- ❶ 食べられない給食 （B-(6)：親切，思いやり　B-(7)：感謝）　*159*
- ❷ 友達と仲良く （B-(9)：友情，信頼）　*165*

第17章 小学校中学年の指導案　*169*
- ❶ 高いところに引っ越す？　引っ越さない？ （C-(16)：郷土愛　D-(18)：生命の尊重）　*170*
- ❷ どちらが正しいのか （C-(12)：規則の尊重　D-(19)：生命の尊さ）　*176*

第18章 小学校高学年の指導案　*183*
- ❶ 無料通話アプリの書き込みを考えてみよう （情報モラル）　*184*
- ❷ 自分が選んだ道を進む （D-(22)：よりよく生きる喜び）　*188*
- ❸ 心の健康 （A-(6)：真理の探究）　*192*
- ❹ 「なってみる」活動を通して体験的に理解を深める道徳授業 （B-(11)：相互理解，寛容）　*200*

第19章 中学校の指導案　*205*
- ❶ 命を大切にする，とは （D-(19)：生命の尊重）　*206*
- ❷ All for One, One for All （C-(15)：集団生活の充実　A-(3)：向上心，個性の尊重　B-(8)：友情，信頼　C-(10)：遵法精神，公徳心）　*211*
- ❸ 守りたいもの （C-(10)：遵法精神，公徳心）　*217*

❹ 国際理解，国際貢献（C-(16)：我が国の伝統と文化の尊重　C-(18)：国際理解，国際貢献）　*221*

❺ 仲間になるためには何が必要か（B-(8)：友情，信頼）　*227*

第20章 特別支援学校・高等学校の指導案　*232*

❶ 自分や友達のいいところを知ろう（A-(4)：個性の伸長　B-(10)：相互理解，寛容）　*233*

❷ 職業選択と金融の働き（現代的な課題）　*238*

文　献　*244*
人名索引　*261*
事項索引　*262*
あとがき　*266*

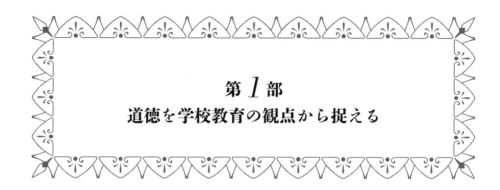

第1部
道徳を学校教育の観点から捉える

　Moral（道徳）という言葉の語源には「習慣」や「慣習」という意味が含まれている。次第にその習慣などが誕生してくる場としての「住処」や，習慣を身につけていくという意味で「性格」「性行」という意味も含意するようになった。狩猟生活を営んでいた太古の昔，私たちは生き延びていくために個人ではなく共同で生活をすることを選択し，その共同生活を営む場が安心・安全な場であるために「道徳」は誕生したといえる。大昔の私たちにとって，例えば集団内での凝集性を高めたり，他者に思いやりを示したり，食物を平等に分配するといったことは生き延びていくために必須のものであった。道徳は人類が生きていくための「智慧」として生み出してきたものといっても過言ではない。
　そういった意味において，現代の私たちにとっても道徳は生きていくために必要とされるものに違いはない。しかしながら，私たちの活動範囲が広がり，社会の在り方そのものが変化してきたおかげで（いわば society1.0 から society5.0 の社会の到来），大昔の道徳の在り方に盲従していくだけでは行き詰まりをみせるのも当然であろう。つまり，従来の慣習的な道徳に従いつつも，よりメタ的な視点から道徳そのものを捉え直し，私たちが他者と協働しながらよりよく生きていくためにはどうすればよいか，私たち自身が改めて熟慮していく必要がある。そのためには，道徳そのものを様々な角度からより広く捉えていくための「知識」を得なければならない。
　第1部では，これからの道徳教育の在り方について再考していくためのアイディアが集まっている。前半は教科としての道徳が目指そうとしていることは何か，これからの道徳教育において育成すべき「力」とは何か，またそれらをどのように学校教育で育んでいくのかという道徳教育論の視点から論じられている。後半は多様な文化的背景を有した私たちが地球市民としていかに生きていくのかという国際教育の視点や，生活指導と道徳教育の相互補完的な関係性についての論考，道徳的ではない行為が生じた際にいかに対応するのかという法教育の視点から道徳教育について論じている。
　道徳が教科化されることにより道徳科の授業づくりに焦点が集まりがちであるが（そしてそれを否定するつもりは全くないが），私たち人間がどういう存在で，だからこそ道徳教育はこれから何を目指すべきなのかゆっくりと考える時期が来ているように感じる。第1部がその一助となれば幸いである。

1

第 *1* 章
学習指導要領における道徳教育の捉え方

- 学習指導要領の理念である「生きる力」を育むために，現代の道徳教育には何が求められているのでしょうか。
- なぜ，「考え，議論する道徳」への質的転換が求められているのでしょうか。

　本章では，日本の教育課程の基準となる学習指導要領における道徳教育の位置づけを確認する。その上で，21 世紀の学校教育はどのような資質・能力の育成を目指すのか，その中で道徳教育が果たすべき役割は何かを明らかにし，この課題に応えるための道徳科の質的転換について検討する。

1. 道徳教育とその要としての道徳科

(1) 道徳教育の教育課程上の位置づけ

　日本の学校教育には，道徳教育の視点でみると，2 つの大きな特徴がある。

　1 つは，学校の教育活動全体で道徳教育を行うとしつつ，同時に，教育課程上に道徳に関する学習時間を設置していることである。この枠組みは，1958（昭和 33）年告示の学習指導要領で「道徳の時間」が導入されて以降，一貫して学習指導要領に明示され，継承されてきた。

　2015（平成 27）年 3 月，学習指導要領の一部改正により，「道徳の時間」は，「特別の教科である道徳」（以下，道徳科）と新たに位置づけられた。これは，戦後道徳教育史上の大きな転換であるが，この特別の教科が学校における道徳教育の「要」となるという位置づけは堅持されている。学習指導要領を確認しよう（文部科学省，2017a，p. 17）。

> 学校における道徳教育は，特別の教科である道徳（以下「道徳科」という。）を要と
> して学校の教育活動全体を通じて行うものであり，道徳科はもとより，各教科，外
> 国語活動，総合的な学習の時間及び特別活動のそれぞれの特質に応じて，児童の発
> 達の段階を考慮して，適切な指導を行うこと。

　もう１つの特徴は，学力と人格形成との関係である。日本の学校教育を象徴する言
葉に「知・徳・体」がある。これは，日本の学校教育が，知識や技能など狭義の「学
力」だけでなく，道徳や情操，そして心身の健康など広く人格形成に関わる学習を重
視してきたことを意味する。学習指導要領の理念である「生きる力」は，この姿勢を
継承し，「確かな学力」「豊かな心」「健やかな体」の調和のとれた発達によって育まれ
る，とされてきた。

　さらに，「学力」をどう捉えるかについても，日本の学校教育には，独自の伝統があ
る。それは，1960年代のいわゆる「学力論争」で議論されたように，学力と意欲や態
度などの情意との関係が注目されてきたことである。知識や技能など測定可能な学力
だけでなく，それに影響を及ぼす人格形成を広義の学力（学校で育てるべき力）とし
て捉える学力観が継承されてきたといえよう。

　2000年代以降，世界の学校教育改革を牽引してきたOECD（経済協力開発機構）
のDeSeCo（definition and selection of competencies）プロジェクトは，学校で育成
を目指す学力をキー・コンピテンシーとして再定義する取り組みであった。この
キー・コンピテンシーは，知識を「相互作用的に道具を用いる」能力として位置づけ
るとともに，「自律的に活動する」「異質な集団で交流する」という人格に関わる資
質・能力として提起された。現在，OECDがこのキー・コンピテンシーの次世代版
として国際的に議論を進めている「OECD2030」プロジェクトでは，感情や意欲な
どの非認知能力や態度・価値観の育成にいっそう注目して検討が進められている
（OECD, 2018）。日本の学校教育が培ってきた広義の学力観は，かつて中央教育審議
会（以下，中教審）も指摘したように，この世界的な潮流を「先取り」（中教審, 2008,
pp. 9-10）していたともいえよう。

　2017（平成29）年告示の学習指導要領では，この世界的な動向を視野に入れつつ，
これまで日本の学校教育が目指してきた，知・徳・体の調和のとれた「生きる力」の
育成を「強み」として，それらを今日的視点で再構築した「育成を目指す資質・能力
の三つの柱」が提起された（図1-1）。

　この三つの柱は，「確かな学力」「健やかな体」「豊かな心」の育成が，ややもすると

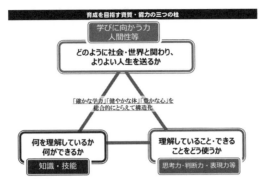

図 1-1　育成をめざす資質・能力の三つの柱（中教審, 2016, p. 441）

分業的に捉えられがちであったことを課題として、それらが「相互に関連し合いながら一体的に実現されるものであること」（文部科学省, 2017b, p. 23）を示そうとしたものである。

　道徳教育とその要となる学習時間を教育課程上に位置づけ、人格形成を固有の学習活動として確立してきたことは、日本の学校教育の「強み」といえよう。しかしその反面、人格形成と学力形成が分断され、道徳の学びを教科や実生活と統合して「社会や世界とどう関わり、いかに生きるか」という問いにつなげてこなかったという課題もあった。今回の学習指導要領改訂は、この分断を乗り越えるため、「生きる力」を学校教育で育成を目指す資質・能力として再構成した。道徳教育にも、三つの柱をつなぐ学びの実現が求められているのである。

(2) 特別教科化の背景

　道徳教科化の直接的な契機となったのは、内閣府に設置された教育再生実行会議の第一次提言（2013）である。この提言は、いじめ問題の本質的な解決に向けた方策の1つとして、新たな枠組みによる道徳の教科化を求めた。

　教科化の提言は、第一次安倍内閣下で設置された教育再生会議の第二次報告（2007）でも提起されていた。しかし、当時の中教審は、専門部会の審議を経て、「引き続き検討する必要がある」として、教科化を見送っている（中央教育審議会初等中等教育分科会教育課程部会, 2007, p. 60）。

　今回の提言では、いじめ問題に焦点化して道徳教育の在り方が問われたことが大きい。1980年代にいじめが社会問題となって以降、様々な対策が取られてきたにもかかわらず、道徳教育が積極的な役割を果たせなかったという指摘には、改革の必要性

を訴える説得力があった。この認識が出発点となったことで，以後の議論では，道徳的問題を自分の問題として受け止め，解決する力を育てる実効性ある授業をどう創るかという問題意識が基調となっていった。

　教育再生実行会議の提言を受け，文部科学省は，「道徳教育の充実に関する懇談会」を設置（2013［平成25］年3月），その報告（同年12月26日）を踏まえて中教審に諮問，中教審は，「道徳教育に係る教育課程の改善等について（答申）」（2014［平成26］年10月21日）において，道徳を「特別の教科」とする方針を示した。

　この約1年半にわたる検討で特徴的なのは，いじめ問題の解決を出発点としつつも，それを越えて，子どもたちにこれからの時代を生きる力を育むために道徳教育はどうあるべきか，道徳授業でどんな資質・能力を育むべきかという視点から，目標や指導法が抜本的に見直されたことである。その検討には，それと並行して進められていた，学習指導要領全面改訂に向けた「育成すべき資質・能力」に関する検討（文部科学省，2014）が影響を与えていた。道徳教育の改革は，学習指導要領改訂の基本的な考え方を「先取り」（道徳教育に係る評価等の在り方に関する専門家会議，2016, p. 16）するものとなったのである。

　特に目を引くのは，従来の指導法に対する具体的な課題の指摘である。審議を通して繰り返し指摘されたのは，次のような問題である。

- 指導が道徳的価値の理解に偏りがち
- 単に読み物の登場人物の心情を理解させるだけなどの型にはまった指導，形式的な指導になりがち
- 望ましいと思われるわかりきったことを児童生徒に言わせたり書かせたりする授業になっている
- 児童生徒の発達の段階に即した指導方法の開発・普及が十分でない

　こうした指摘を受けて，審議では，道徳の授業に対する学校や教師間の格差解消（量的確保）という従前から指摘されてきた問題以上に，道徳授業はどうあるべきかという「質的転換」に踏み込んだ検討が行われた。その上で，道徳教育で育む資質・能力については，「多様な価値観の，時に対立がある場合を含めて，誠実にそれらの価値に向き合い，道徳としての問題を考え続ける姿勢こそ道徳教育で養うべき基本的な資質である」（中教審，2014, p. 3）と明示された。また，道徳の授業については，特定の価値観の押しつけや抽象的な価値理解に終始するのではなく，「個人が直面する様々な事象の中で，そこにある事象を深く見つめ，自分はどうすべきか，自分に何が

できるかを判断し，そのことを実行する手立てを考え，実践できるようにしていく」（文部科学省，2017c, p. 3; 2017d, p. 3）ことが改善の基本方針として示されたのである。

特別教科化に向けた審議では，実効性ある道徳授業の実現が目指されてきたが，それは「どう行為すべきか」を直接授業で指導せよという意味ではない。問題なのは，授業では内面的資質のみを育成し，どう行為するかは個々の実践場面に委ねるような学習によって，心情や思考と行為が分断されることである。道徳科で育成を目指すのは，価値理解や道徳的問題に関する思考・判断を行為や実践，そして自分自身の生き方へとつなぐ力なのである。

次節では，この方針の下，道徳科がどのように設計されたかを確認しよう。

2.「考え，議論する道徳」への質的転換

(1)「考え，議論する道徳」とは

道徳授業の質的転換のキーワードとなったのが「考え，議論する道徳」である。「学習指導要領解説　特別の教科　道徳編」では，特別教科化の趣旨として，「発達の段階に応じ，答えが一つではない道徳的な課題を一人一人の児童（生徒）が自分自身の問題と捉え，向き合う，『考える道徳』，『議論する道徳』へと転換を図るものである」（文部科学省，2017c, p. 2; 2017d, p. 2；括弧内は 2017d）と示されている。その後，中教審答申においても「全国の一つ一つの学校において，『考え，議論する道徳』への質的転換が着実に進むようにすることが必要である」（中教審，2016, p. 219）と強調された。同答申では，この「考え，議論する道徳」を実現することが，学習指導要領全体で目指す「主体的・対話的で深い学び」を実現することになる（中教審，2016, p. 224）とも示されている。

ここで問題となるのが，道徳授業における「議論」をどう捉えるかである。

一般に「議論」には，互いの意見が分かれ，対立し合うイメージがある。道徳授業には，「議論」ではなく「対話」の方が相応しいのでは，という声も聞く。なぜ，道徳科において「議論する道徳」が求められたのだろうか。

まず，「議論する道徳」が，「考える道徳」と一体で示されていることに注目しよう。具体的な授業づくりの場面では，両者を分けて捉えることもできるが，ここで想定されているのは，考えることと議論することの往還的な学習である。

今回の改訂で，道徳科の目標には，「道徳的諸価値の理解を基に，自己を見つめ，様々な物事を（広い視野から）多面的・多角的に考え」るという学習活動が新たに示された（文部科学省，2017c, 2017d; 括弧内は 2017d）。一見すると，「自己を見つめる」

や「多面的・多角的に考える」ことは，個人内思考でも実現できそうにみえる。しかし，そうだろうか。

英語に deliberation という語がある。この語には，個人内思考である「熟慮」に加え，「熟議」，すなわち，他者とともにあるいは集団で話し合うという意味がある。まさに「考え，議論する」営みである。熟議とは，自分の意見を根拠をもって表現しつつ，他者の意見も受容し，正当な理由がある場合には互いに意見を修正する心構えをもって臨む話し合いである。ディベートのような論争と決定的に異なるのは，意見の変容や合意形成の可能性を重視している点である。

「自己を見つめる」ことも「多面的・多角的に考える」ことも，1人の孤独な思考だけでは困難である。自分に受容的なまなざしを注ぐ他者の視点や自分では気付かなかった見方と出会う中で，自己内対話や多様な視点を取って考える力が育まれていく。そう考えるなら，「考え，議論する」とは，自己を見つめ，多面的・多角的に考えるための道徳的実践といえるだろう。

もちろん，このような議論には対話も含まれる。あえて議論としたのは，教材や教師との対話だけでなく，子ども同士が関わり合い，ともに学ぶ意義が強調されているからである。「考え，議論する道徳」は，道徳授業の新たな方向性とともに，子どもが自由に思いや意見を出し合える学級づくりが大切であることも示しているのである。

（2）道徳科の目標と育成を目指す資質・能力

さて，今回の学習指導要領改訂では，全教科等において，目標に学習活動を含むよう表現が改善されている。ここで，道徳科の目標を確認しておこう（文部科学省，2017c, 2017d; 括弧内は 2017d）。

> 第1章総則の第1の2の（2）に示す道徳教育の目標に基づき，よりよく生きるための基盤となる道徳性を養うため，道徳的諸価値についての理解を基に，自己を見つめ，物事を（広い視野から）多面的・多角的に考え，自己の（人間としての）生き方についての考えを深める学習を通して，道徳的な判断力，心情，実践意欲と態度を育てる。

道徳科の目標は，「よりよく生きるための基盤となる道徳性を養う」ことを道徳教育全体の目標と共有している。その上で，道徳科に固有なのは，①道徳性を「道徳的な判断力，心情，実践意欲と態度」という諸様相で示していること，②道徳性を養う学習活動を「道徳的諸価値についての理解を基に，自己を見つめ，物事を（広い視野

道徳的諸価値の理解と 自分自身に固有の 選択基準・判断基準の形成	生徒一人一人の 人間としての生き方に ついての考え（思考）	人間として よりよく生きようとする 道徳性
○**道徳的価値の意義及びその 大切さなどを理解すること** ・ 人間としてよりよく生きる上 　で，道徳的価値は大切なこと 　であるということの理解 ・ 道徳的価値は大切であっても， 　なかなか実現することができ 　ないことの理解 ・ 道徳的価値を実現したり，実 　現できなかったりする場合の 　感じ方，考え方は多様である 　ということを前提とした理解 　　　　　　　　　　　　　など	○**自己を見つめ，物事を多面的・ 多角的に考え，自己の（人間と しての）生き方についての考え を深めること** （中学校） ・ 人生の意味をどこに求め，い 　かによりよく生きるかという 　人間としての生き方を主体的 　に模索する ・ 人間についての深い理解を鏡 　として行為の主体としての自 　己を深くみつめる （小学校） ・ 道徳的価値に関わる事象を自 　分自身の問題として受け止め 　る ・ 他者の多様な考え方や感じ方 　に触れることで，自分の特徴 　などを知り，伸ばしたい自己 　を深く見つめる ・ 生き方の課題を考え，それを 　自己（人間として）の生き方 　として実現しようとする思い 　や願いを深める 　　　　　　　　　　　　　など	○**自己の（人間としての）生き 方を考え，主体的な判断の下に 行動し，自立した人間として他 者とともによりよく生きるため の基盤となる道徳性** 道徳的価値が大切なことなどを 理解し，様々な状況下において 人間としてどのように対処する ことが望まれるか判断する能力 （道徳的判断力） ・ 人間としてのよりよい生き方 　や善を指向する感情（道徳的 　心情） ・ 道徳的価値を実現しようとす 　る意志の働き，行為への身構 　え（道徳的実践意欲と態度） 　　　　　　　　　　　　　など

道徳性を養うための
学習を支える要素 ⎵⎵⎵⎵ 道徳教育・道徳科で
育てる資質・能力

図1-2　道徳性を養う学習と，道徳教育で育成をめざす資質・能力の整理
（中教審, 2016, p. 415）

から）多面的・多角的に考え，自己の（人間としての）生き方についての考えを深める学習を通して」と明示していること，である。

　図1-2は，学習指導要領で育成を目指す資質・能力の三つの柱（図1-1参照）を，道徳教育・道徳科における学習活動と育成を目指す資質・能力に対応させたもので，中教審答申「別添資料」に掲載されている。

　ここで注意しなければならないのは，道徳科の学習指導要領が，全面改訂に先立って改正されたことである。基本的な考え方を「先取り」していたとはいえ，一部改正後に行われた中教審の検討は反映されていない。具体的には，他教科等では，①目標が三つの柱で整理された資質・能力を踏まえている，②その教科に固有の「見方・考

え方」を働かせて学ぶ，ということが示されている。これらの点は，道徳科では，中教審答申（2016）に示されているため，同答申を確認する必要がある。

なお，「道徳的諸価値についての理解を基に」とあるのは，"価値について理解する学習を先に行ってから，他の学習活動を行う"という意味ではない。道徳科の内容である道徳的諸価値については，学習に先立って，子どもたち自身が，実生活の様々な体験を通して自分なりの「価値理解」をもっていることに留意しなければならない。道徳科の学習では，それらの既有の理解を基にしながら，自己をみつめ，多面的・多角的に考えつつ，価値理解をさらに深めていく学習活動が求められているのである。

この整理で矢印で示されているように，道徳科において育成を目指す資質・能力（「道徳性」）は，「価値の理解と自分自身に固有の選択基準・判断基準の形成」と「生徒一人一人の人間としての生き方についての考え」の往還的な学習によって養われる，とされている。

ところで，この整理では，三つの柱の「知識・技能」に相当する「価値理解と自分自身に固有の選択基準・判断基準の形成」について，小・中学校では，「道徳的諸価値の意義及びその大切さなどを理解すること」として，価値理解中心の示し方となっている。「自分自身に固有の選択基準・判断基準の形成」は，高等学校における道徳教育の課題と位置づけられており，そこでは，「道徳的諸価値の理解に基づき，自分自身に固有の選択基準・判断基準を形成すること」に焦点が当てられている（中教審, 2016, p. 415）。

この区別は，発達の段階を考慮してのことだろう。しかし，小・中学校段階で育む資質・能力が，「価値理解」中心の示し方でよいだろうか。高等学校における道徳教育が，小・中学校の学習からの段階的発展であるなら，「自分自身に固有の選択基準・判断基準の形成」について，重点の置き方は異なるとしても，発達に応じた学習を示す必要があるのではないか。

このことは，道徳性をどう捉えるかという問題でもある。

学習指導要領における道徳性の捉え方について，中教審答申は，次のように指摘している。「道徳性の諸様相についての説明は昭和 30 年代から大きく変わっていないが，今後，関係する諸分野における科学的知見や資質・能力に関する研究等の進歩を踏まえながら，より分かりやすく適切な示し方について研究がなされることが期待される」（中教審, 2016, p. 228）。道徳科で育成を目指す資質・能力や価値理解と思考力を実践力へつなぐ道筋については，「考え，議論する道徳」の授業実践と手を携えて研究を進めていく必要があるだろう。

（3）道徳科における「主体的・対話的で深い学び」の視点

「主体的・対話的で深い学び」は，新学習指導要領全体で目指す学びの改善の視点である。道徳科における授業改善の視点，そして「深い学び」を実現する鍵となる「見方・考え方」についても，中教審答申（中教審, 2016）で確認しよう。

まず，「見方・考え方」とは，事象や状況を捉える，その教科等に固有なものの見方や考え方であり，各教科の学びの特質を示すものでもある。道徳科における「見方・考え方」については，答申において，「今回の改訂で目標に示されている，『様々な事象を，道徳的諸価値の理解を基に自己とのかかわりで（広い視野から）多面的・多角的に捉え，自己の（人間としての）生き方について考えること』であるといえる」（中教審, 2016, p. 221）と示されている。道徳科の学習では，目標に盛り込まれている，様々な事象や状況を道徳的諸価値の理解を基に多面的・多角的に捉え，自己を見つめる学習活動を実現することで，道徳性の育成につながる「見方・考え方」が育つと考えられているのである。

次に「主体的・対話的で深い学び」の視点については，授業の型として捉えるのではなく，授業を構想し改善するための手掛かりと位置づけられ，以下のように具体的に例示されている。

道徳科における「主体的な学び」の視点では，子どもが問題意識や見通しをもって学習に臨めるような工夫，さらに，学んだことを振り返ってこれからの課題や目標を見出す振り返り学習が大切であるとされる。

「対話的な学び」の視点は，子ども同士，教師やゲストティーチャーなど多様な関わりの中での学びを実現することである。それに加えて，答申では，「理解し合い，信頼や友情を育む（信頼，友情）」と「同調圧力に流されない（公正，公平，社会正義）」といった葛藤や衝突が生じる場面を取り上げ，異なる考えに接し，多面的・多角的に考え，議論する意義も示されている。

「深い学び」の視点は，「見方・考え方」を深め，広げる学びである。道徳科では，主体的・対話的な学びを実現する中で，様々な状況に道徳的問題を見出し，どうすべきかを主体的に考え，選択する学習が求められている。

道徳科の学びを創る鍵は，答えが1つでない道徳的問題を様々な考えをもつ仲間とともに探求し，価値や生き方に対する「見方・考え方」を深めながら，自らの生き方を展望できるような，多様な学習活動の創造であるといえよう。

3. 道徳教育のカリキュラム・マネジメント

　新学習指導要領の理念を実現する方策として，「主体的・対話的で深い学びの視点からの授業改善」とともにあげられているのが，学校における「カリキュラム・マネジメント」である。

　「カリキュラム・マネジメント」は，学習指導要領総則において次のように3つの側面から定義されている。すなわち，各学校において，子どもや学校，地域の実態を把握して，①教育の目的や目標の実現に必要な教育の内容等を教科等横断的な視点で組み立てていくこと，②教育課程の実施状況を評価してその改善を図っていくこと，③教育課程の実施に必要な人的又は物的な体制を確保するとともにその改善を図っていくこと，などを通して，組織的かつ計画的に教育活動の質の向上を図っていくことである。

　これらの3側面は，学習指導要領前文が掲げる「社会に開かれた教育課程」を実現する具体的な方策であり，学校における子どもの様々な学びをつなぎながら，その学びを実生活や社会とつなぐ営みである。

　もとより学校における道徳教育には，各学校の創意工夫あるカリキュラム開発が期待されてきた。育てたい子ども像や重点的に取り組む課題を設定し，教科横断的な全体計画を立て，地域の多様な人材や資源を活用し，成果を評価して改善する。道徳教育でこれまでも示されてきた一連の実践が，今回の学習指導要領であらためてカリキュラム・マネジメントとして明示されたといえよう。道徳教育には，学校全体で取り組むカリキュラム・マネジメントの中心的役割を担うことが期待されているのである。

　その要となる道徳授業には，学校の様々な学びに開かれ，社会とつながる学習が求められる。そこで注目したいのが，学習指導要領総則や道徳科に盛り込まれた「現代的課題」の学習の充実である。

　現代的な課題の学習は，諸価値の学習を現実の文脈へつなぎ，多様な見方・考え方に出会いながら答えが1つでない問題を考え続ける姿勢を養うとともに，解決に向けた主体的な選択・判断基準を形成することへとつながっている。道徳科における現代的課題の学習は，知・徳・体を統合した横断的学びを実現する鍵となるだろう。

　学習指導要領前文は，これからの学校には，一人ひとりの児童生徒が，「自分のよさや可能性を認識するとともに，あらゆる他者を価値のある存在として尊重し，多様な人々と協働しながら様々な社会的変化を乗り越え，豊かな人生を切り拓き，持続可

能な社会の創り手となることができるようにすること」が求められると謳う。この理念は，中教審答申では，「よりよい社会と幸福な人生の創り手」（中教審, 2016, p. 11）と表現されていた。OECD の Education 2030 が目指すのも，個人と社会の well-being（幸福・福祉）の実現である。子ども一人ひとりが，自分の幸福とよりよい生き方をつなぎ，幸福な人生とよりよい社会をつなぐ。その力を育む道徳教育の要となることが，道徳授業に期待されている。

第 2 章
コンピテンシー（資質・能力）としての道徳性

- 日本の学習指導要領では道徳教育の目的を道徳性の育成としていますが，そもそもこの「道徳性」はどのように捉えることができるのでしょうか。
- 道徳教育において育成すべき資質・能力（コンピテンシー）は，どのように捉えることができるのでしょうか。

　第 1 章ですでに論じられたように，2015（平成 27）年学習指導要領の一部改正という形で「特別の教科 道徳」（以下，道徳科）が示された。また 2017（平成 29）年には新学習指導要領が告示され，育成を目指す三つの資質・能力が明らかになった。実は，この時期的なズレによって，道徳科のみが三つの資質・能力の観点から学習指導要領が構成されていない。新学習指導要領の根幹をなす三つの資質・能力に道徳科を照らし合わせた場合，道徳科で育んでいく道徳性はどのように捉えることができるのかを明らかにすることが本章の目的である。この議論にあたって，まず近年の進化心理学や文化人類学の知見から改めて人間という存在を捉えていく。次いで道徳性の定義を巡る諸理論について概観し，三つの資質・能力，とりわけ「学びに向かう力，人間性等」の観点から考察する。そして最終的に新たな道徳性の枠組みを提示する。

1. 人間はどこまで道徳的か

（1）直観的な道徳的判断の支配

　2018 年，世間では「あおり運転」が社会問題化され，怒りの情動が引き起こした事故等が多数報告された。しかし，一方においては，自然災害に対して数多くのボランティアが集まることも珍しいことではなくなり，互いに助け合うといった相互扶助の

13

精神も広まってきている。もっと卑近な例でいえば，街中で困っている人がいた場合，手助けをする人もいれば，見えていないふりをする人もいる。会社から資金を横領をする人もいれば，募金や支援金を提供する人もいる。自分の仲間を大切にしながら別の集団とは対立や争いを引き起こす場合もある。ある事象を道徳的かそうでないかと一律に分類することは難しいが，一体人間はどこまで道徳的な存在なのだろうか。

この問いを考えていくにあたり，進化心理学，文化人類学，行動経済学などの分野で明らかになっている近年の研究は非常に参考になる。

例えば，第2部でも多数取り上げられているハイト（Haidt, J.）は，直観による道徳判断の存在を指摘した。コールバーグ（Kohlberg, L.）などは認知発達に基づいた道徳性発達理論を提唱し，道徳判断（道徳的理由づけ：moral reasoning）を重視したが，ハイトは快・不快に基づいた感情の働き（直観）が道徳判断に大きく影響することを示している（Haidt, 2012/高橋（訳），2014）。つまり，人間は感情に始まり，その感情に合致するような，感情を正当化するような道徳判断を行うとするのである。

ハイトとは別の角度から情動に基づいた共感の危険性を指摘したのが，ブルーム（Bloom, P.）である。一般的に，共感によって他者をかわいそうと感じることが可能になり，他者を大切にしたりすることができると解釈されているが，ブルームは『反共感論』（*Against Empathy*）において，情動に基づいた共感に警笛を鳴らす。彼は次のように述べる。「共感は私たちを，自己の行動の長期的な影響に無関心になるよう誘導し，共感の対象にならない人々，なりえない人々の苦難に対して，盲目にする。つまり共感は偏向しており，郷党性や人種差別をもたらす。また近視眼的で，短絡的には状況を改善したとしても，将来悲劇的な結果を招く場合がある」（Bloom, 2016/高橋（訳），2018, p. 17）。先程のハイトの議論と関連させて考えるならば，直観的な情動による共感はその場における最善の策を考えるために，長期的な視点やあらゆる可能性に目を向けることがなくなってしまい，結果的に公平な判断を奪ってしまうというのである。情動に基づいた共感は，いわば私たちを「思考停止」に追い込んでしまうのである。

直観型の思考と熟慮型の思考というモデルを用いて人間の思考を取り上げたのが，カーネマン（Kahneman, D.）である。彼は著書『ファスト＆スロー』（*Thinking, Fast and Slow*）において，早い思考（システム1：直観や感情）と遅い思考（システム2：論理的，熟慮）の存在を示した。システム1は努力せずに自動で動く頭の働き，システム2はシステム1が処理できない時に働き始める頭の働きである。私たちの日常生活のほとんどは，システム1の思考によって成立しているが，思慮深い判断のもとになされる決定ではないためにしばしばミスを犯す。思い込みや主観的な判断などはそ

の最たる例で，そのためにシステム 2 の思考が必要となってくるのである。「システム 1 に起因するエラーを防ぐ方法は，原理的には簡単である。認知的な地雷原に自分が入り込んでいる兆候を見落とさず，思考をスローダウンさせ，システム 2 の応援を求めればよい。（中略）他人が地雷原に迷い込もうとしているときにそれを指摘するのは，自分の場合よりはるかに簡単である」（Kahneman, 2011/村井（訳），2014, 下 pp. 330-331）。つまり，立ち止まって考えることも重要であるが，実際のところそれには困難が伴うので，他者による指摘が大切であると説いている。

（2）道徳の起源と人間の特性

さて，公平さの概念や利他行動といった道徳の起源は，およそ 20 万年前から 4 万年前の狩猟を主とした 30〜50 名程度の共同生活を営む時代に発生したといわれている（Boehm, 2012/斉藤（訳），2014）。道徳哲学者のグリーン（Green, J.）はこの小集団の共同生活に着目し，生得的に私たちが有している道徳の限界を以下のように述べている。「生物学的にいって，人間は協力するように設計された。ただし，ある人々とだけ。私たちの道徳脳は，集団内で，おそらく個人的な人間関係の文脈の中でだけ協力するように進化した。私たちの道徳脳は，集団間で（少なくともすべての集団が）協力するようには進化しなかった」（Greene, 2013/竹田（訳），2015, 上 p. 30）。

この指摘は非常に興味深い。「広い世界」を認識し，そこでの問題を調停するためにそもそも道徳が生まれてきたのではなく，身近な人間関係を円滑に進めていくために道徳が誕生したのである。つまり，元来私たちは他の集団と争いを起こしやすい傾向にあり，集団間の争いに耐えうるべくして自集団の凝集性を高めていたということができよう。また，だからこそアッシュ（Asch, S. E.）が明らかにしたように，自らの集団の圧力の影響を非常に受けやすい存在であるともいえる（Asch, 1995）。

以上の人間の傾向をまとめると，第 1 に，人間の思考や判断には直観の占める割合が非常に大きいこと，ゆえに熟慮することが必要であり，かつ他者の指摘が必要であること，第 2 に，集団の凝集性に注意を払う必要があり，集団間の葛藤を通常の思考では解決することは難しいということである。

以上の考察から導かれることは，これからの道徳教育は直観的な道徳判断の存在を認めつつも，だからこそ熟慮型の思考をより一層重視していく必要があるということである。また自らが所属するコミュニティや集団といった身近な関係性に基づいた道徳から，多種多様な道徳の源泉を認めながら，異なる他者やコミュニティとの関係をどう築いていくのか志向する必要も出てこよう。人類の長い歴史の中で，直観的な道徳を超えて，多数の人間が共存していくために民主主義が誕生したことや，「基本的

人権」といった概念が生まれてきたことなどは，熟慮型の思考を働かせてきた叡智の結果ともいえる。

こういった知見を踏まえた新たな道徳性（道徳的コンピテンシー）を捉えていかねばならない。そしてそれに見合った教育方法等カリキュラム全体について考えていく必要がある。では実際には道徳性はどのように捉えられているのだろうか。以下の節で概観していこう。

2. 道徳性はどのように捉えられているか

周知のように，日本の学習指導要領における道徳教育および道徳科の目標は「よりよく生きるための基盤となる道徳性を養うこと」である。この際の道徳性は，「人間としてよりよく生きようとする人格的特性であり道徳的判断力，道徳的心情，道徳的実践意欲及び態度を諸様相とする内面的資質」（文部科学省，2017a, p. 109）と定義されている。紙幅の関係上，判断力，心情，実践意欲と態度のそれぞれについての詳述はここでは避けるが，ひとまず日本の道徳教育においては，これらの諸様相から構成されている「内面的資質」が道徳性であるところに着目しておこう。本章で後に考察する道徳教育における資質・能力の観点から見れば，道徳性こそが道徳教育で育成すべき「資質・能力」（コンピテンシー）★であると捉えることが可能であり，使用している言葉（人格的特性や内面的資質）の上での共通点を見出すのであれば，道徳性は「能力」というよりも「資質」の側面が強いといえるのかもしれない。

一方，世界の道徳教育に大きな影響を与えたコールバーグは，道徳性を「正義に関する判断」と捉え，それが発達していくものとして3水準6段階の道徳性の発達段階を示した（Kohlberg, 1981）。彼にとって道徳性とは，公平に，そして公正に物事を判断することに他ならず，その判断の際に他者がどのように物事を捉えているのかについて認知する「役割取得（role-taking）」が大きな役割を果たしている。そしてこの役割取得が拡大し深化し（つまり，身近な人間関係から社会集団，そして全世界へと拡大していきながら，より対象そのものの想いや考えについて深く理解すること），それぞれの諸要求や想いが最も調和する判断を下していくことを，道徳的な判断とみなしたのである。ここで留意しなければならないのが，役割取得能力は他者の考えを推

★　厳密にいえば，コンピテンシーとコンピテンスという用語はそれぞれ異なった意味をもっているが（コンピテンシーがある特定の職能を指す用語に対して，コンピテンスは能力一般を指すなど），PISAによってコンピテンシーという用語が用いられたこともあり，本章では論者が使用している用語はそのまま用い，筆者が用いる場合は基本的にはコンピテンシーを用いることにする。

察するためには必要であるが，それだけでは十分ではないということである。それぞれの要求を認識した上で最もバランスが取れる地点を探し出し，判断を下すことを道徳性と定義したのである。コールバーグの道徳性は，いわゆる「能力」として捉えているといえよう。コールバーグ理論に基づいた道徳教育にモラルジレンマ授業があげられる。この授業は対立する2つの道徳的価値についてのディスカッションを通して，道徳的価値についての理解を深めていく授業であるが，この核心は，役割取得の対象を広げ深めていくことによって，その上で自ら判断を下すことにある（モラルジレンマの指導案については第3部参照）。

　このような道徳性の定義に異論を唱えたのがギリガン（Gilligan, C.）である。彼女は正義に関する判断だけではなく，思いやりや配慮といったケア（care）の道徳の存在を提起し（Gilligan, 1982/岩男(監訳), 1986），その後ノディングス（Noddings, N.）によってケアリングによる道徳が広く知られるようになった（Noddings, 1984/立山ら(訳), 1997）。公平に物事を判断するのではなく，目の前の他者に「専心没入」し，その他者のためにできうることを考えるのも極めて道徳的であるとする捉え方であり，それをケアあるいはケアリングの道徳としたのである。彼女らの道徳性は，情意的な側面がどちらかといえば強いといえる。

　さて，最近ではリンド（Lind, G.）によって道徳のコンピテンスが提唱されている。彼は道徳的コンピテンスを「暴力や騙したりすることなく熟慮や討論を通じて内的な道徳諸原理の基盤に基づき，問題や葛藤を解決する能力（ability）」と定義する（Lind, 2016）。彼は道徳的自己（すなわち人間そのもの）を様々な諸要素（components）に分類するのではなく，情意的な側面と認知的な側面，そして意識的な層と無意識の層という側面から捉え，道徳的コンピテンスを無意識の層における認知的側面に限定的に用いているところに大きな特徴がある（表2-1）。

　このように道徳性は様々な形で捉えられていることがわかる。道徳性をどう捉えるかによって展開される道徳教育も異なったものとなる。例えばコールバーグの場合は，役割取得の機会を増やしたり，認知葛藤を生じさせたりすることが道徳性を育むこと

表 2-1　道徳的自己（moral self）の2つの側面と2つの層 （Lind, 2016）

	情意的側面	認知的側面
倫理的リフレクション（意識的な層）	明確な倫理原則	倫理的判断と推論
明らかな道徳的行為（無意識の層）	行為として明白なものとしての道徳的指向性（moral orientation）	行為として明白なものとしての道徳的コンピテンス

につながるであろうし（Hersh et al., 1979/荒木（監訳），2004），リンドは独自のジレンマディスカッション（Konstantz method of dilemma discussion: KMDD）を開発している（Lind, 2016）。道徳性をどのように定義するかは，道徳教育そのものを考えるにあたって非常に重要な鍵となるのである。

3. 学習指導要領における資質・能力と新たな道徳性の枠組み

(1) 学習指導要領における道徳性と資質・能力

　第1章でもすでに指摘されているが，今回の学習指導要領「本体」の改訂（2017）と「特別の教科 道徳」の改訂（2015）がなされた時期はズレている。そのために，学習指導要領においてとりわけ大きな基盤となっている「育成をめざす資質・能力の三つの柱」（図1-1）は，道徳科の学習指導要領に組み込んでいくことは現実的に無理であった（2015［平成27］年に道徳を教科化した上で，2年後にさらに大幅に改訂したならば教育現場に大きな混乱をもたらすのは想像に難くない）。そこで本節では，学習指導要領の改訂に大きな影響を与えたCCR（center for curriculum redesign）の「教育の4つの次元」（図2-1）や本章1．で論じた近年の研究成果を参考にしながら，道徳性の新たな枠組みについて考えていく。

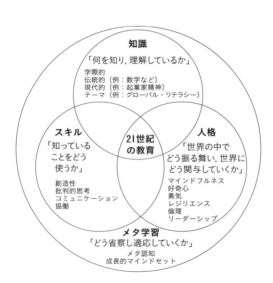

図2-1　CCRによる教育の4つの次元の枠組み（Fadel et al., 2015/岸（監訳），2016）

岸（2016）がすでに論じているように，CCR や OECD におけるコンピテンシーが今回の学習指導要領の改訂に大きな影響を与えている。図 1-1 と図 2-1 を見てもわかるように，CCR の「知識」が資質・能力における「知識・技能」に該当し，同様に「スキル」が「思考力，判断力，表現力等」「人格」および「メタ学習」が「学びに向かう力，人間性等」に該当する。これらの概念図を見てもわかるように，三つの資質・能力では「学びに向かう力，人間性等」がまとめられているが，元来これらは別の次元に位置づけられていたものである。学校教育法において規定されている「学力の三要素」に基づいた改訂が必要であったことは想像に難くないが，CCR においては 4 つの次元で語られていたものを三つの柱に集約するにはやや無理があることは否めない。

しかし，本稿で焦点を当てたいのはそこではなく，道徳性を新たに定義づけしていくにあたり，CCR の提起した観点からどのように道徳性を捉えることができるかということである。

(2) 新たな道徳のコンピテンシー

荒木（2019）は，獲得した知識や技能，思考力などがよりよく生きるために方向づけされる必要があるという観点から，人間性（人格）をすべてを包括する資質・能力として位置づけた（図 2-2）。そしてこの人間性こそが新たに定義づけされる「道徳性」の可能性を秘めている。この「道徳性」＝人間性は，いわゆる学校教育全体で育んでいくものとして捉えられ，教科や特別活動，総合的な学習の時間など，学校教育のあらゆる教育活動すべてを方向づける 1 つの資質・能力として位置づけることが可能である。このように捉えるならば，道徳教育は教育課程編成における 1 つの領域というよりも，その領域すべての根幹となる「大領域」として理解した方が収まりがよい（これについては今後の研究の進展を待ちたい）。

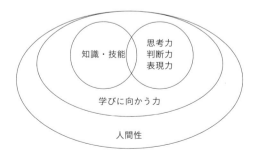

図 2-2　育成を目指す 4 つの資質・能力の枠組み（荒木, 2019）

第Ⅰ部　道徳を学校教育の観点から捉える

　一方，この資質・能力に焦点を当てて育んでいく道徳科では，この「道徳性」＝人間性をどのように捉えることができるのであろうか。道徳科において育む道徳性（道徳的コンピテンシー）を，本章では以下〈道徳性〉と表記する。これより〈道徳性〉に含まれうる3つの要素を提示していく。

　CCRの4つの次元にしろ，資質・能力の三つの柱にしろ，いずれにおいても「知識」は重要な位置を占めている。ある物事について思考する，あるいは判断するにあたっては，思考するための材料となる知識が必要になるのはいうまでもない。ところが，学習指導要領で定義されている道徳性には，道徳的知識は含まれていない。道徳科の目標では「道徳的諸価値の理解に基づき」という表現はあるものの，諸価値そのものを知るということについては記述されていない。ここでいう道徳的知識とは，いわゆる「宣言的な知識」として捉えられる道徳的価値（内容項目）を知ることを意味する。一般的に道徳の授業では，児童生徒の生活経験に基づいて展開されることが多く，道徳的価値そのものの一般的な意味や，道徳に関する知識を学ぶことはあまり見受けられない。「生命」「幸福」「偏見」「権利」「差別」「正義」「自由」「マジョリティとマイノリティ」「ルールとマナー」といった道徳に関する知識を知ることが求められる。

　かつて論語において「学びて思わざれば則ち罔し，思いて学ばざれば則ち殆し」（知識を得るだけで思考しないのであれば道理はわからない，また自らの思考だけで先達に学ばないのであれば，独断に陥る）と述べられているように，知識と思考は相互補完的に扱われるべきであり，〈道徳性〉においても「道徳的知識」は重要な構成要素となる。そしてこれらの道徳的知識を理解していくことが，児童生徒の道徳的価値観の形成につながってくるのである。しかし，これらの道徳的知識は固定された「真理」としての知識ではない。常にその知識は検証される必要があり，問い直されなければならない。この問い直すことが〈道徳性〉の第2の要素となる。

　〈道徳性〉に含まれるべき第2の要素は，「道徳的思考スキル」である。ここには従来の「善悪を判断する能力」（文部科学省, 2017b, p. 17）としての道徳的判断力が含まれるが，道徳的思考スキルは判断力のみに収斂されるものではない。例えばウィギンズとマクタイ（Wiggins & McTighe, 2012/西岡（訳）, 2012）は「理解すること（understanding）」を6つの側面から論じているが（①説明すること，②解釈すること，③応用すること，④パースペクティブ：批判的な視点，多面的な視点をもつこと，⑤共感すること，⑥自己認識：メタ認知的視点をもつこと），道徳的思考スキルにおいてとりわけ必要となってくるのが，③〜⑥の側面であろう。道徳的知識を自らの日常生活に置き換えていくこと（「手続き的な知識」として用いていくこと），多様な視点から

第 2 章　コンピテンシー（資質・能力）としての道徳性

批判的に物事を捉えていくこと，情緒的な共感ではなく，他者の役割を取得していくこと，自らが置かれている立場をメタ的に捉えたり，道徳的価値そのものを改めて捉え直すことで，自分自身を見つめていくこと，これらが道徳的思考力の内実として表現される。さらには，道徳的な問題を発見し解決していく，「問題発見・解決能力」も道徳的思考力に含まれるであろう。またこの道徳的思考スキルには，非認知的能力としての他者と協同する能力（コミュニケーション能力）も含まれる。

　本章 1. でも述べたように，道徳的思考スキルは直観に支配されがちな人間の思考に熟慮を促していくことを求めるものであり，また私たち自身が独断と偏見に陥らないようにメタ的に物事を捉え，また他者との協同を積極的に促していく要素なのである。

　〈道徳性〉に含まれる第 3 の要素は道徳的動機づけとしての「道徳的実践意欲と態度」である。ここには情意的要素としての道徳的心情「道徳的価値の大切さを感じ取り，善を行うことを喜び，悪を憎む感情」（文部科学省, 2017b, p. 18）も含まれるが，心情そのものは正しさや善さを後押しする場合もあれば，逆に心情によって不正を容認してしまう場合もある。また本章 1. でも指摘したように，心情そのものは私たちにとって直観的な存在であるために，道徳的心情は動機づけに強く関わる要素として積極的に把握するよりも，リンドが「無意識の層の情意的側面」として「道徳的志向性」を捉えたように「正しさや善さを志向する態度」の一部として把握するほうがよいだろう（道徳的心情については第 10 章参照）。

　例えば，ローウェンスタイン（Loewenstein, G.）が指摘した「ホット‐コールド感情移入ギャップ（hot-cold empathy gap）」は，感情的に興奮したときと冷静なときの判断の差を表している（Loewenstein, 2005）。興奮の影響下における判断は思慮が欠如してしまうのに対して，冷静なときは先を見通す力，自制心が働くとされている。〈道徳性〉においてあくまで求められるのは，感情的に興奮した状態の判断を推奨することではなく，「落ち着いて考えること」ができるようになることである。その基盤となるための「道徳的実践意欲と態度」であり，正しさや善さを志向する態度なのである。

　以上の道徳的コンピテンシーとしての〈道徳性〉を表にまとめると以下のようになる（表 2-2）。

表 2-2　〈道徳性〉道徳的コンピテンシー（試案）

道徳的知識	道徳的思考スキル（応用力，認知的共感，批判的思考力，メタ的な視点，問題解決能力，他者と協同する力など）	道徳的実践意欲と態度（正しさや善さを志向する態度）

21

4. おわりに

　本章では近年の人間を巡る様々な研究，ならびに OECD や CCR のコンピテンシーを参考にしながら，〈道徳性〉の新たな枠組みを考案することを目的とした。紙幅の関係上〈道徳性〉を構成する各論については詳述することができなかったが，特に「道徳的実践意欲と態度」については，道徳的志向性という観点からさらなる論議が必要になってくるであろうし，またどのようにして育んでいくことができるのかという教育方法の視点からの考察がより求められてくるであろう。

　OECD Education 2030 の The OECD Learning Compass では，「知識」「スキル」「態度と価値」といったコンピテンシーの獲得によって，「2030 年の個人及び社会の幸福（福祉）」（Well-being 2030: individual and societal）を目指すことが明記されている。すべての教育の方向性として「個人と社会の幸福」を目指すのと同時に，コンピテンシーの一部として態度や価値を含むという入れ子の構造を解明していくことは，本章で論じてきた学校教育全体で培っていく道徳性＝人間性と，その内実を表す〈道徳性〉の関係を，さらにはそこにおける「道徳的志向性」との関連をより発展させることにつながるかもしれない。

謝辞　本研究は JSPS 科研費 JP17K04891 の助成を受けたものである。

第3章
道徳教育内容・教材論

- 道徳の授業では何を扱って学習を行うのでしょうか。
- 道徳の教材を開発するためのコツはあるのでしょうか。

　本章では道徳科において扱うべき教育内容について概観していく。道徳科における教育内容は，「内容項目」として学習指導要領に提示されているが，内容項目が道徳的価値を含んでいる以上，徳目主義に陥る可能性があることを示し，また陥らないためにはどうする必要があるのか論じる。また内容項目以外に扱う情報モラルや現代的な課題について示した上で，資質・能力の育成の観点から，道徳の教材開発について論じていく。

1. 内容項目とは何か

(1) 内容項目と道徳的価値

　道徳の授業を展開するにあたって，まず意識する必要があるのが内容項目である。「第1学年及び第2学年」が19項目，「第3学年及び第4学年」が20項目，「第5学年及び第6学年」が22項目，中学校が22項目ある。道徳科の目標では「道徳的諸価値の理解に基づき」と記載されているように，その授業においてどのような道徳的価値を扱うのかというターゲットを絞らなければならない。この際の道徳的価値が内容項目であり，学習指導要領解説では以下のように説明されている（文部科学省，2017b, p. 22）。

23

第 I 部　道徳を学校教育の観点から捉える

> 内容項目は，児童が人間として他者とよりよく生きていく上で学ぶことが必要と考えられる道徳的価値を含む内容を，短い文章で平易に表現したものである。また，内容項目ごとにその内容を端的に表す言葉を付記している。これらの内容項目は，児童自らが道徳性を養うための手掛かりとなるものである。なお，その指導に当たっては，内容を端的に表す言葉そのものを教え込んだり，知的な理解のみにとどまる指導になったりすることがないよう十分留意する必要がある。（下線は筆者）

　この記述からわかるように，内容項目は「道徳的価値を含む内容」であり，端的に表す言葉が付記されていることがわかる。一般的に，道徳的価値を抽象化した言葉を「徳目」と呼ぶが，例えば，中学校の最初の内容項目は「自律の精神を重んじ，自主的に考え，判断し，誠実に実行してその結果に責任をもつこと」という内容項目が記され，その横に，「自主，自律，自由と責任」という言葉（徳目）が添えられている（表3-1）。

　またこういった内容項目は「道徳性を養うための手掛かり」となることにも注意しなければならない。つまり，内容項目（道徳的価値）を「教え込むこと（indoctrination）」が道徳の授業の目的ではないということであり，内容項目を通じて長期的な働きかけの中で道徳性を育んでいくことが求められている。仮に道徳的価値を教え込んでいくことを道徳教育の目的とするならば，それは「徳目主義」と呼ばれるものになり（走井, 2016），学習指導要領においてねらわれている道徳教育の目的からは外れることになってしまう。第1章や第2章でも述べられているように，日本における道徳教育の目的は道徳的判断力や心情，実践意欲と態度といった道徳性を育てることにあり，決して道徳的価値を注入していくことではない。徳目主義は道徳的価値の伝達，注入にその目的を置くために，道徳的価値を踏まえた実際の判断や行為といったところまではその視野から外れることになってしまうし，道徳的価値そのものを無条件に普遍性のある絶対的なものとして捉えてしまうという問題を常にはらんでいる。

　ただし，道徳性を育んでいくとはいえ，学習指導要領には徳目が列挙してある以上，また道徳の教科書においても内容項目に基づいた教材が準備されている以上，徳目主義に陥ってしまう危険性は常に有している。授業者はその危険性を意識する必要はあろう。

　さて，先に道徳科の目標に「道徳的諸価値の理解に基づき」とあることを示したが，この「諸価値」には2つの意味が隠されている。従来の道徳の授業では，「一時間一価値」（1つの授業では1つの道徳的価値に基づいた授業を展開すること）が謳われる

第 3 章　道徳教育内容・教材論

表 3-1　特別の教科道徳　内容項目一覧（文部科学省, 2017b, 2017c; 永田, 2017 より作成）

小学校 キーワード	小 低学年	小 中学年	小 高学年	中学校 キーワード	
A　主として自分自身に関すること					
善悪の判断, 自律, 自由と責任	(1)	(1)	(1)	自主, 自律, 自由と責任	(1)
正直, 誠実	(2)	(2)	(2)		
節度, 節制	(3)	(3)	(3)	節度, 節制	(2)
個性の伸長	(4)	(4)	(4)	向上心, 個性の伸長	(3)
希望と勇気, 努力と強い意志	(5)	(5)	(5)	希望と勇気, 克己と強い意志	(4)
真理の探究			(6)	真理の探究, 創造	(5)
B　主として人との関わりに関すること					
親切, 思いやり	(6)	(6)	(7)	思いやり, 感謝	(6)
感謝	(7)	(7)	(8)		
礼儀	(8)	(8)	(9)	礼儀	(7)
友情, 信頼	(9)	(9)	(10)	友情, 信頼	(8)
相互理解, 寛容		(10)	(11)	相互理解, 寛容	(9)
C　主として集団や社会との関わりに関すること					
規則の尊重	(10)	(11)	(12)	遵法精神, 公徳心	(10)
公正, 公平, 社会正義	(11)	(12)	(13)	公正, 公平, 社会正義	(11)
勤労, 公共の精神	(12)	(13)	(14)	社会参画, 公共の精神	(12)
				勤労	(13)
家族愛, 家庭生活の充実	(13)	(14)	(15)	家族愛, 家庭生活の充実	(14)
よりよい学校生活, 集団生活の充実	(14)	(15)	(16)	よりよい学校生活, 集団生活の充実	(15)
伝統と文化の尊重, 国や郷土を愛する態度	(15)	(16)	(17)	郷土の伝統と文化の尊重, 郷土を愛する態度	(16)
				我が国の伝統と文化の尊重, 国を愛する態度	(17)
国際理解, 国際親善	(16)	(17)	(18)	国際理解, 国際貢献	(18)
D　主として生命や自然, 崇高なものとの関わりに関すること					
生命の尊さ	(17)	(18)	(19)	生命の尊さ	(19)
自然愛護	(18)	(19)	(20)	自然愛護	(20)
感動, 畏敬の念	(19)	(20)	(21)	感動, 畏敬の念	(21)
よりよく生きる喜び			(22)	よりよく生きる喜び	(22)
合　計	(19)	(20)	(22)		(22)

25

ことが多かったが（例：雑誌『道徳教育』2015 年 11 月号の特集を参照），中学校内容項目の B-(6)「思いやり，感謝」について考える際には，B-(8) の「友情，信頼」やB-(9)「相互理解，寛容」が大きく関わってくることもありうる。むしろ，他の道徳的価値との関連性を踏まえた方が，道徳的価値の理解が深まることもあろう。内容項目の相互関連性の意味を踏まえて，「諸価値」という複数の道徳的価値を扱う可能性を，目標のレベルで認めているのである。

　第 2 の意味として，それぞれの内容項目が 1 つの道徳的価値で表現されているわけではないということである。例えば中学校 C-(11)「公平，公正，社会正義」では 3つの道徳的価値が列挙されているが，厳密にいえばそれぞれが表す価値内容は異なっている。社会における正義を実現していくためには，個人における平等さの実現や偏った見方や考え方を減じていくように努めなければならない。要するに，個々の内容項目においても複数の道徳的価値が絡み合って存在するという意味において，「諸価値」と表記されているのである。

（2）内容項目の 4 つの視点

　さて，今回の学習指導要領の改訂において，内容項目のまとまりを示す視点が再整理された。1989（平成元）年の学習指導要領の改訂以降，1 〜 4 の視点でまとめられていたものが，現行の学習指導要領では下記のように A 〜 D の 4 つの視点でまとめられている（文部科学省, 2017b, 2017c）。

> A 主として自分自身に関すること
> 　自己の在り方を自分自身との関わりで捉え，望ましい自己の形成を図ることに関するもの
> B 主として人との関わりに関すること
> 　自己を人との関わりにおいて捉え，望ましい人間関係の構築を図ることに関するもの
> C 主として集団や社会との関わりに関すること
> 　自己を様々な社会集団や郷土，国家，国際社会との関わりにおいて捉え，国際社会と向き合うことが求められている我が国に生きる日本人としての自覚に立ち，平和で民主的な国家及び社会の形成者として必要な道徳性を養うことに関するもの
> D 主として生命や自然，崇高なものとの関わりに関すること
> 　自己を生命や自然，美しいもの，気高いもの，崇高なものとの関わりにおいて捉え，人間としての自覚を深めることに関するもの

今回の改訂での大きな変更点は，以前は3の視点にあった「自然や崇高なものとのかかわりに関すること」が，Dに位置づけられたこと，また以前は4の視点に位置づけられていた「集団や社会とのかかわりに関すること」がCに再整理されたことである。この再整理によって，自分自身から周囲の人々，集団や社会，そして自然へと道徳的価値の対象が同心円的に拡大していく様を表すようになった。しかし，この道徳的価値の同心円的拡大は，いわゆる教育内容の配列（シークエンス）を表しているものではない。つまり，Aの「自分自身に関すること」をまず扱ってから，その後に「人との関わり」を扱うといった順序を表すものではないことに留意する必要がある。内容項目間の「関連性と発展性」を考慮した指導が求められる。

またDに「生命」の用語が加えられたことも大きな変更であろう。今回の道徳の教科化の契機となった2013（平成25）年2月の教育再生実行会議第一次提言「いじめ問題等への対応について」を受けて，「生命尊重の指導を一層重視することが求められる」（江島, 2016, p. 337）という意図から，「生命」という言葉が加えられたと解釈される。

(3) 重点的に扱う内容項目はあるのか

先に内容項目の4つの視点は，指導の順序を表すものではないと指摘した。ではすべての内容項目は同等の重みで扱うのであろうか。

学習指導要領解説では重点的な指導について，次のように述べられている。「重点的指導とは，各学年段階で重点化されている内容項目や学校として重点的に指導したい内容項目をその中から選び，教育活動全体を通じた道徳教育において具体的な指導を行うこと」（文部科学省, 2017b, p. 25; 2017c, pp. 21-22）。ここから明らかなことは，各学校において重点的に扱いたい内容項目を独自に決定できる裁量権を認められていることであり，各学校の教育目標等と照らし合わせた中で重点項目を選び，指導することができるということである。

ただし，これは内容項目そのものに階層的な構造があることを意味しているわけではない。換言すれば，「生命の尊さ」と「節度，節制」が同じ重さで学習指導要領には示されているのである。果たしてそう理解してよいのであろうか。

例えば，学習指導要領第一章の総則では「道徳教育を進めるに当たっては，人間尊重の精神と生命に対する畏敬の念を家庭，学校，その他社会における具体的な生活の中に生かし」（文部科学省, 2017a, p. 17）と述べられ，「人間尊重」と「生命に対する畏敬の念」がまず取り上げられている。人間尊重の精神とは，「道徳教育を推進する上での留意事項として一貫して述べられていることであり，生命の尊重，人格の尊重，

基本的人権，思いやりの心などの根底を貫く国境や文化なども超えた普遍的な精神」（文部科学省, 2017b, p. 105; 2017c, p. 107）とあるように，明らかに道徳的価値としての位置づけは重い。いわば「自他の生命と権利の尊重」が内容項目においては階層的には上部に位置するものであり，それらを基底的原理としながら道徳教育が展開されることに私たちは気付いておく必要がある。

　さて，OECD は Education2030 において，個人と社会の Well-being（幸福／福祉）を目指すコンピテンシーの育成を公開している（The OECD Learning Compass；第 2 章参照）。ここでは，教育は個人や社会が「より満たされた良好な幸福な状態」を目指すために機能することを示している。一方，学習指導要領に目を向けてみると，学校教育の目的は「人格の完成と，平和で民主的な国家及び社会の形成者として必要な資質を備えた心身ともに健康な国民の育成を期すという目的」のもとに展開されていることがわかる。「心身ともに健康な国民」がいわば Well-being と類似した概念を表すものと考えられるが，実は道徳教育においては「人間の幸福」に完全に合致する内容項目は準備されていない。小学校第 5・6 学年，および中学校の内容項目にある「よりよく生きる喜び」がやや類似したものとして考えられるが，この内容項目は「よりよく生きること＝幸福」そのものを追求する内容項目ではなく，「喜び」が強調されていることからも，どちらかといえば善さを追求する人間，人間の強さや気高さの追求といった人間の弱さを超えた崇高なものとして位置づけている。「人間は本来，よりよく生きようとする存在」（文部科学省, 2017b, p. 70）であることをア・プリオリに設定するのではなく，ソクラテスやアリストテレス以降，人類の歴史の中で幾度となく論じられてきた「よりよく生きること＝幸福」そのものについて，また個人や社会においてそれを実現するためにはどうすればよいのかについて子どもたちが考えることが求められる。「自他の生命と権利の尊重」も「よりよく生きること」の実現という，より上位の目的と密接に連関させる必要があろう。

　第 2 章でも論じたように，道徳のコンピテンシーに基づき「何を知っているか」という道徳的知識を教育内容として児童生徒に伝えていくためには，道徳的知識そのものが体系性を帯びている必要がある。つまり，網羅的に分断された状態で道徳的価値を列挙するのではなく，道徳的価値同士がどのような連関をもって構造化されているのか示さなければならない。これまで論じたことをまとめるなら図 3-1 のようになるだろうが，これについてはさらなる議論が必要である。

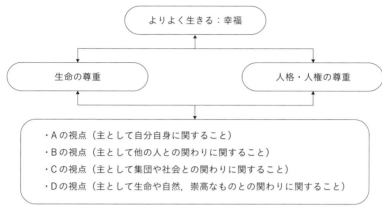

図 3-1　内容項目の階層的構造（案）

2. 情報モラルや現代的な諸課題の扱い

　道徳の授業で扱うべきは内容項目に限ったことではない。抽象的な内容項目だけではなく，より現代のニーズに合った事柄も内容項目に関連させて扱っていく必要がある。これに関して「小学校学習指導要領」（文部科学省, 2017a, p. 171）では次のように述べている。

> 児童の発達の段階や特性等を考慮し，第2に示す内容との関連を踏まえつつ，情報モラルに関する指導を充実すること。また，児童の発達の段階や特性等を考慮し，例えば，社会の持続可能な発展などの現代的な課題の扱いにも留意し，身近な社会的課題を自分との関係において考え，それらの解決に寄与しようとする意欲や態度を育てるよう努めること。（下線は筆者）

　ここで述べられているのは，情報モラルおよび社会の持続可能な発展などの現代的な課題である。以下詳しく見ていこう。

(1) 情報モラル

　内閣府により Society5.0 が提起され，私たちの生活の中には AI が徐々に浸透し始めてきている。また子どもたちの生活世界には情報通信機器が生まれたときから存在し，デジタル・ネイティブと呼ばれる子どもたちが育ってきている。このような中，

情報モラルに関する教育を主として扱っていくのが道徳科の役割であり、「情報社会で適正な活動を行うための基になる考え方と態度」（文部科学省, 2017b, p. 97; 2017c, p. 99）を養っていく必要がある。その内容としては、「情報社会の倫理、法の理解と遵守、安全への知恵、情報セキュリティ、公共的なネットワーク」があげられている。情報モラル教育は、例えば情報通信機器の使用の仕方を教えるのではなく、そういった機器を使用するにあたって、どういうことに注意していく必要があるのかについて、道徳的価値とのつながりをもって考えていく教育である。

情報モラルを授業で扱う際は、SNS 上での書き込みによるすれ違いなど、どちらかといえば子どもたちが「加害者」にならないようにする授業展開が多いが、それと同様に求められるのが、子どもたちが「被害者」にならないようにする取り組みである。インターネット上では、子どもたちは加害者にも被害者にもなりうることを考慮した授業づくりが求められよう（情報モラルの指導案については第 18 章参照）。

(2) 社会の持続可能な発展などの現代的な課題

2017（平成 29）年 3 月に告示された学習指導要領の前文には「持続可能な社会の創り手となることができるようにすることが求められる」と述べられ、改めて持続可能な（sustainable）社会の実現が謳われた。この背後には、特に 2002 年に日本が提唱した「持続可能な社会のための教育（education for sustainable development）の 10 年」の影響や、その後 2008（平成 20）年告示の学習指導要領に持続可能な社会の視点が盛り込まれたこと、ならびに 2015 年国連で採択された SDGs（sustainable development goals：持続可能な開発目標）の提示などがあげられるだろう。

現代的な課題には、例えば「食育、健康教育、消費者教育、防災教育、福祉に関する教育、法教育、社会参画に関する教育、伝統文化教育、国際理解教育、キャリア教育など」（文部科学省, 2017b, p. 99; 2017c, p. 100）が取り上げられており、非常に多岐にわたっている。これは、現代的な課題が道徳的価値と密接に関わっている証左であり、それだけでなくいずれの課題も複数の道徳的価値が絡んでいる課題であると捉えることができる。

さて、SDGs においては 17 の目標と 169 のターゲット（下位目標）から構成されており、「地球上の誰 1 人として取り残さない（No one will be left behind）」ことが理念として掲げられている。例えば、現代的な課題として食育が例示されているが、この課題を SDGs との関わりから捉えていくことが可能である。つまり、食育は SDGs における「①貧困をなくそう」「②飢餓をゼロに」「③すべての人に健康と福祉を」「④質の高い教育をみんなに」「⑩人や国の不平等をなくそう」など実に多くの切

り口があることがわかる。現代的な課題は1つの切り口からだけ眺めるのではなく、他教科との横断的な連関の中で捉えていくことが重要であり、とりわけ道徳科においてはその目標と照らし合わせながら、自己を見つめたり、多面的・多角的に捉えたり、これからの生き方を考えていくような、そういった学習活動の中で扱っていく必要がある。

3. 教科書教材の特徴と教材開発の視点

(1) 教科書教材の特徴

　教育内容（道徳の場合は内容項目）をより具体的に表現しているのが教科書である。多くの道徳の授業は教科書に基づいて展開されるが、本章1. でも述べたように、教科書に書いてあることをそのまま教えていくことは、徳目主義に陥る可能性を秘めている。荒木（2018a）が指摘しているように、道徳の教科書に取り上げられている物語は、知識伝達型の学習観に基づく読み物教材、すなわち道徳的価値が明確に描かれている教材である場合が多く、「読み物教材に書いてある物語から具体的な好ましい道徳的行為をあぶり出し、『教材（に描かれている道徳的価値）を教える』という結果をもたらしかねない」のである。

　教科書は、子どもたちが道徳的諸価値について自分の生活経験と照らし合わせたり、様々な視点から検討を加えたりすることによって、子どもたちが自らの道徳的価値観を形成していくための教材であり、「教材を通じて道徳性を育んでいくもの」と捉える必要がある。「教材そのものを教える」か、それとも「教材を通じて育んでいくか」という2つの視点は、授業者が常に意識しなければならない視点なのである。

　例えば、小学校中学年の定番教材となっている「雨のバス停留所で」という教材で考えてみよう（荒木, 2018b）。この教材は「規則の尊重」で取り上げられることの多い教材である。バス停ではバスを待つ人達が軒下で雨宿りをしており、主人公の女の子がバスが来たときに先頭に並んで乗り込もうとしたときに、母親に強い力で連れ戻される。その後バスに乗っても母親は怖い顔をしており、その顔を見た主人公は自分の行動を振り返るというものである。

　この物語を徳目主義的、すなわち「教材そのものを教える」という立場で扱うならば、順番を守っていない主人公の行為が道徳的に間違った行為であるということ、さらにたとえ他の人が並んでいなくても先に来ている人が順序が先であるということを予測し、暗黙の規則を守るということを「教える」教材になるだろう。一方、「教材を通じて道徳性を育む」という立場に立つと、そもそも雨のバス停留所に明示的な規則

31

が存在しないならば，どのような規則（マナー）があればよいのだろうかという創造的な教材に変化する。

道徳教材は，ある具体的な場面における道徳的行為に焦点が当てられた描かれ方をしているものが多いため，そのまま扱うと簡単に徳目主義に陥ってしまうのである。

（2）教材開発の視点

従来の道徳の授業では「副読本」や『私たちの道徳』，あるいは教師が開発した教材や郷土教材などが用いられることが多かったが，2018（平成 30）年度以降道徳の教科書が誕生したことにより，多くの小中学校では教科書を中心とした授業が展開されることになった。そうなると，これまで使用していた地域の実態に根ざした教材（郷土教材）や教師が独自に開発した教材は使用できないのであろうか。学習指導要領「第 3　指導計画の作成と内容の取扱い」には次のように記してある。「児童の発達の段階や特性，地域の実情等を考慮し，多様な教材の活用に努めること」（文部科学省，2017a）。また「学習指導要領解説」においても「道徳科においても，主たる教材として教科用図書を使用しなければならないことはいうまでもないが，道徳教育の特性に鑑みれば，各地域に根ざした地域教材など，多様な教材を併せて活用することが重要」（文部科学省, 2017b, p. 103; 2017c, p. 105）と述べられているように，多様な教材を用いることを奨励している。実際，ひとり親家庭が多いクラスにおいて，一家団らんを描いた教材を用いることは不適切であろうし，公共交通機関がそれほど発展していない地方の子どもたちに都会の交通マナーについて授業で扱っても，さほど現実味がないであろう。

では，教材開発を行っていく際にはどのようなことに留意すべきであろうか。まず大前提となるのが，「素材の教材化」，すなわち素材と内容項目（道徳的価値）との一致を図ることである。道徳科の授業が道徳科の授業たるためには，道徳的価値を扱う（「道徳的諸価値の理解に基づき」という目標の文言）必要がある。絵本，CM，動画，新聞記事，ポスター，漫画やアニメ，歌の歌詞，子どもの作文など道徳の教材になる素材は実にたくさんある。これらの素材が教材になるためには，授業においてどこに焦点を当てるのか，そしてその焦点化される箇所がどういった内容項目と関係するのか明確にしなければならない。

その上で，荒木（2018a）は教材開発を「1. 資質・能力を育成すること」「2. 知的好奇心を喚起すること」，そして「3. 科学的に見て真実であること」という 3 つの点から論じている。以下，1. の「資質・能力の育成」に的を絞って見ていこう。

第 2 章において道徳のコンピテンシー（道徳的知識，道徳的思考スキル，道徳的実

践意欲と態度）について述べたが，特に本章との関わりでいうならば，「道徳について何を知っているか」を表す道徳的知識を教材に盛り込み，辞書的な意味を伝えていく視点である。再掲になるが，道徳的知識とは，「生命」「幸福」「偏見」「権利」「差別」「正義」「自由」「マジョリティとマイノリティ」「ルールとマナー」等を指す。道徳的価値が道徳的に「よい」とされるもの，あるいは「正しい」とされるものを指すのに対して，道徳的知識は道徳に関する知識であるために「善さ」や「正しさ」を表さないものも含まれる（「偏見」「先入観」「ジェノサイド（ホロコースト）」など）。

　道徳の授業は，一般的に児童生徒の生活経験をもとに展開されることが多く，道徳的知識を保障する場面は準備されていないことが多い。児童生徒の生活経験に基づくということは，それぞれの児童生徒が有している道徳的知識にはばらつきがあることを意味するし，あるいは間違った解釈をしていることもありうる。道徳に関する知識を有することによって，初めて自分自身の生活経験と結びつけることが可能になったり，あるいは生活経験との矛盾を感じたりするなど，深く思考することが可能になると考えられる。

　また道徳的価値についても，その意味するところを再度問い直していく必要もあろう。先に道徳的に「善い」「正しい」とされるものが道徳的価値であると示したが，果たしてそれが万人に当てはまるのかどうか，自分だけがそう考えているのかなど，道徳的価値について改めて児童生徒は捉え直していかねばならない。道徳的価値に対して児童生徒が抱いている「価値観」そのものを児童生徒自身が再考していかなければ，偏狭な価値観を助長していくことになりかねない。

　本章 1. でも述べたように，道徳的知識は道徳的価値を含むために，ややもすれば，授業者の道徳的価値観の注入になる可能性を多分に含んでいるが，道徳の授業において目指すべきことは，児童生徒が道徳的な知識を知ることによって，児童生徒自らが道徳的価値観を形成していくことである。となると，授業者は教材開発においては，自らの価値観を伝達することではなく，道徳的知識の一般的な意味を伝えることに意識を向ける必要がある。授業者は「道徳的価値について教える」ということと，「道徳的価値観を伝達する」ということの峻別をしなければならないのである。

謝辞　本研究は JSPS 科研費 JP17K04891 の助成を受けたものである。

第4章
道徳教育方法論

- 道徳の授業が成立するには，どういったことに留意する必要があるのでしょうか。
- 「考え，議論する道徳」を展開するための教育方法とはどのようなものでしょうか。

　本章では道徳科の授業づくりについて扱う。道徳の授業を展開するにあたって，何に注意しなければならないのか，また「考え，議論する道徳」の提唱という道徳科授業の質的転換は何を意味しているのかについて概観する。その後，道徳科における問いの役割について示した上で，道徳科の指導案作成の方法，特にねらいの書き方に焦点を当てて概説する。

1. 道徳の授業の成立要件

　道徳の授業が道徳の授業として成立するためには，どういった要件を満たす必要があるのであろうか。それを解く鍵は道徳科の目標（文部科学省, 2017b, 2017c; 括弧内は 2017c）に示されている。

> よりよく生きるための基盤となる道徳性を養うため，道徳的諸価値についての理解を基に，自己を見つめ，物事を（広い視野から）多面的・多角的に考え，自己（人間として）の生き方についての考えを深める学習を通して，道徳的な判断力，心情，実践意欲と態度を育てる。

第 4 章　道徳教育方法論

この目標を分解すると，以下のようになる。

- 道徳的諸価値の理解（前提）
- 自己を見つめる活動
- 多面的・多角的に物事を考える活動
- 自己（人間として）の生き方について考えを深める活動
- これらの学習活動を通じて道徳性（道徳的判断力，心情，実践意欲と態度）を育てる

　このように見ると，道徳の授業が成立するための条件が簡潔に示される。つまり，道徳的諸価値を扱うこと（さらにそれについて理解すること）が前提となり，その上で 3 つの学習活動が含まれるということである。これらの学習活動は「道徳科における一連の学習過程として形式的・固定的に捉えられるべきものではない」（文部科学省, 2017c, p. 15）と解説には示されているが，それでもなお，道徳の授業を組み立てていくに際しては一定の方向性をもつものとして有効な示唆を与えてくれる。「道徳的諸価値の理解」については第 3 章で論じたため，本章では 3 つの学習活動について見ていこう。

（1）自己を見つめる活動

　自己を見つめるとは，道徳的価値との関連の中で，自分は道徳的価値をどのように捉えているのか，自分はこれまでどのように生きてきているのかといった自分が経験してきたことを改めて捉える活動である。いわば道徳的価値を自分と結びついたものとして捉え，「自己理解」を深めていく活動であり，特に授業の導入部で用いられる場合が多い。例えば，ある道徳的価値についてどのように考えているのか，これまでの経験と照らし合わせてその道徳的価値が実現している（あるいは実現していない）場面はあったのか，自分を振り返りながら道徳的価値について考えていく活動である。
　ただし，この活動には注意すべき点がある。それは自己を見つめるという内省活動が，自分嫌いになる可能性を秘めているという点である。自己肯定感が比較的高い児童生徒であれば自己を見つめる活動はそれほど問題はないだろうが，自己肯定感が低い児童生徒にとっては，自己を見つめる活動は自分の「弱みや欠点」のみに焦点を当てる活動につながり，自分嫌いを助長する可能性が高い（これについては第 10 章を参照されたい）。

35

(2) 多面的・多角的に物事を捉える活動

　人やモノ，情報の移動がますます激しくなる現代においては，多文化共生社会の実現がより一層重要な意味をもってくる。様々な文化圏に生きる私たちが他者と協働して生きていくためには，道徳的価値を一面的に捉えるのではなく，多様な解釈が成り立つことを知る必要がある。つまり多面的・多角的に物事を捉えるとは，他者の道徳的価値の捉え方を認めるという意味だけではなく，自分自身の価値の捉え方を改めて問い直すという批判的な思考や，他の解釈は成立しないのか考えるという創造的な思考も含まれる。そうなると，道徳の授業においては，他者がどのように考えているのか知るための活動（他者との対話）が必要になってくるだけではなく，自分自身が「当たり前」と思っていた価値解釈を再考するという活動（自己内対話）も含まれる。

(3) 自己（人間として）の生き方について考えを深める活動

　自己を見つめる活動が，どちらかといえば自分の過去や歴史に焦点を当てた活動であるのに対して，自己の生き方，人間としての生き方について考える活動は，これからどう生きていきたいかという将来への展望を考える活動である。授業を通じて道徳的価値と向き合い，他者の考えを知り，自分の考え方にも変化が生じることによって，この先の生き方そのものにも変化が生じてくるであろう。そのため，この活動は，授業においては，「まとめ」（終末）の場面においてなされるのが一般的である。

　さて中学生の場合は，人間としての生き方について考える活動，つまり個々人の生き方の範疇を超えて人間が共通して追い求める理想的な生き方を探求する活動が求められている。個人としてどうありたいかということを考える小学校の活動に対して，人としてどうありたいかということを考えていくのが中学校の特徴としてあげられる。

　このように道徳科の授業では3つの学習活動が含まれているかどうかが，授業を構成していく際の一応の指針となる。ただ，必ずしも（1）～（3）の順に学習活動が展開されるわけではなく，また（1）の活動と（3）の活動が自己認識に関する活動であるために同時に展開される場合もありうる。指針としながらも柔軟に授業展開を考え，最終的に道徳性の育成につながるような授業づくりが求められる。

2.「考え，議論する道徳」への転換

(1)「考え，議論する道徳」の背景

　今回の道徳の特別教科化において，最も注目を浴びたのが，「考え，議論する道徳」

第4章　道徳教育方法論

への転換である。従来の道徳教育が読み物教材を「読む」だけの道徳，あるいは教師の話（説話）を「聞く」だけの道徳になりがちであり，児童生徒が積極的に自らの問題として道徳的価値を捉えることが難しいという側面があったからである。教科化への契機となった 2014（平成 26）年の「道徳に係る教育課程の改善等について（答申）」では，従来の道徳教育の課題として「読み物の登場人物の心情理解のみに偏った形式的な指導が行われる例があること」（中央教育審議会, 2014）を指摘している。また 2015（平成 27）年の中央教育審議会の「教育課程企画特別部会における論点整理」では，「考え，議論する道徳」への転換について次のように述べている（中央教育審議会, 2015）。

> 「考え，議論する」道徳科への質的転換については，子供たちに道徳的な実践への安易な決意表明を迫るような指導を避ける余り道徳の時間を内面的資質の育成に完結させ，その結果，実際の教室における指導が読み物教材の登場人物の心情理解のみに偏り，「あなたならどのように考え，行動・実践するか」を子供たちに真正面から問うことを避けてきた嫌いがあることを背景としている。このような言わば「読み物道徳」から脱却し，問題解決型の学習や体験的な学習などを通じて，自分ならどのように行動・実践するかを考えさせ，自分とは異なる意見と向かい合い議論する中で，道徳的価値について多面的・多角的に学び，実践へと結び付け，更に習慣化していく指導へと転換することこそ道徳の特別教科化の大きな目的である。

これらの指摘からもわかるように，読み物教材の登場人物の心情理解に偏った指導，つまり「この場面で主人公はどんな気持ちだったでしょうか」といった類の問いに終始する道徳の授業を厳しく批判した。道徳的な問題を自分事として捉え，自分ならどうするのかということを考え，意見の異なる他者と議論する，そういった学習活動を提起したのである。新学習指導要領では「主体的・対話的で深い学び」の視点からの学習過程の改善がねらわれているが，道徳教育においては「考え，議論する道徳」の視点からの学習過程の改善がねらわれていると捉えられる。本章 1. において 3 つの学習活動を提示したが，「考える道徳」は（1）〜（3）すべてに該当する学習活動であり，「議論する道徳」は特に（2）に該当する学習活動であると考えられる。ただし，大切なことは，「考え，議論する道徳」への授業スタイルの転換が，単なる授業の型を追求するものとなるのではなく，児童生徒にとって「深い道徳の学び」につながっていくという質的転換をもたらさなければならないということである。この「深い道徳の学び」を紐解く鍵が「自我関与」であろう。次項において自我関与と深い学びの連

37

関について見ていこう。

（2）自我関与と深い学び

2016（平成 28）年 7 月，道徳教育に係る評価等の在り方に関する専門家会議（以下，専門家会議）は，「質の高い多様な指導方法」として 3 つの指導方法を示した。それは「読み物教材の登場人物への自我関与が中心の学習」「問題解決的な学習」「道徳的行為に関する体験的な学習」である（専門家会議, 2016）。それぞれの学習についての詳述はここでは避けるが，注意せねばならないのは，問題解決的な学習や体験的な学習であっても自我関与は必要な学習であり，むしろ自我関与をより積極的に行っていくために問題解決的な学習や体験的な学習があると捉えなければならないということである。

では自我関与とは一体何を意味するのであろうか。専門家会議は，「読み物教材の登場人物への自我関与が中心の学習」を次のように説明する。「教材の登場人物の判断や心情を自分との関わりにおいて多面的・多角的に考えることを通し，道徳的諸価値の理解を深めることについて効果的な指導方法であり，登場人物に自分を投影して，その判断や心情を考えることにより，道徳的価値の理解を深めることができる」。2014 年の答申や 2015 年の「論点整理」（中央教育審議会, 2014, 2015）などによって厳しく批判された読み物教材への心情理解が，ここで再び「質の高い指導方法」として取り上げられたのはいささか疑問があるが，本書では取り扱わない。むしろ「自分との関わりにおいて」道徳的価値を多面的・多角的に捉えていくことが自我関与であるところに注目したい。自分と密接な関わりをもって道徳的価値を考えていくことが自我関与であり，それによって児童生徒が道徳性を育み，道徳的価値観を形成していくのである。このように自我関与を捉えるならば，自我関与は読み物教材に限ったことではなく，どのような教材にも該当する概念なのである。

この自我関与の視点は，先の目標における（1）自己を見つめる活動と（3）自己（人間として）の生き方について考えを深める活動に関連してくる。これらの道徳的価値に対する自己認識を深めていく学習活動が，道徳の授業における「深い学び」につながってくる。ではこの自己認識の深まりをどう解釈すればよいのであろうか。例えば，永田（2018）は道徳の授業における深い学びを次のように捉えている。「子どもが自己の価値観を生み出し確立していくことにほかならない。子ども一人一人が『自分事』としての納得する道徳的価値観＝『納得解』を見出そうとする姿，それこそが『深い学び』のイメージに最も近い」。このように，永田は児童生徒が自身の道徳的価値観を形成していくことが深い学びであると結論づけているが，本章ではどのよう

な学習形態に留意することで，道徳の授業が深さを伴う学びにつながるのか考えてみたい。

（3）ディープ・アクティブラーニングと道徳における深い学び

ディープ・アクティブラーニングを提唱した松下・京都大学高等教育研究開発推進センター（2015）は，学習をめぐる深さを，深い学習，深い理解，深い関与の3つの系譜から分析している。深い学習へのアプローチとは「意味を追求すること」であり，そこには既有知識との関連づけや論理の整合性を吟味することなどが含まれている。深い理解とは，ウィギンズ（Wiggins, G.）らの「理解」の概念，すなわち説明，解釈，応用，パースペクティブ，共感，自己認識といった6つの側面からの捉えられる概念であり，理解が深まることで断片的で個別的な知識が，原理と一般化による「永続的な理解」になる（「理解」については，第2章の道徳的思考スキルを参照）。最後の深い関与とは，学習に対する積極的な関わり方の度合いであり，没入や没我という言葉で表現される。以上を踏まえた上で，ディープ・アクティブラーニングとは，「外的活動における能動性だけでなく内的活動における能動性も重視した学習」であると定義する。

これらの観点を道徳の授業に応用していくのであれば，次のように考えることができるだろう。まずは道徳を学ぶ意味の追求である。なぜ道徳を学ぶ必要があるのかについて主体的に捉えていく必要があるし，生活経験で得た道徳に関する知識や価値観を授業の中で意図的に結びつけ，再構成していくことも必要になる。また第2章の道徳的思考スキルにも関わってくるが，道徳的価値を深く理解すること，それによって道徳的価値の本質に気付いていくことも求められてくる。さらには道徳の授業で扱われる教材が児童生徒の知的好奇心を十分に喚起するものであることも重要である。そしてこういった学習，理解，関与において深さを求める視点は，授業において児童生徒が「考えるに値する問い」が準備されているかどうかに大きく関わってくる。このような学習形態を踏まえることによって，道徳的価値に対する自我関与が深さを増し，道徳の授業における「深い学習」を保障していくのである。

3. 道徳の授業における問いづくり

前節において，「児童生徒が考えるに値する問いが準備されていること」が深い道徳の学びにつながることを指摘した。またそれに先立って，登場人物の心情理解に偏った指導を行わないことも指摘した。では道徳の授業ではどのような問いが必要に

なってくるのであろうか★。

　一般的に道徳の授業で用いられる問いには，「場面発問」「中心発問」「テーマ発問」「補助発問」の４つが存在する（永田, 2014; 荒木, 2017)★★。以下それぞれ概説する。

（1）場面発問

　場面発問とは，読み物教材などである場面における登場人物の判断や心情を問うための発問である。その場面における心情などの推移を捉えていくために発せられるもので，読み物教材の場面理解をするためには有効である。「この場面で，主人公はどのような気持ちでしょうか」という発問が場面発問に該当する。

　しかしながら，場面発問に終始する授業はまさに教材解釈に時間を費やす授業となり，登場人物の心情理解をするだけで授業が終わることにつながりかねない。「学習指導要領解説」において「教材から読み取れる価値観を一方的に教え込んだり，登場人物の心情理解に偏ったりした授業展開とならないようにする」（文部科学省, 2017b, p. 83; 2017c, p. 82）と述べられているように，場面発問はあくまで教材を理解するための手段であり，目的ではない。国語の場合は教材をできるだけ深く読み込んでいくことによって国語の資質・能力を高めていくことが求められるが，道徳の授業の場合，読み物教材を通じて道徳的価値をより深く考えていくことが目的である。さらに付言するならば，場面発問はある程度答えが決まっているゆえに，一問一答型の発問になりやすく，児童生徒にとっては「わかりきったことを改めて言う」授業形態になりやすいのである。

（2）中心発問

　道徳の授業における中心発問とは，その時間に扱っている内容項目（道徳的諸価値）と教材が最も結びついた発問を意味する。場面発問が，教材理解のために行われることが多いのに対して，中心発問はその中でも最も内容項目の理解に直結したものであるといえる。教材から導かれる発問という点では場面発問と中心発問は似ているが，たとえばB-(9)「相互理解，寛容」の教材として扱われることの多い「言葉の向

★　なお本書では，引用箇所を除き，教育学の世界で一般的に用いられている「発問」と「問い」という用語を意図的に区別して用いることにする。というのも，発問は「答えを知っている教師が教育的意図をもって答えを知らない児童生徒に発する問い」を意味するが，道徳の授業に限っていえば，教師は必ずしも「答え」を知っているわけではないからだ。正答が準備できるものについては発問を用い，多様な考え方が導かれるものについては「問い」を用いる（荒木, 2018)。

★★　論者によっては基本発問，中心発問，テーマ発問，補助発問と類別する場合もある（例：吉田・木原, 2018)。

こうに」で考えてみよう。「主人公は『すごいこと発見しちゃった』と述べているが，何を発見したのだろう？」という発問が中心発問に該当する。この中心発問によって，児童生徒から「コミュニケーションの大切さ」「寛容であること」「まずは互いの違いを認めること」などが応答として出てきたならば，次の「テーマ発問」でその道徳的諸価値そのものを深めていくのである。

(3) テーマ発問

テーマ発問とは，授業でテーマとなっていること，つまり授業で扱っている道徳的価値（主題）そのものを追求していく問いである。授業の中では「中心発問」（主発問）として扱われることが多く，読み物教材を用いた授業での問いの形としては「なぜ主人公は〇〇という生き方を選択したのだろうか」「なぜ主人公は△△という行動をし続けることができたのだろうか」「主人公はどうしてそういう判断をしたのだろうか」「もし自分が主人公の立場であればどう判断（行為）するだろうか」といった問いが該当する。

読み物教材に限らず，広くテーマそのものを問う発問としては，「親切ってどういうこと」「正しさって何だろう」「わかり合うためには何が必要」という道徳的価値そのものについて考えていく問いも考えられる。

いずれの問いも，場面発問とは異なり，多様な考え方が引き出されるオープンな問いであり，道徳の授業の中では中心的な役割を担う。テーマ発問は教材に「唯一の答え」が載っているわけではないため，児童生徒は自らの頭で問いに対する答えを構築していく必要がある。考えるに値する問いとは，児童生徒が考えざるを得ない問いであり，未知なるものへの探究への問いなのである。

(4) 補助発問（切り返し・問い返し発問）

補助発問とは，テーマ発問を補助する働きをもっているもので，児童生徒の固定的な考え方や認識を改めて問い直す役割を有している。「そもそも〇〇とはどういう意味だろうか」「すべての場合でもあてはまるのであろうか」と根拠について問い直す発問などがこれに該当する。例えば第3章で取り上げた「雨のバス停留所で」の教材は，「雨が降っていても順序よく並ばなければならない」というメッセージが見え隠れしている。児童もそのメッセージを読み取り，ルールを守ることの大切さを口にするだろう。ところが，本文中にはどこにも雨が降った場合の並び方は明記されていない。ましてや主人公の女の子は大人の列に割り込んだわけでもない。ここで発せられる「主人公の女の子はそもそもルールを破ったのか」という問いは，まさしく児童が

固定的に考えていたことへの再考を促す補助発問に該当する。

　補助発問はその名の通り，補助的に扱われるものであるため，授業中に単独で存在するわけではない。道徳的価値について児童生徒が考えをある程度固めてきたとき，そしてその考えに固執していることが明らかになったとき，初めて有効になってくる。ゆえに即興的に発せられる側面もあるが，学習指導案を考える際に児童生徒の反応を予測して準備することが可能である。

(5) モラルジレンマにおける問い

　さて，最後にモラルジレンマにおける問いについて考えてみたい（モラルジレンマの授業については第3部参照）。モラルジレンマとは，「オープンエンドの形で構成された道徳的価値葛藤を含む物語」（荒木, 2017）で，ディスカッションを通じて他者の考えの根拠に触れ，自分の考えを見つめ直す作業を通じて，児童生徒は正義に関する道徳性を発達させていく。モラルジレンマ授業で発せられる問いは，基本的には「主人公はどうすべきか」であるが，ディスカッションをファシリテートしていく際に教師から発せられる問いは，ジレンマ教材に限らず広く汎用性をもつ。ジレンマ授業で用いられる問いを知ることによって，先の補助発問をより多様に用いることができよう。

　モラルジレンマ授業を展開する際には，一般的には以下のような問いが準備される（荒木, 2012）。それは「役割取得を促していく問い」「行為の結果を類推する問い」「認知的不均衡を促す問い」，そして「道徳的判断を求める問い」である。役割取得とは他者の立場に立って物事を考えることを意味するが，読み物教材の登場人物のそれぞれの考え方や立場などを想像し，主人公はこう考えるがそれを知った友達はどう考えるだろうという問いが役割取得を促す問いである。行為の結果を類推する問いとは，もし登場人物がそのような行為を続けた場合，どのような結果をもたらすのか想像させる問いである。If～，then～の形をとることが多い。認知的不均衡を促す問いとは，先の補助発問に非常に似ている問いである。児童生徒が考えていることとは逆のことをあえて教師が問うことによって，児童生徒の当たり前に揺さぶりをかけていくことをねらっている。最後の道徳的判断を求める問いは，モラルジレンマ教材に特有の問いであり，「主人公はどうすべきか」ということを問うものである。

　このような，役割取得，行為の結果，認知的不均衡という3つのキーワードに着目することによって，授業における問い，とりわけ補助発問はより多様なものになってくるだろう。

4．学習指導案の作成について

（1）学習指導案とは何か

　学習指導案とは，端的に示せば，教育のねらいに沿った教師の意図的な働きかけ（何を教えるのか，どうやって教えるのか）と，それに対する児童生徒の反応や教室の中で生じる相互作用を事前に予測したものである。すべての授業において学習指導案そのものが準備されるわけではないが，指導過程を考えない授業は，概して教材研究が不十分であり，ねらいも曖昧なものとなる。その結果児童生徒の反応予測も不十分なものとなり，教師も児童生徒も混乱する「わからない授業」になりやすい。熟達した教師は，学習指導案そのものを準備することは少ないが，これは学習指導案なしで授業を行っているわけではなく，これまでの経験から頭の中に指導の流れが出来上がっている場合が多い。

　逆に学習指導案に固執した授業は，教師の意図的な働きかけにのみ焦点を当てた授業になりがちで，児童生徒の発想や意見を教師の都合で歪曲することもあり，児童生徒にとっては「おもしろくない授業」になる場合もある。とりわけ道徳の授業に関しては，2014 年答申において「児童生徒に望ましいと思われる分かりきったことを言わせたり書かせたりする授業になっている例がある」（中央教育審議会, 2014）と指摘されたが，この指摘はまさに教師の意図通りに授業を進めようとすることに対する問題提起と捉えることができよう。

　学習指導案は授業を展開する上では必ず必要なものである。それは授業という「地図」をあらかじめ入手し，目的地へのルートを決定することに似ている。そういった「地図」を手に入れているからこそ，児童生徒の予測できない意見が出た場合でも，違うルートを探すことができるのであり，教師が設定したルートを歩ませる（学習指導案に固執する）ことが授業の目的ではない。学習指導案を作成し，授業においてはそれを緩やかに手放すことによって「わかる・おもしろい授業」が成立するのである。

（2）学習指導案の作成

　学習指導案の作成においては，特に決まった形式があるわけではないため，本書で示す学習指導案も 1 つの例としてあげている（図 4-1）。具体的な書き方は第 3 部に掲載されている学習指導案を参照してもらうことにして，ここでは，7．本時のねらいと 8．本時の展開（学習指導過程）に焦点を当ててみよう。なお，本書では道徳教育には多様な指導方法があってしかるべきという立場をとるために，第 3 部の指導案

第Ⅰ部　道徳を学校教育の観点から捉える

道徳科学習指導案フォーマット

１．日時

２．対象

３．指導者

４．主題名（内容項目）

５．教材（資料）名

６．主題設定の理由

（１）ねらいとする価値について

（２）児童（生徒）の実態について

（３）本時の教材（資料）の概要

７．本時のねらい（Ａすることを通じて，Ｂしようとする，Ｃを育てる）

８．本時の展開（導入・展開・まとめ）

	学習過程	主な問いと児童（生徒）の反応	教師の働きかけ
導入			
展開			
まとめ			

９．評価

図 4-1　授業づくりのためのフォーマット

についても執筆者の意向を最大限に尊重し，厳密に統一化を図っていない。

1）ねらいの書き方

　ねらいの設定は，授業を構成するにあたって最も重要な位置を占めている。授業を通じて児童生徒に何を伝えるのか，何を考えてもらうのか，そのためにどういった学習活動を展開するのか，そして授業を受けた結果児童生徒にはどう変化してほしいのか，これらの諸要素がすべて含まれているのが道徳科のねらいだからである。このように道徳科のねらいは学習活動を含んだ書き方をするために，実際には学習指導過程が明確になった時点で改めて書き直す場合が多い。

　さて，道徳科のねらいは一般的に「Aすることを通して，Bしようとする，Cを育てる」と表現される。Aの箇所には学習活動が含まれる。その授業においてどのような教材を用いてどういったところに焦点を当てて学習活動を展開するのか，それについて記述するのがAの箇所である。「〜について考えることを通じて」，あるいは「〜に気付くことを通じて」という形で，その授業において最も焦点を当てたい学習活動を明確にする。

　Bの箇所は，授業を通じて児童生徒にどういった変化を望むのか，授業を受けた結果児童生徒にどうなってほしいのかについて記述する箇所である。例えば，いじめを扱う授業であれば「いじめの重大な人権侵害であることを認識し，いじめに立ち向かおうとする」というのがBに該当する。

　Cは道徳性の諸様相（道徳的判断力，道徳的心情，道徳的実践意欲と態度）のいずれかを書き込むことが一般的である。当該の授業において，認識を深めたり考えたりすることに強く焦点を当てているのであれば，あるいは考える力を育てたいと実践者がねらっているのであれば，道徳的判断力が妥当であるし，不正を許さないという情意的なところに焦点を当てた授業であれば，道徳的心情が該当するであろう。

　このように，道徳科のねらいはかなり具体的な記述になることが望ましい。逆にいえば，ねらいを一読しただけでどのような授業が展開されるのか判別できるものが，よいねらいの書き方になる。

2）本時の展開

　学習指導案を考えることは，授業の「地図」を手に入れることであると先に示した。まさに授業の展開を考えていくことは，その「地図」にルートを書き込んでいく作業であり，導入，展開，まとめ（終末）という授業の一連の流れを書き記していくことに他ならない。導入においては，その授業でどういうことをするのかという方向づけはもちろんのこと，児童生徒の知的好奇心を喚起することを意識することが重要である。

展開部は授業の大部分を占めるが，展開部を２つに分けて展開前段，展開後段とする場合もある。例えば展開前段においては場面発問を中心に教材そのものから学ぶ時間に当て，あるいは役割演技など体験的な学びをする時間に当て，展開後段ではテーマ発問によって児童生徒が道徳的価値に迫るような，あるいは問題解決的な学習を取り入れるなど，教材や学年に応じて様々な授業を計画することが考えられる。

最後のまとめは，児童生徒が授業を通じて学んだことを改めて意味づけするための時間である。この「改めて意味づける」という作業は自己評価活動に含まれるが，この自己評価によって児童生徒は自らの学びを改めて認識し，自分自身を方向づけていくことが可能になってくる。なお，本書では「まとめ」という表記を用いているが，必ずしも教師が授業をまとめるという意味では用いていない★。「振り返って意味づける」作業を行うのは児童生徒であり，教師はその手助けをするにすぎない。

このような一連の授業展開を考えるにあたって留意したいのが，本章1. で述べた３つの学習活動や，2. における「考え，議論する」授業展開，自我関与や深い学びの視点を含んでいるかどうかということである。児童生徒に「考えるに値する問い」を準備し，道徳における深い学びが達成できるよう，様々な角度から授業づくりを試みることが重要である。

★　道徳教育の世界では「終末」という表現が一般的であるが，「終末」という言葉は終末期医療など「人生の終わり」を意味することが多いために，本書では「まとめ」という言葉を用いている。

第5章
道徳科の評価

• 道徳科における教育評価にはどのような意味があるのでしょうか。

• 道徳科の評価はどのように進めていけばよいのでしょうか。

　道徳が教科化されるにあたって，多くの教師や保護者が懸念を示したのが，道徳科の評価についてであった。とりわけ児童生徒の内面を国が定める道徳の基準で評価してよいのか，そもそも内面を見取ることなど可能なのかといった疑問が数多く出された。そこで本章では道徳科の評価の特質を明らかにした上で，具体的にどのような点に着目しながら評価を行っていけばよいのか示していく。また道徳性の測定と評価の関係，ならびに自己評価の可能性についても考察を加えていく。

1. 教育課程における教育評価の位置づけ

　あらゆる教育活動は，人間の成長や発達を促進していくために行われる意図的な活動である。意識的にしろ無意識的にしろ，何かしらの意図をもって教育活動は展開される。となると，その意図がどの程度達成されたのかについて教育実践者は見極めていかねばならない。本来，教育評価とはその教育的意図に沿った活動，すなわち教育目的・目標やそれに基づいた教育内容，そして教育方法が適切であったかどうかについて，その成否を確認するために行われるものであり，教育活動そのものを振り返ることで，よりよい教育実践に向けた改善の視点を提供してくれるものに他ならないのである。つまり，教育評価とは，学習者の状況を捉えるという意味（児童生徒の成長を見取る視点）と，その学習者の状況から授業実践そのものを改善していく（授業改善の視点）という二重の意味を併せもっている。このように，評価行為は授業改善や

47

第Ⅰ部 道徳を学校教育の観点から捉える

児童生徒の指導に活用していくことが本来の在り方であり，この意味において，「指導と評価の一体化」という考え方が成立するのである。

さて国語や社会，数学，英語といった一般の教科の場合，授業の目標はその授業で獲得すべき知識や技能，思考力などに基づいて描かれる事が多い。それはつまり，当該授業における「学びの到達点」を示すものであり，授業はそこへ到達するために実施される。となると，こういった一般の教科における教育評価は，学びの到達点に対してそれがどの程度達成されたのかという目標に基づいた評価（目標準拠型評価）が一般的な評価方法となる。

では特別の教科 道徳においても，教科教育と同様に，目標に照らし合わせて児童生徒の到達点を評価するという考え方をするのだろうか。そうではない。この点について次節で詳しく見ていこう。

2. 道徳科の評価

(1)「道徳の時間」の評価

道徳科の設置に伴って道徳科の評価に関心が集まったが，では 1958（昭和 33）年より設置された従来の「道徳の時間」には，評価はなかったのであろうか。例えば 2008（平成 20）年告示の学習指導要領は，道徳の時間の評価について次のように記している。「児童（生徒）の道徳性については，常にその実態を把握して指導に生かすよう努める必要がある。ただし，道徳の時間に関して数値などによる評価は行わないものとする」（文部科学省, 2008a, 2008b; 括弧内は 2008b）。また当時の小学校学習指導要領解説（道徳）においても「教師が児童の人間的な成長を見守り，児童自身が自己のよりよい生き方を求めていく努力を評価し，それを勇気づける働きをもつものである。（中略）それぞれの指導のねらいとのかかわりにおいて児童の心の動きの変化などを様々な方法で捉え，それによって自らの指導を評価するとともに，指導方法などの改善に努めることが大切である」と述べられている。つまり，道徳の時間においても道徳の評価は存在していたのである。道徳の指導を適切に行っていくために，児童生徒の道徳性を把握するとともに授業改善に評価を生かしていくことが述べられていた。

ただし，「人間的な成長」としての道徳性の把握そのものが非常に難しく，「児童生徒に関する評価についての実践や研究が各学校等において組織的・計画的に進められてこなかった」（道徳教育に係る評価等の在り方に関する専門家会議, 2016）という指摘もなされた。結局，児童生徒の道徳性がどのように成長しているのかという実態を

捉えることが十分になされることがなかったために，その評価を授業に生かすことができず，「指導と評価の一体化」の実現には困難が伴ったといえるのではないか。

（2）道徳科の評価：学習状況や道徳性に係る成長を見取る「視点」

では道徳科の評価はどのように記述されているのであろうか。学習指導要領では，次のように記されている（文部科学省，2017a, 2017b）。「児童（生徒）の学習状況や道徳性に係る成長の様子を継続的に把握し，指導に生かすよう努める必要がある。ただし，数値などによる評価は行わないものとする」。

ここでまず確認しなければならないのが，「学習状況」という記述である。通常の教科教育においては，学びの到達点としての学習結果に焦点が当てられ評価が行われること（目標準拠型評価）を先に指摘したが，道徳科においては「学習状況」という学びのプロセスに焦点が当てられていることがわかる。道徳性そのものの明確な到達点を設定することが難しい（ふさわしくない）道徳科においては，児童生徒がどのように学びを進めてきたのかという「学習状況」に焦点を当てる必要があるのである。

また「道徳性に係る成長の様子」という表現にも着目したい。というのも，「道徳性そのものの成長の様子」ではないからである。第1章や第2章においてすでに述べられたように，道徳性とは道徳的判断力，心情，実践意欲と態度といった諸様相から構成される内面的資質であるが，「道徳性が養われたか否かは，容易に判断できるものではない」（文部科学省，2017c, 2017d）という指摘からもわかるように，よりホリスティック（全体的）に道徳性を把握していく必要がある。ゆえに道徳性を3つの諸様相に分断して観点別評価を行うことも妥当ではないと指摘されている。

こういった考え方を基盤として，指導要録においては「学習状況や道徳性に係る成長の様子について，特に顕著と認められる具体的な状況等について記述による評価」が記載されることになっている（表5-1参照）。

では「学習状況や道徳性に係る成長の様子」は，具体的にどのように捉えられるのであろうか。学習指導要領解説（道徳）では，次のように示している（文部科学省，2017c, 2017d）。「評価に当たっては，特に，学習活動において児童が道徳的価値やそれらに関わる諸事象について他者の考え方や議論に触れ，自律的に思考する中で，<u>一面的な見方から多面的・多角的な見方へと発展しているか</u>，<u>道徳的価値の理解を自分自身との関わりの中で深めているか</u>といった点を重視することが重要である」（下線は引用者）。このように，多面的・多角的に物事を捉えるようになってきているのか，そして，自分との関わりで道徳的価値を捉えられているのかという点がポイントとなってくる。以下それぞれ見ていこう。

第Ⅰ部　道徳を学校教育の観点から捉える

表 5-1　指導要録における道徳科の記述欄（小学校）（道徳教育に係る評価等の在り方に関する専門家会議, 2016）

特別の教科　道徳	
学年	学習状況及び道徳性に係る成長の様子
1	
2	
3	
4	
5	
6	

1）一面的な見方から多面的・多角的な見方へ

多面的・多角的な見方とは，道徳的価値について多様な側面から捉え，様々な角度から考察することであるが，それは道徳科の授業においては以下の点から捉えることが可能となる（文部科学省, 2017c, 2017d）。

> ・道徳的価値に関わる問題に対する判断の根拠やそのときの心情を様々な視点から捉え考えようとしていること。
> ・自分と違う立場や考え方，感じ方を理解しようとしていること。
> ・複数の道徳的価値の対立が生じる場面において取り得る行動を多面的・多角的に考えようとしていること。

以上の点を踏まえながら，児童生徒の発言やワークシート，道徳ノート等の記述，あるいは授業中の児童生徒の発言等から多面的・多角的な見方ができるようになっているかどうかを見出していく。

2）道徳的価値の理解を自分自身との関わりで深める

道徳の授業に限ったことではないが，扱われている教材が児童生徒にとって「自分とは関わりのない誰かの話」になってしまうと，学びが深まっていきにくい★。当事者，つまり自分だったらどうするのかという視点から考えることによって，道徳的価

★　ただし，「自分との関わり」があらゆる教材で必ずしも求められるわけではないだろう。いわゆる問題行動を起こしやすい児童生徒に，「自分との関わり」を求めれば求めるほど，逆に「きれいごと」を述べてしまう可能性が高い。というのも，道徳の教材において問題視されている行為が，問題行動を起こしやすい児童生徒にとっては現に自分のことであり，簡単に語れなくなってしまうのである。そういう場合は，「物語の中の話」として授業を展開し，自分との関わりを強く求めない方が，逆に児童生徒の本音を聞き出すことができる。

値に対する考え方は深さを増す。それは具体的には以下のように示される。

- 読み物教材の登場人物を自分に置き換えて考え，自分なりに具体的にイメージして理解しようとしていること
- 現在の自分自身を振り返り，自らの行動や考えを見直していることがうかがえること
- 道徳的な問題に対して自己の取り得る行動を他者と議論する中で，道徳的価値の理解をさらに深めていること
- 道徳的価値の実現することの難しさを自分のこととして捉え，考えようとしていること

　例えば，「もし自分だったら……」，あるいは「昔は……と考えていたけれど，今は……」という表現方法を用いて児童生徒の考えや発言を促してみるのも，道徳的価値の理解を深めていく1つの手段として考えられる。

（3）道徳科の評価：授業評価の「観点」

　これまでの論述によって，児童生徒の学習状況や道徳性に係る成長の様子を一定捉えることが可能になってきたが，これらをどのように授業改善に結びつけていけばよいのであろうか。いわゆる，授業評価の「観点」は学習指導要領解説においては次のように示されている（文部科学省, 2017c, 2017d; 括弧内は 2017d）。

- 学習指導過程は，道徳科の特質を生かし，道徳的価値の理解を基に自己を見つめ，自己（人間として）の生き方について考えを深められるよう適切に構成されていたか。
- 指導の手立てはねらいに即した適切なものとなっていたか。
- 発問は，児童（生徒）が（広い視野から）多面的・多角的に考えることができる問い，道徳的価値を自分のこととして捉えることができる問いなど，指導の意図に基づいて的確になされていたか。
- 児童（生徒）の発言を傾聴して受け止め，発問に対する児童の発言などの反応を，適切に指導に生かしていたか。
- 自分自身との関わりで，物事を（広い視野から）多面的・多角的に考えさせるための，教材や教具の活用は適切であったか。

第Ⅰ部　道徳を学校教育の観点から捉える

- ねらいとする道徳的価値についての理解を深めるための指導方法は，児童（生徒）の実態や発達の段階にふさわしいものであったか。
- 特に配慮を要する児童（生徒）に適切に対応していたか。

　これらの観点は取り立てて説明するほど真新しいものではない。授業過程における，「目標－内容－方法」のそれぞれに対する教育的営為が適切であったかどうか確認していくという授業評価の一般的な姿を表しているにすぎない。しかしながら，教師の行為として「傾聴」が含まれていることは強調しておく必要があるだろう。

　傾聴とは単に児童生徒の話をよく聞くという意味だけではない。その発言にはどのような意味があるのか，発言の背後には児童生徒のどのような経験が含まれているのか，そういった「発言者の歴史」を想像し感じ取ることが「傾聴」のもつ意味である（荒木, 2013）。つまり，単に発せられた言葉にのみ着眼するのではなく，その言葉の「歴史」を推し量っていくことが傾聴の真の意味するところなのである。

　さて，以上から児童生徒の学習状況や道徳性に係る成長についての評価の「視点」と授業改善のための評価の「観点」が道徳科の評価であるといえる。児童生徒の学習状況などを丁寧に見取ることが授業そのものの改善につながりうるという「指導と評価の一体化」という本来の教育評価の意義がより見出されるのである。

（4）どのように児童生徒の成長を記述するのか

　表 5-1 でも示したように，教師は道徳科における児童生徒の学びを記述によって書き記していく必要がある。学習指導要領解説には，実際に児童生徒に返していく評価について具体的に次のようにまとめてある。「個々の内容項目ごとではなく，大くくりなまとまりを踏まえた評価とすることや，他の児童（生徒）との比較による評価ではなく，児童（生徒）がいかに成長したかを積極的に受け止めて認め，励ます個人内評価として記述式で行うことが求められる」（文部科学省, 2017c, 2017d; 括弧内は2017d）。

1）大くくりなまとまり

　「個々の内容項目ごとではなく，大くくりなまとまり」と表現されていることからも，ここには内容項目の 4 つの視点（主として自分自身に関すること，主として人との関わりに関すること，主として集団や社会との関わりに関すること，主として生命や自然，崇高なものとの関わりに関すること）といったくくりで学習状況などを捉えていくという意味が含まれている。また道徳性は内面的資質であり，非常にゆっくりと育んでいく（ゆえに「涵養」という言葉が当てはめられる）ものである。一定の期

52

間じっくりと時間をかけて児童生徒の学習状況を見ながら，道徳性に係る成長を捉えていくことが大切になる。

ここでいう「大くくりなまとまり」とは，教育内容的側面と時間的側面といった2つの側面から児童生徒を見取っていくことになるだろう。

2）個人内評価

繰り返しになるが，他教科とは違い道徳性には明確な到達点が示されているわけではない。となると，目標準拠型評価での評価はできないし，また他者との比較において評価（相対評価）することもふさわしくない。相対評価であれば，道徳の学びの実態を捉えることはできないし，さらには教室内に必ず「道徳性の低い子」が存在してしまうからである。そこで，道徳科の評価として取り上げられているのが個人内評価である。個人内評価とは，それぞれの児童生徒自身が基準となり，その個人の中でどのような変化が見取れたのか，いかに成長したのかを見取る評価である。その際に，その児童生徒の個性や特徴をしっかりと見極めた上で，成長したよさを積極的に認めていくことが求められている。

3. 道徳性の測定と評価

さて，本書の第3部において多数取り上げられているモラルジレンマ授業では，コールバーグ理論に基づいた道徳性発達段階の「測定（measurement）」を実施する場合がある。測定とは「ある事象に対して，一定の規則に基づいて数量を割り当てること」（森・秋田, 2000）であり，対象を定量化し客観的に捉えることを目的としている。つまり，「身体測定」という言葉からもイメージできるように，対象がどのような状態にあるのか，道具を用いることによって対象を客観的に把握することが測定の意味するところである。日本における道徳性の発達段階の測定では「フェアネスマインド」が用いられることが多い（荒木, 1997, 2002, 2018b）。フェアネスマインドとは道徳性発達検査であり，モラルジレンマ課題を用いた道徳性の発達診断と行動傾向の診断を行うものである（表5-2参照）。この診断によって，授業者は児童生徒の道徳性（公平さや公正さ）をある程度客観的に把握することができ，発達を促進していくための指導の方略を得ることができる。この意味において，先の専門家会議による「児童生徒に関する評価についての実践や研究が各学校等において組織的・計画的に進められてこなかった」という指摘は，本研究に対しては該当しないことは明らかである。

さて，測定そのものは教育評価とは異なる。測定そのものには「価値判断」が含まれていないからである（表5-2における「得点」が測定に該当する）。教育評価とは測

第Ⅰ部　道徳を学校教育の観点から捉える

表 5-2　フェアネスマインドの例（荒木, 2002 より作成）

道徳性発達

内面的な道徳性の発達

得点	3.3

評価	C

コールバーグの道徳性発達段階　　　　　　　　段階（3 +）

段階 4	社会システムの道徳性	
段階 3	対人規範の道徳性	☆
段階 2	個人主義，道具的道徳性	
段階 1	他律的道徳性	
段階 0	自己欲求希求思考	

行動傾向

道徳的行動傾向（総合）

得点	2.8

評価	B

学習指導要領　指導の内容 4 領域別プロフィール

学習指導要領　指導の内容 4 領域		得点	評価
1	自分自身に関すること	2.5	C
2	他の人との関わり	2.4	D
3	自然や崇高なものとの関わり	3.8	A
4	集団や社会との関わり	2.6	B

定された情報に対して何かしらの価値判断を付与していくことであり，道徳性発達の評価においては，発達段階という価値を有した尺度に対応するように価値判断がなされるのである。

　しかしながら，これに対しては十分注意を払わなければならない。第 1 に発達段階そのものが数値評価に該当するために，日本の道徳科の評価における「数値による評価を行わない」に抵触してしまうからである。道徳性の測定と評価は児童生徒に返すための評価として存在するのではなく，あくまで授業者の教育活動への計策のために存在することを強調しなければならない。

　第 2 に，コールバーグ自身も指摘していることであるが，道徳性の測定は人間の優

54

劣や善悪を判断するために行われるものではないということである（Kohlberg, 1971）。あくまで道徳性の発達段階は正義（公正さ，公平さ）に関する判断形式の「道筋」を表しているものであって，教育者は「子どもがすでに向かいつつある方向へさらに一歩進めていくのを援助する」存在なのである。

　以上のことから，道徳性の測定は児童生徒の実態を客観的に見取るための手段であり，その情報をもとに授業における児童生徒への働きかけ，問いかけ等を考案することによって効果を発揮する。道徳性の測定は授業改善というリフレクション的意味合いに加えて，これから先の授業をデザインするために活用されるものであるといえよう。

4. 道徳における自己評価の可能性

　これまで論じてきたことは，主に教師側が児童生徒をどう見取っていくかという視点であった。しかしながら，教育評価においては，児童生徒が自らの学びを把握していく自己評価の側面も非常に重要である。なぜなら，教師というある種の権力を有した他者に依存した評価だけでは，今後ますます求められる「主体的で」かつ「自律的な学習者」を育てていくことはできないからである。

　基本的に他者による評価は，「自分はどのように見られているのか」ということを前提とする。「どのように見られているのか」という意識の働きは，「よく見られたい」という意識を増加させ，そのために「失敗はできない」「変なところは見せられない」という潜在的な想いを強化する。結果的に，教科教育においては「チャレンジしない」という無難な選択をする児童生徒が増える可能性が高くなり，道徳においてはとりあえずの「きれいごと」を発する可能性が高くなるであろう。児童生徒が主体的で自律的な学習者となっていくためには，児童生徒が自らの学びの状況を確認し，自らで調整していく教育的営為，つまり自己評価が必要になってくるのである。

　例えば田中（2008）は，自己評価の目的として，①排他的な競争の中で，自分の存在価値を見失わないため，②自己学習能力を形成するため，という２点を指摘する。もちろん道徳教育においては，他者との競争や比較において評価されることは厳に慎まれるべきであり，自らの存在価値を自らで確認し，学びの主体者としての感覚をも育んでいかねばならない。

　そこで，本章のまとめとして道徳の評価に用いることができうる自己評価の例と自己評価から授業評価に発展する例を簡単に紹介しよう。

（1）ポートフォリオ評価

すでにワークシートなどを用いて道徳の学びを蓄積させている実践は多いだろう。もともとポートフォリオとは「紙ばさみ」を表し，写真家などが自分の作品を蓄積し，自分の作品をアピールするために用いていたものである。教育の世界においては，児童生徒が自分の「作品」（ワークシートやノートなど）を蓄積し，それを取捨選択しながらよりよい「作品」を残していくことを意味する。つまり，ポートフォリオ評価とは，単にワークシートなどをファイリングしていくことだけが主たる目的ではなく，蓄積されたものを振り返り，どれが重要であるのか，大切であるのか，自らで選び取ったり再度まとめ直したりすることが重要なのである。つまりメタ認知的に振り返りを行うポートフォリオ評価行為そのものが道徳の学びに密接に結びついており，今後の学びへと発展していくのである。

ポートフォリオを用いて自己評価を行う際に，教師とともに「検討会（カンファレンス）」を開催し，協働で作業を行うことも考えられるし（協働で行うことで教師の評価の視点を加えることができる），例えば以下のような問いのもとで，児童生徒が取捨選択（まとめ直し）を行うことも可能となってくる。

- 1学期の間で，最も考えた教材はどれですか？　それはなぜ？
- 1学期の間で，最も関心をもった教材はどれですか？　それはなぜ？
- 1学期の道徳の学びで，新たに浮かんだ「問い（疑問）」は何ですか？

（2）言語連想法を用いた評価の方法

連想検査法はテーマや探究内容を表す言葉を刺激語として児童生徒に与えて自由連想をさせ，子どもたちがもつ知識や感情の構造を明らかにしたり，学習や授業効果をみるために利用される。その中には，ウェビングやコンセプトマップ（概念地図），連想（イメージ）マップなどがある。

1）コンセプトマップを用いた自己評価

コンセプトマップは，頭の中の概念を視覚的につなぎ合わせていく手法である（図5-1）。道徳の学びを振り返っていく際に，文章で表現するのではなく，授業中に登場した概念（あるいは道徳的価値）の結びつきを考えながら，まとめていく手法である。この手法を用いることによって，児童生徒の頭の中では分断されていたかもしれない様々な情報が，「1つのまとまり」，つまりネットワーク化された知識となって表れてくる。道徳的価値には相互に関連するものもあるし，連続して考えられるものもある。

第 5 章　道徳科の評価

図 5-1　道徳のコンセプトマップ

このネットワーク化を児童生徒が行っていくことが，道徳の学びに深まりをもたらすのである。もちろん，このコンセプトマップに疑問や感想を加筆していっても構わないし，矢印を用いて関連性を示しても構わない。

2）言語連想法を用いた児童生徒による評価

　言語連想法を用いた評価に連想マップ法がある（荒木, 2018a）。「考え，議論する道徳」の実現に向けて 2 年間継続してモラルジレンマ授業を学んだ中学 2 年生に，「道徳」という言葉を聞いて頭に浮かんだことを 2 分間 A4 紙に書くように求めた。図 5-2 は KJ 法に基づいて 31 人の第 1 連想語から作成された連想マップである。この図からわかるように，生徒たちは道徳の授業を「話し合い」の授業と捉え，しかもその「話し合い」が，相手の気持ちを考えながら，つまり「役割取得」しながらそれぞれの意見を述べ合うという特徴をもつ授業と認識している。

　植田・荒木（2019）は道徳の授業の前後において言語連想法を用いて，児童の知識や感情の構造を明らかにしようと試みている。これによれば，従来のクローズエンド型の道徳の授業を受けてきた児童（4 年生）に，道徳について 1 分間自由連想をさせたところ，3 クラス 117 名の平均連想数は 2.03 個（連想語総数 242 個）であった。その後全クラスでモラルジレンマ授業（4 主題 8 時間，または 4 主題 1 時間）を実施し，終了後道徳の自由連想を行ったところ，平均連想数は 2.7 個（連想語総数 317 個）に増加した。特に，回答数が 0 個だった児童がモラルジレンマ授業前には 9 名いたのが，授業後は 0 名になり，さらに事前では否定的な連想語（怒られる，意味がわからないなど）が 21 個あげられていたのに対して，事後は否定的な言葉がなくなり，肯定的な連想語が 17 個から 53 個へと増加していることが明らかになった。頻度の高い連想語の組み合わせで文章化したところ，表 5-3 のように，それぞれ特徴的な授業イ

57

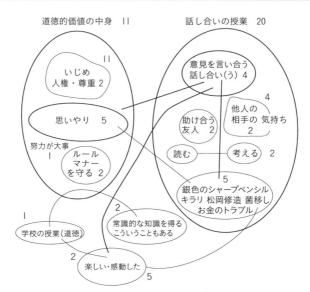

図 5-2　「道徳」に対する連想マップ（荒木, 2018a）

メージが現れた。

　言語連想法を用いた評価には次の2点の意味が含まれているであろう。第1に，これはコンセプトマップと関連するが，児童生徒による授業の意味づけがなされるということ，第2に授業評価としての機能である。とりわけ，児童生徒が連想した用語を教師が分析することによって，道徳の授業に対して抱いている児童生徒のイメージを把握することが可能になる。コンセプトマップは授業で扱った概念（道徳的価値）を中心に相互の連関がまとめられていくが，言語連想法は内容に加えて感情や行為も含んでいるために，より重層的に授業を捉えることができる。第2章でハイト（Haidt, 2012）やカーネマン（Kahneman, 2011）を通じて述べたように，人間の判断に先んじて感情の働きがあることを認めるのであれば，道徳の授業に対して児童生徒が感情

表 5-3　従来型授業のイメージとモラルジレンマ授業のイメージ

従来型授業	モラルジレンマ授業
様々なためになるお話を読んだり，テレビで見たりして，主人公のことやお話のことを考え，よい心や行いについて発表したり，ノートに書く。このような授業は楽しいこともあるがつまらなくておもしろくないことも多い。	どうすればよいのかで迷ってしまう終わりのない話を読んで，自分の考えをもってみんなと賛成意見や反対意見を出して話し合いをする。出てきた人の気持ちを考えながら最後に自分の意見を書く。道徳の時間はとても楽しくて，おもしろい。

面でどのように捉えているのかを私たちが把握することによって，さらなる授業改善
が推進していくであろう。

謝辞　本研究は JSPS 科研費 JP17K04891 の助成を受けたものである。

第6章

多文化共生
グローバル時代の道徳教育

- 「考え，議論する道徳」を展開するにあたって国際理解・国際親善の項目では，どのようなことに留意すればよいのでしょうか。
- 「共生や対話を目指す道徳」の授業ではどのような取り組み，試みが行われているのでしょうか。

　教科「道徳」になって，「考え，議論する道徳」が目指されるようになった。しかし採択された教科書を見ると，振り返りや学びの記録の他は，教え方は，主人公や登場人物の心情を推し量るなど，従来の時間「道徳」とほとんど変わっていない。国際理解の項目では異なる文化や習慣をもった子どもとの交流の場面も登場する。教室の中には，外国にルーツをもつ子どもたちも増加している。本章では，異なる意見や疑問から共生や対話を目指す授業の取り組みも紹介しながら，「考え，議論する道徳」の課題を取り上げる。

1. はじめに

　学校における「道徳」が「道徳の時間」（以下，時間「道徳」）から「特別の教科 道徳」（以下，教科「道徳」）に変わり，すでに学習指導要領およびその解説も出版された。また教科書も小・中学校とも採択されている。
　時間「道徳」から教科「道徳」への変更の最大のポイントは，従来の読み物教材をもとにした教え込み型の道徳教育から子どもの「考え，議論する」活動をもとにした道徳的価値や規範の吟味と検証によるその獲得にある。
　新しい学習指導要領（2017［平成29］年告示）では，①知識・技能（何を知ってい

るか，何ができるか），②思考力・判断力・表現力等（知っていること・できること
をどう使うか），③学びに向かう力・人間性など（どのように社会・世界と関わり，
よりよい人生を送るか），の三つの資質・能力は，学校のどの教科・時間においても
共通のものとされている。そして，これを実現するために「主体的・対話的で深い学
び」が求められている（文部科学省, 2018）。

　教科「道徳」も例外ではないはずだが，実際に採択されている教科書をみると，子
どもの活動を促す学習方法として，ロールプレイや振り返りシート，問いを記述した
ワークシートなどがあるにせよ，従来の読み物教材を中心とした教え込み道徳の学習
と大きな変更がない。「主体的・対話的で深い学び」はどこにあるのかと疑問に思う。
結局は読み物教材を通して，人物の気持ちを汲み取り，心情主義に終わらせているだ
けではないのか。

　従来と変化のない教科書作成の背景には，時間「道徳」と同じく担任が指導するの
で大幅な変更を嫌う教員への配慮があるのではないか。教科書会社や学校現場の現状
維持の要望の壁を前にして，学び方・教え方の質的転換を期待する改革はいま一歩で
あり，その意味では教科書の改善の余地は今後とも大いにある。しかし，他方，それ
は，「考え，議論する道徳」の多様な在り方を提案できない私たち研究者の力不足で
もある。

　本章では，このような反省も含めて，多文化共生やシティズンシップ教育の観点か
ら，「考え，議論する道徳」の課題とその解決について，述べていきたい。

2. 教科「道徳」の内容上の変化

　今回，教科「道徳」の改編にあたって内容的にも一部変更があった。それは，従来
の時間「道徳」における4領域22項目は，小学校高学年・中学校とも変わらないも
のの，「個性の伸長や相互理解」「よりよく生きる」などとともに，多文化共生や国際
理解（国際親善，国際協力）の項目（以下，「国際理解」項目）が加わった点である
（小学校低学年は19項目，中学年は20項目）。特に，「国際理解」項目は，小学校1
年生から入り，世界にはどんな国があるのかさえもわからない子どもへのアプローチ
も課題となっている。

　新学習指導要領では教科「道徳」の領域C「主として集団や社会との関わり」にお
ける「国際理解」項目の解説として以下のように記載されている（文部科学省,
2017a, 2017b）。

小学校　解説（62-63 頁）	中学校　解説（60-61 頁）
18 国際理解，国際親善	18 国際理解，国際貢献
〔第1学年及び第2学年〕他国の人々や文化に親しむこと。 〔第3学年及び第4学年〕他国の人々や文化に親しみ，関心をもつこと。 〔第5学年及び第6学年〕他国の人々や文化について理解し，日本人としての自覚をもって国際親善に努めること。	世界の中の日本人としての自覚をもち，他国を尊重し，国際的視野に立って，世界の平和と人類の発展に寄与すること。 （他国の人々や多様な文化を理解するとともに，日本人としての自覚や国際理解と親善の心をもつことに関する内容項目である）

　例えば，教科「道徳」に対応した小学校「特別の教科 道徳」（2018 年使用教科書）の読み物教材を見てみると，低学年の「国際理解」項目においては，1年生の「ぼくとシャオミン」（東京書籍；以下，東書），「学校へいくとき」（日本文教出版；以下，日文），「となりのジェニーちゃん」（学研），「せかいのあいさつ」（教育出版；以下，教出），「エマさんのこたえあわせ」（光文書院；以下，光文），2年生の「オリンピックとパラリンピックのはた」（光文），「せかいはつながっている」（廣済堂あかつき；以下，あかつき），「日本のお米，せかいのお米」（光村図書；以下，光村），「タヒチからの友だち」（日文）など，外国の友達や多様な挨拶や食べ物，国旗，オリンピック・パラリンピックのことなど国際色豊かに見える。確かに，自分とは違った暮らしへの親しみ，自分と同じように暮らしている人々の願いに気付かせるような内容となっている。中学年においても「三つの国」（3年，東書），「カンボジアから来た転校生」（3年，学校図書；以下，学図），「同じ小学校でも」（3年，日文），「世界の小学生」（4年，東書），「歯が抜けたら」（4年，学図），「いろいろな食べ方」（4年，日文），「李さんのおひさまスープ」（4年，あかつき）など，異なる文化への関心や親しみ，多様な文化習慣の存在に気付かせている。

　低学年，中学年とも基本的には文化相対主義的な観点に立った自国文化と他国文化の理解と受容といえる。教室や家庭の中に外国人がいてもそれは外国から来たゲスト，一時的な滞在の友達である。

　小学校高学年では，国際協力や国際平和に努力した人々という題材が増えている。「折り紙天使〜加瀬三郎」（5年，東書），「ブータンに日本の農業を」（5年，学図・教出），「ペルーは泣いている」（5年，日文・学研，6年，学図），「エンザロ村のかまど」（6年，東書），「エルトゥールル号」（6年，日文・学図・光村）などである。

中学校でも同様の読み物教材がある。国際平和では，杉原千畝を扱ったものに，「命のトランジットビザ」（3年，日文），「六千人の命のビザ」（2年，東書・教出），「杉原千畝の選択」（3年，学研）がある。また，エルトゥールル号関連では，「エルトゥールル号の遭難」（1年，学研），「海と空－樫野の人々」（2年，日文・教出，3年，あかつき・日本教科書）などがある。国際協力では，「ダショー・ニシオカ」（2年，日文），「希望の義足」（3年，光村），もちろん，ノーベル平和賞を受賞したマザー・テレサ（2年，あかつき）やマララ・ユスフザイ（3年，日文，小学5年，光文）など著名人も登場している。

国際協力・国際貢献では，支援の押しつけではなく，他国の文化や暮らしの尊重など「他国の人々や文化」について理解するような読み物教材，および，国際平和や国際協力に尽くした日本人が「世界の平和と人類の発展に寄与」している（してきた）読み物教材が採用されている。

3. 国際理解から文化の多様性・複合性へ

小学校低学年は，社会科の教育課程（同心円拡大のカリキュラム）からすると，世界の国々の位置も名前も教えられていない。世界地図や地球儀を活用するとはいえ，教科「道徳」の「他国の人々や文化に親しむ」目標を達成するために，国家や民族を前提に授業を進めても意味がないであろう。

「他国の文化」（国と国）の理解ではなく文化の多様性や複合性に気付かせることで「道徳」を楽しくすることができる。例えば，「学校へいくとき」（日文），「せかいのあいさつ」（教出）など「挨拶」を取り上げた教材でも，画像や動画を活用したり，海外からの留学生やJICA研修員などを教室にゲストとして呼んで子どもたちの前で実際に挨拶をすると，その文化的多様性の豊かさを楽しく感じることができるだろう。同様に，「ありがとう」（感謝）の言葉も，各国・各民族，地方の言語の多様性を感じるのに良い教材である。もちろん重要なことは，人は親しくなるために，また，感謝の意を伝えるために，言葉や態度をもって示すという共通性への気付きである。

また，自分と違う言葉を話す人たちと親しくなるにはどうしたらよいか，挨拶が違う時にどうすればよいかという問いや，もしかしたら教室の友達の中には，国際結婚の家族で2つの挨拶（文化の複合性）をしているかもしれないという，想像を促す発問をして，教室の中に対話の空間を生み出すことがより「楽しい道徳」になるのではないか。

動物の鳴き声（例：コケコッコー）や笑顔や泣き顔の擬声語（例：ニコニコ，シク

第Ⅰ部　道徳を学校教育の観点から捉える

シク）などいわゆるオノマトペも，それぞれの民族言語によって異なる。それは国家の公用語より広くて多いはずで，ワクワク感が出てくるだろう。

文化の複合性を扱った数少ない教材は「三つの国」（3年，東書）である。「お父さんの国がカメルーン，お母さんの国が日本，私の住んでいるアメリカ」という「三つの国」がミックスになった文化の多様性を取り上げている。生活習慣やルール，スポーツの応援などの違い，挨拶や感謝の気持ちの表明など同じことに気付かせる内容になっている。

日本には，国際結婚の家庭の子どもや就労する外国人の子ども，海外から帰国した子ども，外国にルーツをもつ子どもが増えているし，今後も増加する。LGBTQや特別に支援を必要とする子どもも学んでいる。教室の中はすでに「単一民族的な日本人」を暗黙の前提とした同質的な空間ではない。徳目（価値）をめぐる議論をしたとしても，誰もが共有できる，共有すべき日本人の人格，公徳という同質性が教室の中では「隠れたカリキュラム」になっている。教科「道徳」における自国文化と他国文化という相対主義にたった「他国の文化に親しむ」「他国の理解」という枠組みでは，今後ますます拡大が予想される外国人労働者とその家族・子どもがもたらす，足元のグローバル化と文化の多様化・複合化に対応しきれないのである（藤原, 2018）。

4. 国際理解から共生へ：「異己」理解・共生プロジェクトから

小学校高学年や中学校では，逆に，国家や民族の要素を入れて，異和を取り出し，異和と向き合うことで，対話の空間を作り，共生の価値に迫る授業も可能である。「日本国際理解教育学会日中韓『異己』理解・共生プロジェクト」をもとに考えてみたい。

次のような場面（シナリオ）を想定してほしい。

> 主人公であるかけるは，学校で遠足に行く。お昼に弁当を食べ，おやつの時間になる。かけるは，大好きなチョコレートをカバンから出した。しかし，その時トイレに行きたくなり，そのままトイレに行った。しばらくして戻ってくると，出しておいたはずのチョコレートがなくなっている。近くにいた親友のたけしに「ぼくのチョコレート知らない？」とたずねると，「ぼくもチョコレートが大好きだから，全部食べちゃった」と答えた。

子どもたちへのアンケートは，次の4つである。A，Bがどちらかというと肯定的

で，C，Dは否定的な意見である。

  A ぜんぜん気にしない。仲良しなので，お互いのものを区別する必要はない

  B 少し異和感はあるが，問題にしない。2人の関係に影響はない

  C あまりいい気持ちではない。今度，またこのようなことがあったら困る

  D 不愉快だ。行動は理解できない

　これを，第5学年「道徳」の授業（主題名　C国際理解，国際親善）で実践した宮城教育大学附属小学校の堀之内（2018）によれば，児童30名のうち，Aは0人，Bは4人，Cは11人，Dは15人であった。つまり，否定的な意見が，90％近くを占めた。逆に，中国で取ったデータ（2018年北京市史家小学校6年1組）では，Aが32％，Bが48％と，肯定的な意見が80％を占めた。プロジェクトでは，同じようなデータを日韓中の他の学校でもとっているが，この肯定と否定の対照的な結果は概ね変わっていない。韓国もどちらかというと中国に近い。少なくとも中国では発達段階にかかわらず，小学生から大学生まで傾向は変わらない★。

　授業でまず，A～Dを選んだ結果や理由についてそれぞれの教室で話し合うことから始まる。日本の教室（宮城教育大附属小学校）では，AとBを選んだ子どもたちは，なぜ許せるのかといった意見にも出合い，少数派となって少し肩身の狭い思いをする。中国の教室（史家小学校）では，C，Dを選んだ子どもは，少数派であっても明確に自分の意見を言う。

　次に，互いに外国（日本は中国，中国は日本）のデータを，まずは国を明らかにしないで示し，全く対照的に考える子どもたちがいることを知らせる。「エー」といった驚きの声があがる。その後で国を明らかにし，教室で話し合う。

　日本では「中国人は他人のものも自分のものも区別しないのか，親しき仲にも礼儀ありではないか」といった反応がみられ，他方，中国では「日本人はなんて冷たいんだ，友達なら分かち合って当たり前じゃないか，寛容ではない」などの反応がみられる。両者とも国家や民族を念頭においた価値観の違いが見えてくる。この時点では，これは，「友人とは自分と分ちがたい絆をもつ人のことである」という中国と「親しい関係でも礼儀やルールがある」とする日本の文化的価値の違いの認識ともいえる。両国では価値観が異なっていて相互理解は困難だという民族や文化を固定化した見方

★ 日本国際理解教育学会（国際委員会）では2014年より「『異己』理解・共生プロジェクト」を立ち上げ，2017年以降は科研費研究「日・中・韓三カ国協働による『異己』理解共生を目ざした国際理解教育のプログラム開発」（基盤（B））（代表：釜田聡・上越教育大学，2017～2019年度）として継続中である。共通シナリオ（チョコレートなど）をもとにした日韓中の学校教員による小・中学校での授業実践と授業観察および検討会を実施している。

やラベリングの一方で，日中双方の文化的価値の認識と容認といった文化相対主義的な国際理解が達成されている。

　しかし，このような国境をへだてた「顔の見えない『異己』」から一歩深めて，授業での対話を進めていくと，A～Dの理由にもデータだけからは見えてこない多様な意見がでてくる。つまり教室の中の「顔の見える『異己』」がいることに気付く。さらには，日中双方のデータとその理由を開示することで，日本の教室での少数派は中国の教室では多数派であり，日本での多数派は中国では少数派となって，同じ考えをもつ子どもの顔が目にみえるようになっていく。こうして，多数派，少数派の意見に着目し，引き出してみると，相互理解なんてできないとする価値観をもつ「異己」が，教室内に存在していることが見えてくる。ラベリングによって隠れていた互いの顔が見え，共生を目指した対話が始まる。

　授業では，SNSなどで互いに顔のみえる中で日中間の教室同士で質問をし，対話をすると，それぞれの少数派の意見も考慮されてくる。そして優先順位は違うけれど，共通するのは，日中双方とも友人・友情を大切にすること，礼儀やルールを大切にすることだと気付くようになる。つまり，理解不可能だと思っていた価値観の違いが顔の見える関係の中で共生可能な対話の空間がうまれてくるのである。

　この「異己」理解・共生プロジェクトの例は，国家や民族という視点から文化を固定的に，本質的に捉えることによって文化のラベリングやステレオタイプ化がなされることに気付き，他方，人それぞれの顔の見える関係を深めることで，多文化の共生が対話の空間を通じて生まれることに気付いていくものである。この意味で，「考え，議論する道徳」のプロセスを踏む学習として「楽しい道徳」になるのではないだろうか。

5. 思考と対話の空間づくりの試み：シティズンシップ教育の視点

　このような教室の中の異和を思考と対話の空間づくりに変えていこうとする試みもある。幸田（2018）は，これを「哲学対話」と名づけて，外国にルーツをもつ子どもが多く在籍する豊田市の小学校で，特別支援学級の子どもも含め，教室の中の「ちょっと違った発言」を捉えて，「なんで？」「たとえば？」「立場を変えたら？」「そもそも？」「反対は？」「比べると？」「他の考えは？」などの問いのカードを作り，多様な意見と思考が交錯する対話の場をつくっている（第18章❸を参照）。「いろんな人の意見を聞くことで，『なるほど！』と思ったり，自分の考えがまちがっていたことに気付いたり，自分と同じ考えの人がいることを知ったり，自分の考えを人に知っ

てもらって，その考えを付け足してくれる人が現れたりして，どんどんよい考えが出てくる。哲学は普段，考えないことに疑問をもって，いろんな人の意見から自分の考えを広げていけるのでいいな」という子どもたちの深い学びを引き出している。幸田（2018）はこれによって子どもたちの創造性，自立，協働性が育つと指摘している。

このような思考と対話の空間づくり，関係づくりは，シティズンシップ教育の観点からいっても有効である。シティズンシップ教育とは，簡単にいえば，市民の育成を目指し，民主主義社会に参加していくための資質や能力を育んでいく教育である。文化相対主義的な多様性の視点からではなく，関係主義（脱相対主義）の観点からマイノリティとマジョリティの関係性，つまり，権利やパワーのありかによって変容するマイノリティ・マジョリティからみた正義や公正の価値とそのジレンマに気付かせるものであり，まさに市民性の育成に通じるものである。市民性は，探究，批判的思考，討議・熟議をデザインする民主主義の教室の中でこそ育つものである。自らの生きる権利や社会の中での公正な権利を求めて，声をあげ，対話し，訴え，つながることで社会を創りかえていくことが可能である。多文化共生・シティズンシップから見る道徳こそ，このような対話空間を必要とし，また，生み出していくものである。

6. 偉人化の落とし穴：問いを立てることは可能か

小学校高学年，中学校の「国際理解」項目は，数社の教科書に掲載されているように，杉原千畝・命のビザの題材やエルトゥールル号・海と空の題材など感動的な読み物教材がある。また。折り紙やかまど，義足，農業，スポーツなど外国の人々との葛藤を経ながら，国際協力や国際貢献に尽くした日本人の話題やマザーテレサ，マララ・ユスフザイなどノーベル平和賞受賞者の話題があり，なるほどと納得させられる事例が取り上げられている（偉人の扱いについては第18章❷を参照）。

一般的にいって，小学校高学年や中学校の発達段階では，いわゆる偉人の伝記を読むことは将来の自分について考えること，自分の夢や憧れをもつこと，つまりは自己の人格形成，キャリア形成にとってたいへん重要である。

しかし，道徳教科書に掲載される読み物教材は，日本人がいかに平和や国際協力につくし，貢献したのかという「世界の中の日本人」の物語として提示されている。ナショナルな成功物語，偉人の物語として理想化されて提示されている。それぞれの人物の生き様など個人の物語として第一義的に提示されていない。だからこそ，トータルな個人の生き様を知るために伝記を読むことが大切となる。言い換えれば，道徳教科書にあるのは偉人の断片，一部なのである。読み物としては，確かに，感動する，

涙さえあふれてくる。だからこそ「すごい，えらい，美しい，正しい，努力を惜しまない」で終わってしまう。答えがあらかじめ用意されている落とし穴がある。

国際協力・国際貢献でも，持続可能な開発のためには，現地の伝統の知恵や身の丈にあった日本の技術，現地の人々に受け入れられる活動が重要であるというメッセージは，誰のための援助かという開発の課題と結びついている。国際協力の文脈でいえば他の外国人も日本人も変わらない課題をもつはずなのに，日本人の特別の行為として理想化されすぎている。

杉原千畝の行為にしても，彼が発行した日本通過ビザをもつユダヤ人が当時日本に一時的に滞在したという意味では，まさに難民問題であり，現代的課題である。いま，杉原千畝が生きていたら，シリアの難民を日本に受け入れるような行為をするのだろうか。あるいは，当時の満州国で掲げられた「五族協和・八紘一宇」という共生や平等の思想は実現していたのだろうか，また，欧米各国から蹂躙されていた東南アジア諸国の独立を掲げた「大東亜共栄圏構想」は，果たして日本軍が占領したインドネシアやシンガポールで実現しただろうか。歴史的・国際的文脈からいえば，杉原千畝の正義と当時の日本政府の正義は同等なのか，など問いを立てる必要があるだろう。

エルトゥールル号にしても，明治時代と約100年後のイラク戦争の時代の救済・救援，そしてトルコ地震と東日本大震災における両国の災害援助など，時代を超えた二国間の友好関係が強調されるが，果たしてそれは美談で終わってよいのだろうか。逆に，隣国の韓国や中国，ロシアとは，植民地化，侵略，抑留・領土問題などから必ずしも友好的になっていない二国間関係は，取り上げなくてよいのであろうか。

教科「道徳」は，社会科ではないが，国際理解教育の視点を取り入れるならば，歴史的・国際的文脈や現代的課題の文脈から，正義や公正，協力，友好という普遍的な価値のありかやジレンマを吟味できるならば，世界（社会）に生きる市民性の育成の契機となる。

7. おわりに：教師の役割

教科「道徳」でも，従来と同様，読み物教材を取り上げて多様な意見を引き出し，考え，議論する活動を行った後，授業のまとめとして教師の思いを述べる「説話」が想定されているようである。しかし，教師は徳目を教える人格の完成された「大人」なのであろうか。20代，30代の若い教員が圧倒的に多い学校で，完成された人格像を想定して，「説話」を求めることは酷ではないだろうか。

今，学校現場の教員は非常に多忙である。教科「道徳」だけではない。新しい学習

指導要領のいう資質能力の達成，「主体的・対話的で深い学び」の在り方，小学校における外国語（英語）活動の教科化，持続可能な社会のための教育など新しいことが次々と要求される。加えて，内容が増えた教科の指導，いじめや特別支援教育など従来の課題もある。若い教員は，教室で子どもと向き合い，授業を行い，学級を運営し，学校経営に参加する中で，これから教員として育っていく。教科「道徳」にかかわらず，すべてのことにおいて子どもとともに考え，自ら学ぶ姿勢こそ重要である。

　教科「道徳」においても，教科書を読み解き，教室の中の「単一民族的な日本人」の同質性に閉じることなく，自分の教室の中の多様性・複合性，マイノリティとマジョリティの関係性を引き出し，社会や世界に開かれた力を育てていく姿勢が大切である。「考え，議論する道徳」はどう実現すればよいのか，何のための道徳なのか，道徳的な価値の前提を自ら問い，検証していくことが求められている。

第7章
生活指導，教育相談と道徳教育

- 日常の生活や生活指導・生徒指導で道徳教育はできないのでしょうか。
- 現代の子どもたちの生きづらさの背景には，何が考えられるでしょうか。

　もとより，道徳科の授業だけで児童生徒が道徳性を養えるわけではない。学校での教育活動を含めた彼らの生活全体の中で，実践や反省を繰り返しつつ，徐々に道徳的価値観として定着していくものであろう。この意味で，道徳科が「教育活動全体を通じて行う道徳教育の要」と位置づけられている。生活指導・生徒指導もまた，生活主体としての自己指導能力の育成を目指し，教育活動全体にわたって機能すべきものである。この章では，生活指導・生徒指導が道徳教育にどのように機能していくべきか考察し，現代の子どもたちの生きづらさに対する効果的な指導・支援の在り方や道徳教育との相互補完的な関係について述べていく。

1.「道徳」で育てたいもの

(1)「道徳」がなかった時期

　終戦から1958（昭和33）年の学習指導要領改訂まで，教育課程に「道徳」はなかった。明治以降第二次世界大戦終戦まで，「修身」と呼ばれた道徳教育が戦前の国家主義教育における精神的な支柱となる役割を担っていた。「修身」がなくなってからの十余年，道徳教育は特別に「道徳」として行うことなく，教科および教科外の学校でのすべての教育活動を通して，全面主義的に実施されていた。具体的には，戦後新設された「社会科」や「生活指導」などにおいて道徳的価値観を育成することになったのである。「社会科」は修身・公民・地理・歴史の内容を融合して，社会生活

についての良識と性格とを養うことを目指して開設された。

　また，その当時の「生活指導」は，「生活教育」という教育概念をもとにしており，子どもたちの「生活」を指導することによって，彼らを生活主体として育てることを目指した。子どもたちの生活に根ざした道徳的価値観を「生活」を通して獲得させるのである。また，同じ頃アメリカから「ガイダンス（guidance）」という教育概念が導入された。それは「生徒指導」と訳され，その後，日本にも定着していった。「生徒指導」は社会規律やマナーなどを守らせたり，社会適応を求めたりする社会的機能が重視され，「社会的な自己実現」のための自己指導力の育成を目指した。このように，「生活指導」「生徒指導」は道徳的な価値観を獲得させる有効な機能を有しているといえよう。なお現在では，「生活指導」と「生徒指導」は同義的に使われる場合も多く，文部科学省では「生活指導」は多義的であるとして，「生徒指導」という語句を使用している。

(2) 社会要請のもとに復活した「道徳」

　ところが，子どもたちの非行や問題行動等が社会的な問題と考えられるようになると，教育によって問題行動を抑制することが求められるようになった。終戦直後は家庭生活が崩壊し，社会的な秩序が混乱した。その結果，経済的に困窮した子どもたちによる，窃盗などの少年犯罪が多発した。1958（昭和33）年に「道徳」が教育課程に位置づけられるようになった時期には，こういった社会背景もあった。2011年の大津でおきた中学生のいじめによる自死事件が，道徳が教科化される一因となったということなど，「道徳」で子どもの「しつけ」をするという国民の要求を教育政策に反映させることは珍しいことではではない。

　また，1951（昭和26）年のサンフランシスコ講和条約の締結により，日本に主権が戻された。それまで「試案」として，法的拘束力のなかった学習指導要領も，1958（昭和33）年の改訂から官報に告示され，法的拘束力をもつようになった。その際，戦後主流であった子どもたちの生活経験を重視した経験主義教育から，各教科のもつ系統性を重視した系統主義教育に教育課程の再編成が行われた。それは基礎学力を定着させ，科学技術教育の向上を目指すものだった。道徳教育においても，日本の独立とともに，道徳的な判断力・心情や民主的な国家の成員としての資質を育成することを目指していた。このような経緯で，「道徳」が教育課程に再び位置づけられるようになったのである。

　子どもたちの生活から道徳的価値観を獲得させる生活指導における道徳教育の機能は，まさに経験主義的な道徳教育の方法であった。それに対して特設された「道徳」

71

には徳目が列記され，系統的に道徳的価値観を習得させる系統的な道徳教育に変更されたと考えられる。

2. 子どもたちの生きづらさ

(1) 子どもたちの生活の変化

前節では，道徳は社会的な要請のもとに復活したいきさつを述べたが，子どもが抱える今日的な課題に対して，道徳はどのような可能性をもちうるのか考えてみたい。

ベネッセが2015年に実施した子どもたちの学習意識や生活の変化に関する調査（「第5回学習基本調査」ベネッセ教育総合研究所, 2016年）をもとにした研究から，子どもたちが学校にいる時間が長くなり，「生活」に必要な時間や遊ぶ時間，人と過ごす時間などが減ってきていることがわかる（木村, 2015）。高校生は家庭での学習時間も増え，「学校の勉強に対する万能観」をもつ傾向が強くなり，成績の上下にかかわらず，学歴によって将来の自己実現が可能になると考える生徒が増えている（寺崎, 2015）。学校では授業時数の確保が優先され，子どもたちの生活も勉強中心になり，彼らは多忙感にさいなまれる傾向にある。同時に，彼らは評価に敏感になり，態度や意欲も評価の対象であるため，評価者としての教師の視線を意識するようになる。評価を意識すればネガティブな本音は出せず，教師が困ったときの相談相手として選ばれないこともある。数値化された評価には勉強という本人の努力が直接的に反映され，その結果は自己責任として，1人で抱え込むことになる。

また，子どもたちの遊びも，学年進行とともに，外遊びから室内遊びになり，みんなで楽しむ遊びから1人で楽しむ遊びになっていった。さらに，スマートフォン（以下，スマホ）の普及でソーシャル・ネットワーキング・サービス（以下，SNS）やゲーム，動画視聴など直接的には他者と関わらない時間が増えている。学童期に群れ遊ぶ経験や対面的な対人関係の減少とともに，コミュニケーションスキルの獲得が不十分で，思春期になり，人付き合いにストレスを感じる子どもたちが増加している。山本（2012）は40％以上の中学生が自分を責めてしまう傾向「自責感」や，他の人が自分のことをどう思っているのか気になる傾向「他者過敏性」を感じているという。常に友達に気を遣い，波風立てない「優しい関係」を維持することに腐心する。そのため，そのグループにおいてみんなから望まれるキャラクターを演じることもある。このような気遣いの結果，思春期にもかかわらず中学生・高校生の悩み事の相談相手として「友達」が減少し，「お母さん」が増えているという（NHK, 2013）。親に対してだけではなく，重篤な対教師暴力は減り，教師に親しさを感じる生徒は増えている。

(2) 隠されるネガティブな感情と自己否定

「勉強の万能観」に取り込まれ，勉強で傷ついた子どもたちや勉強をあきらめた子どもたちは少なくない。それでも勉強は大事だと感じている。また，友人関係で「あの子はあの子，自分は自分」と言えずに，仲間から離脱することもできない。仲間や大人たちとの人間関係では，自分からは行動せず，人の顔色をうかがいながら行動する。仲間に気を遣うことに疲れてはいるが，スマホを手放せず，SNSの着信に敏感に対応している。納得できない校則にも従順に従うことを心がけ，子どもたちは本音が言えない関係，状況にある。生活の変化でストレスが増えているのと同時に，それを受け入れることしかできない自分自身を受け入れられず，ネガティブな感情を隠し，「建前」で生活している。

このように，他者との関係を通して「こうあらねばならない自分」という「自己概念」が自分の中に作られていく。そして，「こうあらねばならない自分」を目指す努力が奏功している間は自己肯定できるが，行動結果（経験）がその枠から外れたとたんに自己否定するようになってしまう。行動の結果としての「経験」と「自己概念」が自己不一致していることはとてもつらく，問題行動や不登校の要因となることもある。

3. 問題行動を克服し，予防する

(1) 問題行動とは何か

毎年，文部科学省の実施する「児童生徒の問題行動・不登校等生徒指導上の諸課題に関する調査」によれば，児童生徒数が減少しているにもかかわらず暴力行為やいじめ，不登校などの「問題行動」は減る兆しはみられない。一般的には「問題行動」とは，暴力行為やいじめなどの他人や社会に迷惑をかける子どもたちの行為を指すが，不登校は誰かに迷惑かけているわけではないので，不登校を「問題行動」には含めない場合もある。しかし，親や教師にとっては大人の言うことを聞かない「困った行動」であるので，不登校を「問題行動」とみなしてきた経緯がある。同様に子どもにとっても，不登校は生きづらさのあまり困り果てて顕在化した結果でもある。「子ども理解」の視点からは，彼らは「困っている子ども」なのである。このように考えると，子どもたちの生きづらさを放置した結果，顕在化した問題行動が多発していると見るべきであろう。

子どもたちの問題行動を考えるにあたって，今日的な生きづらさと併せて，思春期課題の視点も重要である。こういった問題行動は，思春期まっ只中の中学生に最も多

く見られている。思春期になると，子どもたちは大人と距離を置くようになり，同世代の仲間との関係を重視して生活するようになる。思春期の子どもたちは第二次性徴による身体的な発達とともに，思考力も成長し，他者との関係も変化させていく。「一人立ち」に向けて，心身ともに成長する時期である。自分自身を客観的に見ることができるメタ認知能力や抽象的な事柄も判断できる思考能力が獲得されていく。その結果，他者の視線を意識したり，自己内対話を深化したりすることができる。また，親や教師に対する反抗は，大人の価値観からの離脱を目指す思春期の特徴的な行動である。思春期の根源的な葛藤は，離れたいと思う親に対して，同時に依存したい（甘えたい）と思うことである。その際，親との分離による心のすき間を埋めてくれるのが，共存的な他者としての仲間である。このような葛藤に加えて，「こうあらねばならない自分」（自己概念）へのこだわりと，それができないときの自己否定感，学力問題・進路決定などの悩み，仲間や教師との人間関係など，同時多発的に彼らは思い悩む。この精神的な大混乱の時期に，今日的な生きづらさや様々なストレスが引き金となって，いじめや暴力行為などの問題行動や不登校が多発するのである。

（2）問題行動への対応

　暴力行為やいじめなど，他者を攻撃する「問題行動」は，「怒り」の感情によって引き起こされる。その「怒り」は傷つき体験から感じられる「恐れ」「不安」「悲しさ」「悔しさ」などの「一次感情」の結果生じる「二次感情」と言われている（森田, 2004）。思春期葛藤に加え，傷つき蓄積された「一次感情」を「怒り」に変え，暴力行為やいじめの加害者になってしまうのである。「反省文」を書かせることが目的となるような表面的な指導（岡本, 2013）では，子どもたちは，要因となった「一次感情」と言われる心の傷に向き合うことはない。自分自身も気付かぬうちに，新たな「つらさ」も心の奥にしまい込まれ，心の傷が増えていく。「やってはいけないこと」をしてしまったという自己否定感と「つらさ」はさらに募り，より大きな問題を起こしてしまうこともある。不登校の子どもたちも同様の葛藤を抱えている。前述の「学校の勉強に対する万能観」を感じている子どもにとって，勉強が遅れるリスクのある欠席は避けなければならない。にもかかわらず不登校している自分自身を受け入れることができず，強い自己否定感に陥る。彼らもまた，学校に行かないことで傷ついているのである。攻撃的な問題行動の子どもも，不登校の子どもも，同じように思春期に大きな葛藤を抱え，傷つき，困っている。ある子どもは外に向かって問題を起こし，別の子どもは家の中で，１人で葛藤し，ある子どもは自分自身を傷つけている。「問題」の出し方が，一人ひとり異なっているにすぎないのである。

彼らの多くは不安定で感情の起伏が激しい。自ら傷ついていることに，気付いていない子どもは少なくない。自分がしてしまった問題行動を責められ，懲戒などを受けることもある。子どもたちはそのつらさに耐え，謝罪や反省文を書くように指導されるが，多くの場合，自分自身の内面に向き合うことはない。謝罪や反省文を書かせる前に，自分自身と向き合うことを促す指導が重要なのである。カウンセリングマインドをもとにした共感的な対話によって，心の傷を聴き取ることから始める。不登校やいじめ被害者の子どもの傷つきは深く，スクールカウンセラーなど，専門のカウンセラーに頼るべきである。攻撃的な問題行動を起こした場合は，自分自身の心の痛みに気付くことによって，初めて被害者の痛みが理解でき，心から謝罪することができるようになる。

以上のことに加えて，「やってはいけないこと」をしてしまった自分と折り合いをつけて，彼ら自身が生活をリセットしていかなければならない。彼らは，自らの傷つきに気付いてから，ようやく，これからのことを考えられるようになっていく。その結果，教師や仲間の支えの下に，彼らの生活が変わっていくのである。思春期の問題行動を起こす子どもたちにとって，行動の基準を変えさせるような道徳的価値観の獲得は安易には行われない。今までの行動規範では対応できずに生じた問題を解決するには，新しい行動規範が必要だったのである。子どもたちは，葛藤を通して，生活において必要な道徳的価値を選択的に獲得していくのである。

(3) 問題行動の予防

問題行動を頻発する「困った子」は，「困っている子」であるという子ども観，問題行動観をもつことによって，問題行動の未然防止も可能になる。これまで暴力行為やいじめ加害者のもつ攻撃性が，自らの傷つき体験によって引き起こされる可能性を述べた。また，注意欠陥・多動性障害（ADHD）などの発達特性を有している子どもたちの起こす「問題行動」は，本人自身が最も「困っている」場合がほとんどである。つまり，子ども理解をもとに，困ってつらい思いをしている彼らの「困りごと」の解消を行うことで，「問題行動」の未然防止が可能になるのである。

その1つが，すべての子どもたちに対する予防的・開発的教育相談を行うことである。コミュニケーション能力の獲得や安全・健康教育を促進させるためのスキル教育などで，構成的グループ・エンカウンターやソーシャルスキル・トレーニングなどを特別活動や総合的な学習の時間などで導入することが有効である。もう1つは，多様性を認め合う学級集団づくりを行うことである。子どもたちの「困りごと」は多様で個別的であり，教師による個別対応には限界がある。問題が顕在化する前に，子ども

第Ⅰ部　道徳を学校教育の観点から捉える

同士が互いに支え合い，「困りごと」が解消されることを目指すのである。そして，学級づくりの中核となる学級文化の創造に道徳教育を活用することが可能である。ここでいう学級文化とは，学級文庫や文化祭，合唱祭などの文化的な表現活動だけを指すものではない。学級における平和や民主主義などを含んだ文化的な生活を目指すための「道標」である。道徳教育の内容項目の4つの視点の1つである「主として集団や社会との関わりに関すること」は，具体的な学級づくりの中で実践されていく。特別活動の学級活動との関連性を考慮し，教材や授業方法，実施時期などを工夫した横断的な道徳教育が有効である。

すべての子どもたちに対する予防的・開発的教育相談や道徳と並行して，個別の支援・指導が必要である。表面的な「問題」の鎮静化ではなく，彼らの抱える課題の克服が目的である。また，それは教師が治したり，管理したりするものではなく，彼ら自身が主体的に活動し，新たなスキルや道徳的価値観を獲得することである。その活動は子ども集団の中で行われるため，予防的・開発的教育相談や道徳が重要なのである。

4.　生活の中で獲得される道徳的価値観

(1) 発達段階に応じて獲得される道徳的価値観

2017（平成 29）年に告示された小学校学習指導要領では，道徳教育は「道徳科」を要として学校の教育活動全体を通じて行うものとした上で，その目標を「自己の生き方を考え，主体的な判断の下に行動し，自立した人間として他者とともによりよく生きるための基盤となる道徳性を養う」としている。道徳性や道徳的価値観の獲得は授業としての「道徳」だけで獲得できるわけではない。学校での生活も含めて，子どもたちは毎日の生活の中で成長していく。発達段階に応じて人間関係が変わり，その人間関係の中で彼らは生活する。

乳幼児期はもっぱら両親や家族との関わりの中で育まれる。世話をしてくれる保護者，とりわけ母親との愛着関係が基礎となり生活自立が可能になり，言葉を覚え，感情も豊かになっていく。ほめられたり，叱られたりしながら親の言うことを聞いていく。この時期は，主に「しつけ」によって道徳的価値観は獲得されていく。

学童期には，大人たちに見守られながら，ギャングエイジと呼ばれる同世代の友達と徒党を組む。毎日対面する友達との継続的な関係の中で，遊びや学習などを楽しみながら活動する。やがて，それぞれの役割分担や立ち位置が決まっていき，その集団への帰属意識が高まる。仲間から嫌われたり，非難されたりしないよう集団の取り決

めや雰囲気を重視する。この頃から，集団や社会に適応するための道徳的価値観を身につけていっている。

思春期の重篤な問題については先述したが，中学生を中心にする思春期は些細な，様々な問題が頻発する。こういった問題を，時には自分たちだけで，ある時は教師や親の支援・指導のもとに乗り越えていく。思春期の発達課題としての「アイデンティティの確立」には3つの中核的な自己感覚があるが，そのうちの1つが「自分の仲間関係の中での自分の位置づけ」である（鑪, 1990）。自己理解や他者理解をもとに，自分自身や他者と折り合いをつけていく。クラスや部活動などの集団における役割分担や立ち位置を調整しながら，仲間に受け入れられ，帰属感を高めていく。成功経験はもとより，失敗や葛藤など様々な経験を通して，子どもたちは生活の中で道徳的な価値観を獲得していく。

(2) 子どもたちを生活主体として育てる

今まで，問題行動の克服などの生活指導を通して，子どもたちの行動を改善させるための道徳的価値観を獲得させる可能性について述べてきた。問題行動の当事者だけではなく，学校行事や学級での自治的活動などを通して，道徳的価値観を獲得させることの可能性について述べていきたい。

これまでの道徳の授業では，読み物資料やビデオなどの道徳教材の「物語」を視聴した上で，多少のディスカッションとワークシートの穴埋めをし，感想文を書き，発表し合う。授業の主題となる内容項目と言われている「徳目」が，「正解」として導かれるように構成されている場合が多い。子どもたちにとってリアリティの少ない「物語」によって提示された道徳的価値は，子どもたちの生活を変容させるほどの影響力をもたない場合が少なくない。まず，価値や理念を学ぶのではなく，自治的活動などの特別活動では「なすことによって学ぶ」のである。特別活動では「集団活動」を通して，「人間関係形成・社会参画・自己実現」を重視し，よりよい学校生活を目指す。道徳教育のねらいと共通する点が多く，目的をもった集団活動を通して，様々な道徳的価値観の獲得は可能である。また，道徳で学んだ道徳的価値を実際の集団生活の中で実感させ，道徳的価値観として定着させるという相互補完的な視点も重要である。

学校行事は子どもたちの発達に沿ってアレンジし，年間のスケジュールに設定されている。例えば，中学校の遠足の場合，1年生の前半では学級の人間関係を豊かにする目的を掲げる場合が多く，2年生後半の遠足では修学旅行のリハーサルとして，班学習と自律的な活動が中心になる。ところが，個々の子どもたちの生活経験や興味・関心，コミュニケーションスキルなどは個別であり，学級集団としての未成熟さも重

なれば，ほとんどの場合，「集団活動」には「問題」が発生する。その「問題」は彼ら自身の問題として取り組まれ，一人ひとりの発達課題や学級集団としての課題を浮き彫りにする。一人ひとりの課題をみんなの課題とすることによって，互いに支え合い，一緒に克服していく関係が生まれてくる。これらは，道徳教育の内容項目「主として自分自身に関すること」「主として人との関わりに関すること」「主として集団や社会との関わりに関すること」そのものである。さらに，こういった道徳的価値を授業で教えてもらったと感じさせるより，学校生活における問題の解決によって，道徳的価値観を獲得した，と思わせることも重要である。それは，生活の主体者として生活の中で成長してきた実感を与えるからである。この自信を足場に，教師主導の取り組みから，子ども主体の自治的な取り組みに向上させることが可能になっていく。教師は，自転車に乗れなかった子どもを教えるように，後ろから荷台を支えながら伴走し，やがて，子どもに気付かれないうちに，その手を離していく。

　このように自治的活動が定着してくれば，いじめ問題などの重篤な問題をも，彼らに取り組ませることができるようになっていく。被害者保護を確認しつつ，学級の全員が当事者として，学級の問題としての「いじめ」に向き合わせる指導を行わなければならない。「いじめてしまった自分」「いじめを見て笑っていた自分」「いじめを見ても止められなかった自分」など，一人ひとりの克服すべき課題が顕わになる。目を背けたくなる自分自身の課題に向き合うことは容易ではない。いじめを克服した様々な教育実践では，安心で安全な関係・場所でなら，徐々に，彼らはそれを行うことができるようになっていく。「いじめ」という顕在化された問題とその背景にある構造的な学級の問題を見つけ，解決していく過程で，一人ひとりが自分自身の課題に気付いていくのである。その結果，彼らは自分自身の言葉で謝罪したり，言葉にならず涙を流したりする。問題が解決し，関係が修復されていくとき，彼らはそれぞれの大切なものを獲得している。彼らに必要な道徳的価値観を選択的に獲得したのである。道徳の読み物資料における特定の登場人物によるエピソードから人間理解を深め，抽出された道徳的価値は，子どもたちに使い勝手の良いものとは限らない。とはいうものの学級集団の質が未成熟であれば，道徳の授業を活用することは効果的である。問題の当事者を責めることなく，「いじめ」の本質的な問題を話し合えるからである。

第 *8* 章

法教育と道徳教育
当事者視点で反道徳的行為への対応を考える「修復的正義」

- 道徳教育を基盤にしながら法について学ぶと，どのような実践が生まれ得るでしょうか。
- 予防策ではなく事後の対応策に注目する修復的正義の考え方を，道徳教育にどのように取り入れることができるでしょうか。

　道徳教育というと一般的に，「生命を大切にする心」や「他人を思いやる心」「善悪の判断などの規範意識」を子どもに身につけさせることだと理解されている。しかし，どんなに道徳的な人間でも時には必ずしも生命を大切にしているとは言い難い行動をとることもあれば，他人を思いやる余裕がないとき，善悪の判断を誤るときもある。そうした行動をとってしまう確率を減らす努力も重要な道徳教育の役割であることは間違いないが，一方で，人間の道徳性の限界を認めた上で，非道徳的，あるいは反道徳的ともいえるような行動をとってしまった場合，または，他者のそのような行動に巻き込まれてしまった場合にどのように対応するべきかを探究することも，道徳教育が担うべき役目なのではないだろうか。

　本章では，反道徳的な行動が生じた後の教育的介入としての道徳教育の可能性について考える。

1. 法教育を通して，反道徳的行動への事後対応を考える機会を

　これから，実際に起きたある刑事事件について記す。仮に，あなたが長く暮らしている地域で起きた事件だと想定しながら読んでほしい（Steckly, 2015 より筆者作成）。

第 I 部　道徳を学校教育の観点から捉える

　　ある晩，卒業間近の高校 3 年の男子生徒 2 人が酒を飲んで車を運転していた。道
　中で 1 度，警察官と遭遇したが，少年たちの様子にさほどおかしいところが見受け
　られなかったため，「早く帰って休みなさい」と伝えるに留まった。しかし，その後
　も少年たちはなかなか家路につかなかったばかりか，車を降りて，住宅街を歩きま
　わり始めた。1 人の少年は，包丁を持っていた。
　　少年たちは，路上に駐車してある車のタイヤを次々とパンクさせ，車や住宅の窓
　ガラスに石を投げ入れて割っていった。中には，座席がナイフで切り裂かれた車も
　あった。ある住宅ではボートを陸上に保管していたが，そのボートもひっくり返さ
　れて破損された。住宅街の中にあった店舗も窓を割られ，教会からは十字架が盗ま
　れた。
　　犯行は意外にも静かに行われたため，住人たちは朝になるまで事件に気付かな
　かったが，翌朝警察が調べたところ，被害は 22 戸に及んでおり，少年たちは直ちに
　逮捕された。

　このような事件が身近なところで起きたとしたら，あなたはどうするだろうか。も
しあなた自身が被害に遭っていたら，あなたの祖父母や友人家族が被害に遭っていた
ら，どのような気持ちになるだろうか。この事件を学校教育の中で扱うとしたら，お
そらく一般的には道徳教育の文脈でこのようなことを問い，他者を思いやる気持ちを
養いながら，他者を傷つけてはいけないと学ぶことを目指すだろう。あるいはもしか
したら，保健教育を兼ねて，未成年飲酒の恐ろしさについて授業するかもしれない。
しかし，この事件において加害少年たちの非はあまりに明らかであり，議論になりづ
らいため，よい教材だとは思われないだろう。授業で取り扱ったところで，子どもた
ちに「さすがに自分たちはこんなことしないよ」と言われて終わってしまうかもしれ
ない。
　しかし，人間は誰しもが道徳的とはいえない行動をとることがあり，道徳に反する
行動をとってしまうこともあり得る。絶対にこのような事件を起こさないという保証
は，誰にもできない。さらに，このような犯罪に被害者などとして巻き込まれないと
断言することは，より難しい。すなわち，「さすがに自分たちはこんなことしないよ」
と言って，反道徳性が明確な事例を教育において扱うことを避けてしまうと，いざそ
のような事件に何かしらの形で巻き込まれたときに，対応方法がわからず困ってしま
うことや，知識不足により必要以上に不利益を被ることになりかねない。
　そこで，こうした事例を法教育として取り扱うことに，一定の意義が生じる。法教

育とは，法務省によれば，「法律専門家ではない一般の人々が，法や司法制度，これらの基礎になっている価値を理解し，法的なものの考え方を身につけるための教育」と定義される（法務省ホームページ）。何かしらの形で犯罪の被害者になったり，加害者になったり，いずれかの親族になったりした場合，自分にはどのような権利が与えられるのか，どのような法律が自分を守ってくれるのかに関する知識は有益である。例えば，前述の事例の場合，刑事事件として検察が加害者を起訴することもあり得れば，民事事件として，被害者自らが加害者を訴えることもできる。刑事事件として扱う場合には，現在の日本の法律（刑法 261 条）に従えば，加害者は 3 年以下の懲役または 30 万円以下の罰金に課せられる可能性があるが，もし被害者と加害者との示談が成立すれば，勾留期間が短くなったり不起訴になったりすることもある。事件を起こしてしまったり巻き込まれてしまったりして気が動転しているときこそ，こうした知識をもっていること，あるいは法律に関するこうした情報の調べ方を知っていることが，次に取るべき行動を判断する際の支えとなる。

　さらに，反道徳的な犯罪が起きた際にも感情的に量刑を判断することなく，事件の故意性（意図）や加害者の更生可能性，人権などに配慮しながら公平性を担保する形で処遇を決定しようとする「法的なものの考え方」に触れることも，社会の規範や共生のための仕組みを理解する上で重要な役割をもつ。

　善悪の分別を教えるだけでなく，人間は誰しもその判断を誤ってしまう可能性があることを認めること。そして，その判断を誤った場合や道徳に反する他者の行動に巻き込まれてしまった際の事後の対応について考えること。現状の道徳教育においてこれらの事柄が十分に取り入れられているかは疑問であり，この点において道徳教育に法教育の要素を取り入れることの意義は大きいと考えられる。

2. 従来の法制度を超えた「エルマイラ事件」への対応方法

　さて，先述の事例の少年たちは，その後どうなったのか。この事例は，後に「エルマイラ事件（the Elmira case）」として世に知られることになった，1974 年にカナダのオンタリオ州エルマイラ市で起きた器物損壊事件に関する記述である（Steckley, 2015）。事件の内容自体にはさほど特異性はないにもかかわらずこの事件が有名になった所以は，その後の対応方法の斬新さにある。

　当時高校生だったポール・リーボルド（Paul Liebold）とラッセル・ケリー（Russell Kelly）は警察に逮捕されたのち，マーク・ヤンツィー（Mark Yantzi）という保護観察官の担当下に置かれる。ヤンツィーは敬虔なキリスト教徒（メノー派）で，

81

この事件に対してキリスト教徒としてどのように対応すべきかを考えたところ，加害少年たちに1軒ずつ被害者宅に出向き，直接面会させる案を思いついた（Zehr, 1990）。この事件を担当したゴードン・マクコネル（Gordon McConnell）裁判官は，そのような対応策を講じた前例がないことを懸念したが，ヤンツィーは「今までにやられたことのないことは実施しないとすると，一体どうすれば司法制度に新しい風が吹き込み得るのか」という素朴ながら根本的な司法制度批判を口にした。加害少年の1人であるケリーの兄を実刑に処したことのあったマクコネル裁判官は，ケリーによれば言い訳を許さない，厳しい裁判官だったが，最終的にヤンツィーの意見を取り入れ，懲役や罰金を課すだけの量刑とは全く異なる処遇を少年たちに言い渡す。少年たちは，1人200ドルの罰金を科されたが，それ以外に，22戸の被害者家族への弁償にあたって罰金とは別に合計で1人550ドルを支払うことが命ぜられたのに加え，面会を受け入れてくれる全被害者の自宅を訪問することとなった。

この処遇を単純に厳罰主義の対と捉えるのは誤りである。当時のことを振り返り，ケリーはリーボルトと「刑務所に行った方がマシだ」「刑務所に行くより，こっちの方がきつい」という会話をしたと語っている。この加害少年たちにとって器物を損壊してしまった相手の前に立つことは，実刑を受けるよりも恐ろしく，向き合いたくないことだったのである。

一方の被害者側は，この処遇に様々な反応を見せた。少年たちに2頭の大型犬を見せつけて二度と自分たちにこのようなことをするなと脅す者もいれば，壊されたものを直すためのお金を実際に手渡してくれるまで許すことはないと明言する者もいた。

少年たちは実刑を免れたため，高校を卒業することができた。ケリーはその後，溶接工として時給3.15ドルで働き，週に約110ドルの収入を得る生活を送った。低収入であったため，合計で750ドルの金額を支払うのには時間がかかったが，ついに少年たちは命じられた金額を全額支払い，再度被害者宅を一軒一軒訪問するに至る。

2度目の訪問を，被害者たちは好意的に受け入れた。実刑や罰金の支払いによって象徴的に補償するのではなく，実際に受けた被害を修復するための金額を直接被害者に支払う形で弁償したこと。そして，被害者の自宅を訪問して顔を見せ，加害少年たちと対話できる場を設けたこと。これらによって，被害者は「返ってくるとは思っていなかった」被害額を回収し，加害少年たちが「自分たちがしてしまったことについてしっかり考えていたこと，裁判官が彼らに責任をとらせてくれたことを実感」することができたと言う。これらはいずれも，マクコネル裁判官がこの新しい処遇方法を採用せず，従来通りの刑事事件として対応をしていれば，実現され得なかった。

加害少年たちは，被害者以上にこの処遇による恩恵を受けたといえるかもしれない。

先述の通り2人とも高校を卒業できただけでなく，ケリーは被害者との面会を機に，自身の生き方を振り返るようになる。8人兄弟の末っ子として育ったケリーは，6歳の時に父親を，15歳の時に母親を亡くしていた。貧困の中で苦しみや怒りの感情を抑えるために未成年飲酒や薬物乱用を繰り返していたことを自覚した後，長い年月をかけて，アルコール依存症を治療していく（Steckley, 2015）。

3. 当事者視点から法制度の課題を乗り越える「修復的正義」

　現代の刑事司法制度は，国際的にみても共通して以下のような特徴をもつことが極めて多い。1つ目は，専門家である裁判官（あるいは裁判員，陪審員）が第三者の立場から客観的な判断のもとで事後対応を決定すること。2つ目は，損害賠償命令が出た場合を除き，有罪と判断された加害者は実刑や罰金などによって時間や金銭を国などに対して差し出す一方で，被害者に対する直接的な補償はないこと。3つ目に，被害者が加害者に会うことが制限されており，判決に影響を及ぼさない形で加害者の言い分や加害の理由を聞くことも，加害者から謝罪の言葉を受けることも極めて難しいこと。これらの特徴を受けて，法学者の高橋則夫は，以下のように問題点を指摘している（高橋, 2007）。

> 犯罪が行われた場合，加害者は逮捕され，起訴され，裁判が行われ，刑が執行されるというプロセスが遂行される。これが現在の刑事司法システムである。また，非行の場合は，保護処分の適否に向けて少年手続きが進行し，たとえば，少年院送致などの保護処分を課すのが少年司法システムである。しかし，これらによって，一体何が解決されたのであろうか。加害者に刑（あるいは処分）が科せられたことによって，一件落着といえるのであろうか。

　半世紀近く前に起きたエルマイラ事件を受けて当時の保護観察官のヤンツィーが考え，マクコネル裁判官が実現した刑事事件に対する新たな対応方法は，現代になってもなお解消されない，高橋が指摘する刑事司法制度の問題点を乗り越えようとする一つの歴史的な試みであったといえる。この事件では，加害少年であるケリーとリーボルドが実際に被害者たちに会い，謝罪の言葉を述べたり，被害者が抱く「なぜ自分たちをこのような目に合わせたのか」という問いに自分たちなりに回答したりする中で，被害者が容疑者逮捕後も必要以上に不安になることを予防した。また，実際に被害者が被った損害を計算した上で弁償する金額が定められ，加害少年たちは自分たちが壊

したものを直すための金額を自ら計画を立てながら稼ぎ，被害者たちに届けたことで，懲役や罰金のみが課されていた場合と異なり，被害者は実際的な補償を受けることができた。最後に，被害を受けた各家庭は，加害少年たちの面会の申し出を受けるかどうかも含め，彼らにどう接するのか，何を伝え，何を聞くか，自ら決定することができた。一方の加害少年たちも，自分たちの行為がもたらした損害に向き合い，被害を与えてしまった相手の話を聞き，実際に壊したものの弁償をすることで，自身の行為に対して自ら責任をとる方法を体験的に学ぶことができた。

　この対応は，多くの司法関係者および教育関係者の関心を集めた（Zehr, 1990, p. 159; Ray & Roberts, 2007 などを参照）。1974 年に起きたこの事件を機に，早速 1970 年代後半にはカナダとアメリカにおいて，VORM（被害者 - 加害者和解運動：victim offender reconciliation movement）や VORP（被害者 - 加害者和解プログラム：victim offender reconciliation program）と呼ばれる新たな司法手続きが数多く実施された（Zehr, 1990, pp. 158-174; Peachey, 1989; Umbreit, 1994 を参照。また，カリフォルニア州における VORP の導入と実施については Evje & Cushman, 2000 など，地域別の取り組みの報告書も多く作成されている）。これらは，調停者の下で被害者と加害者を直接面会させるなどして二者が話し合う場や手段を提供することを原則として広まり，その後オーストラリアや西欧にも広まり，FGC（家族集団カンファレンス：family group conference）やサークルと呼ばれる，地域住民などを含むより幅広い関係者が集まる形式の実践へとつながり，少年犯罪の事例だけでなく，成人による犯罪にも適用された（McCold, 2001, 2006; 細井ら，2006 などを参照）。

　これらの一連の実践は「修復的司法（restorative justice）」や「修復的実践（restorative practices）」などと呼ばれ，その土台に共有される理念は「修復的正義（英語は修復的司法と同じく，restorative justice）」と呼ばれている（restorative justice という単語を文脈に応じて「修復的司法」と「修復的正義」と訳し分けることを提案した論文として，宿谷，2006 を参照）。

　修復的正義の概念を確立させ，様々な実践の展開を促してきたアメリカの犯罪学者ゼア（Zehr, H.）は，刑事司法においては「規律・ルールの侵害」を「犯罪」と定義して問題視し，規律の回復のためにそれを侵害した加害者に対して量刑を与えることを「正義・司法（justice）」と捉える一方で，ヤンツィーの構想から生まれた修復的正義の理念においては，実際の「人や関係性に対して加えられた危害」を最重要の問題とし，その人たちが被った実際の損害の回復を目指すことを「正義」と捉えるのだと説明する（Zehr, 1990/西村（監訳），2003）。

> 正義を応報と定義する代わりに，私たちは正義を修復と定義する。犯罪が損害であるとすれば，正義は損害を修復し，癒しを促す。（中略）もちろん，私たちは完全な復元（recovery）を保証することはできない。しかし，真の正義ならば，完全な復元に向かうプロセスが始まるような状況を提供することを試みるはずだ。

社会における規律の回復を目指す場合には，その規律に関する理解の深い専門家が客観的に対応を決定することが確かに理に適っている。また，加害者に罰を与えれば，被害者の癒しや損失の回復が達成されるかどうかに関係なく，規律は回復され得る。しかし，実際に何かしらの事件を通して人の平穏な生活が傷つけられた場合に，その回復や修復を目指す「正義」を，第三者視点の「正義」によって達成することはできないのではないか。例えば２件の同様の車上荒らしの事件が起きたとしても，もし被害者が一人暮らしの力の弱い年配の女性で，荒らされた車が亡くなった夫が生前に長く愛用していたものだったとしたら，すでに２台の車を持つ健康な青年が数か月前に３台目として購入した車を荒らされたのとは，全く異なる意味をもつだろう。このように，刑事司法制度においては公平性の観点から見ないようにされてきた事件の個別具体性にあえて焦点を当て，社会にとっての正義ではなく，あくまで当事者にとっての正義を回復しようとするのが，ヤンツィーらが生み出した修復的正義の考え方だといえる。

4. 法を学ぶだけでなく，道徳的に再考する機会を

道徳教育においては，第三者視点で「正義」や「公平性」を見極められる人間を育成するだけでなく，社会の中で生きる当事者として，他人を思いやり，時に支え時に頼りながら，他者と協働して平和で平穏な生活の実現に向けた行動をとれる人を育てることが重要であるはずである。実際，学習指導要領の「公正，公平，社会正義」の項目には，「社会正義を実現するためには，その社会を構成する人々が真実を見極める社会的な認識能力を高め，思いやりの心などを育むようにすることが基本になければならない」と記述されている。だとすれば，法教育を通して法律の知識を得て，反道徳的な行動の事後対応に備えるだけでは不十分である。

ヤンツィーとマクコネル裁判官のように，自らの道徳的な感性によって既存の法や制度を再考し，新たな風を吹き込むことができるようになること。ケリーやリーボルドのように，道徳的判断を誤ってしまった際には自らの行為の反道徳性を認め，その

責任に向き合い，被害者に対してできる限りの償いを約束できるようになること。そして，エルマイラ事件の被害者たちのように，何かしらの反道徳的行為に巻き込まれて平穏な生活を脅かされ恐怖を感じている際にも，感情的に相手に厳罰を訴え，二度と自分たちに関わることのないように排除しようとするのではなく，かといって無理をして相手を許すのでもなく，毅然とした態度で自分の感情や被害の状況を伝えつつ，相手が自らの行為の責任をとれるようになるまで見守れるようになること。このような道徳的なコンピテンス（実際の行動に現れる能力）とでもいうべき力を養うことこそ，法教育を取り入れた道徳教育が掲げるべき目標なのではないだろうか。

このような道徳的なコンピテンスの養成可能性に注目が集まり，1990 年代以降，修復的正義の理念を取り入れた教育実践が，オーストラリアやアメリカ，カナダ，イギリスなど，様々な国や地域の学校において開発・実践されている（Hopkins, 2004;, Wachtel & Mirsky, 2008; Henry, 2009; 山辺, 2011; Evans & Vaandering, 2016）。当初はいじめの問題への対応など，生徒指導の在り方を変容させることに主眼が置かれたが，その後，学校内や教室内で日常的に発生する小さな衝突に修復的正義の理念でもって対応していくことで，より大きな問題が生じることを予防することが目指されるようになり，道徳教育の分野にも広がりを見せるようになったのである（Morrison, 2007; Costello et al., 2009 を参照。また，これらの国際的動向を整理した日本語文献としては，竹原, 2018 や山辺, 2011 も参照）。

学校教育における修復的正義に基づく実践の導入を進める世界的な拠点となっている IIRP（international institute of restorative practices）という大学院の創立者の 1 人で元教師のワクテル（Wachtel, T.）らは，修復的正義の理論に基づき，下記のような質問群を開発している（Costello et al., 2009；表 8-1）。

ワクテルは，学校において子どもが何かしらの問題を起こした際に，教師が質問しがちな「誰がやったのか？」「なぜそのようなことをしたのか？」という質問とは別の問いをあえて投げかけるように呼びかける。なぜなら，「誰がやったのか？」という問いは犯人探しがなされていることを子どもたちに示唆させる。また，「なぜそのようなことをしたのか？」は，質問の形をとりつつも，実際には「そのようなことをし

表 8-1 基本的な「修復的な問いかけ」（Costello et al., 2009 より作成）

- 何が起きたのか？
- 誰にどのような影響が及んでいるのか？
- 損害を回復するために，何ができるか？
- どのようなことを学んだからこそ，次に似たようなことが起きた際に別の行為を選択することができるようになったと思うか？

てはいけないということもわからなかったのか」と子どもを責める言葉としてあまりに頻繁に用いられている。しかし，子どもが日常の中で起こす問題を「犯人（加害者）」と「被害者」の 2 つにきれいに分けることは困難である場合が少なくないし，なぜそのようなことをしてしまったのかについては，子ども自身もわからない場合が多い。

ワクテルは教師としての経験から，子どもが反道徳的な行動をとる際には「大抵の場合，衝突のきっかけとなった特定の出来事は本当の原因ではなくて，原因はその日のもっと早い時間に起きた出来事だったり，前の授業中に起きた出来事だったりする」と分析する（Costello et al., 2009）。例えばクラスメイトに意地悪を言ってしまった子どもがいたとしても，それは必ずしもそのクラスメイトが嫌いとか，少し前にクラスメイトに嫌なことをされたとは限らない。むしろ，朝，登校前に両親が家で大げんかをしていたとか，病気の祖父の体調が悪化しているとか，登校途中に犬に吠えられたとか，一見全く関係のない事柄が，その日の子どもの感情に影響を及ぼし，その負の感情への対処法を知らないために，非道徳的，反道徳的な行動をとってしまっていることが多いというのがワクテルの分析である。

だからこそ，「なぜそのようなことをしたのか？」という問いを意識的に「何が起きたのか？」に言い換え，あえて子どもに自由に答えさせることで，事態の真相を知れるようにする。そして，「誰にどのような影響が及んでいるか？」「損害を回復するために，何ができるか？」と問うことで，いろいろな理由があったにしても自分がしてしまった行為の反道徳性を認め，その責任の取り方を自分自身で考え，実行できるようになるように促す。このような対応を小さな衝突に対しても繰り返していくことで，教師に「なぜそのようなことをしたの？　早く謝りなさい」などと言われて育つ子どもよりも，自身の道徳性の限界を，自分を卑下しすぎずに認めることができ，反道徳性が発揮されてしまった際にも自分自身で事態を正す努力ができるようになることが期待されている。

何かしらの問題が起きた際に，教師が対応を決めてしまうのではなく，当事者である子どもたち同士にしっかりと語らせ，対話させ，自ら問題の把握と解決を行えるようにすること。そして，問題解決方法の正当性は，第三者視点からの公平性ではなく，あくまで当事者である子どもたちにとって正義に適っているかどうかを基準に判断すること。修復的正義の理念に基づくこうした実践を展開することが，深く思考し，対話しながら，頭で道徳を理解するだけでなく，実際の道徳的なコンピテンスを習得する道徳教育につながるのではないだろうか。

例えば，『私たちの道徳　中学校』（文部科学省, 2014）所収の「卒業文集最後の二

第Ⅰ部　道徳を学校教育の観点から捉える

行」は，教科書に文章が載るような人間でもかつていじめに加担してしまった経験を有することもあるという事実を，率直に子どもたちに突きつけてくれる文章であり，道徳教育の教材としての価値は高い。しかし，同書で促されているようにこの文章を読んで「あなたが感じたこと，考えたことを書いて」共有することに読後の活動が留まってしまっては，道徳的なコンピテンスを育むことは難しい。この文章の筆者も登場人物も，読者である生徒とは現実において一切関係のない他人であるため，この文章からいじめへの対応策を考えようとしても一般論しか挙がらず，どうしてもきれいごとになってしまいがちだからである。法教育と道徳教育の融合の試みともいえる修復的正義の理念を真に実現し，道徳的なコンピテンスを養おうとするならば，通常の教材を土台にしながらも，児童生徒の実際の生活の中で起きている問題を生きた教材として用い，当事者全員ができる限り正義を実感することができる対応策を協働的に模索するような実践活動を取り入れる他ないのかもしれない。

88

第2部
道徳教育を心理学の観点から考える

　これまで日本の道徳教育において心理学は子どもの道徳性の発達を実証的に明らかにしたり，あるいは道徳性の発達を促す教育プログラムを実証的に検討したり，開発したりすることにより知見を積み重ねてきた。近年，道徳は従来の道徳に関連する心理学だけではなく，進化心理学，社会心理学，発達心理学，脳神経科学，乳児研究，犯罪心理学など心理学の中の様々な領域において検討されている。そして，心理学領域だけではなく，道徳は様々な学問においても関心がもたれ，研究が進んでいる。例えば，公益財団法人上廣倫理財団の研究助成報告会では医学，法学，哲学，心理学，経済学，教育学(教育実践含む)，歴史学，文化人類学，考古学…など実に様々な学問背景をもつ道徳に関連する研究者に会うことができる。この光景を見ると，いかに道徳研究が多様な学問により関心をもたれ，育まれてきているかと思うと同時に，様々に異なる立場に立つ人たちが集い，議論が重ねられることによって初めて，道徳研究は育まれるのかもしれないという思いに至る。

　第2部では先に述べたように数ある学問の中から心理学に基盤を置き，認知，情動，行動，パーソナリティ，発達の観点から最近の道徳研究についてみていく。かねてより，道徳教育においてはコールバーグ（Kohlberg, L.）による道徳性発達理論が必ずといってよいほど教職課程の教科書や教育委員会の発行する教師用テキストに掲載されてきた。コールバーグがなした功績はとても大きく，その影響力も大きい。そして，今回の学習指導要領に伴う「考え，議論する道徳」を行っていく上では討論に関するエビデンスに基づく先行研究が少ない中で，コールバーグの「モラルジレンマ討論」は教育実践に1つの強力な体系立った示唆を与えることであろう。その一方で，コールバーグ以降，心理学領域が積み上げてきている道徳に関する知見が教育界に広く伝わっているかというとそうでもないように思われる。例えば，道徳判断以外に道徳性の捉え方にはどのようなものがあるか。道徳的情動とはどのようなものか。なぜ人は他者を思いやる行動，あるいは傷つける行動をとるのか。個人が生まれもつパーソナリティは発達していく中でどのように捉えることが可能か。善悪の判断をもっていないと考えられてきた赤ちゃんは本当に道徳判断がないのか。発達の多様性が前提にある現代社会において道徳や学級経営はどのように捉えられるか。第2部ではこれらの問いに心理学の観点から応えると同時に，それぞれの立場からこれからの「考え，議論する」道徳授業について考えていきたい。

89

第 9 章
道徳的認知

- 人の道徳性の発達にはどのような考え方があるのでしょうか。
- 「考え議論する」道徳授業を行うことで，子どもにはどのような成長がみられるのでしょうか。

　かつて心理学領域において子どもの道徳性発達研究は大きく精神分析理論，学習理論，認知発達理論をもとにして進められてきており，現在においても認知発達理論の影響は大きい（Helwig, 2018）。本章では，第 1 に，認知発達理論を主軸とし，道徳性発達理論を概観する。第 2 に，影響力が大きいと同時に批判もされてきたコールバーグ理論への反論をいくつか取り上げ，それ以降の道徳性発達研究のいくつかの流れ（社会的領域理論，直観理論，道徳基盤理論）を概観する。第 3 に，学習指導要領に示される考え議論する道徳授業を行う上で参照できる心理学の知見の 1 つとして，モラルジレンマ討論を紹介する。最後に今後の課題として，発達の多様性とこれからの道徳授業について述べる。

1. 道徳性発達研究の始まり

（1）子どもの規則理解の始まり

　子どもの道徳性に関する実証研究を先駆けて行ったピアジェ（Piajet, 1997/大伴（訳）, 1954）はそれに先立ち，子どもたちが行うゲームこそが規則の構成について最も適切に言い表していると考えた。そして，マーブルゲーム（おはじきのような遊び）を取り上げ，子どもの規則理解の発達について以下の 4 つの発達段階を示した。

　まず，子どもの規則理解の第 1 段階は自動的で個人的な（motor and individual）

段階である。この段階では規則は社会的な意味をもたず，同じ行為を反復することであり，これらの行為には道徳的意味合いは含まれない。マーブルゲームで例えると，マーブルを寄せたり，隅に集めたりという行為を単独で繰り返すような段階である。第2段階は自己中心性（egocentric）の段階である。子どもは遊んでいるときに他の子どもとの勝ち負けを意識することも，他の遊びとマーブルゲームを統合することもない。言い換えると，他の子どもと遊んでいるときでさえもそれぞれが1人で遊んでいるような段階である。第3段階は協同（cooperation）の段階である。それぞれの子どもが勝ちを意識するようになり，ゲームの中での相互理解に基づいたきまりについて関心をもつようになる。しかし，ゲームの中におけるある種の合意を理解することができる一方，一般的な規則については漠然とした理解をしている状態である。第4段階は規則集成（codification of rules）の段階である。この段階になると子どもたちはゲームの中でのきまりの決定手続きだけではなく，観察される実際の社会における規則についても同様に考えるようになる。このような子どもの規則理解の発達は続いて紹介する子どもの道徳判断の発達と関連するところがあると考えられている。

ピアジェ（Piajet, 1997/大伴（訳），1954）は意図と結果の悪さの重大さが異なる2人が登場するストーリーを子どもたちに提示し，どちらの子の方が悪いか，それともどちらとも同じくらい悪いか，それはなぜか（道徳的理由づけ）という形式で個別にインタビューを行い（表9-1），子どもの道徳判断の発達を明らかにした。ピアジェによる一連の研究では結果の悪さである物質的な結果に基づき判断する他律的道徳判断から，加齢に伴い，行為の意図や動機に注目した判断を行う自律的道徳判断へと変化をしていくことが明らかにされた。つまり，6歳から7歳にかけて，ストーリー中の

表9-1　ピアジェの道徳的判断の調査内容（Piajet, 1932）

A：Johnという小さな男の子がお部屋の中にいました。この男の子は食事に呼ばれたのでダイニングルームに入っていこうとします。ところが部屋のドアの後ろには椅子があり，その椅子の上にはお盆が置いてありました。お盆にはコップが15個のせてありました。Johnはドアの後ろにコップが15個もあるとは知りませんでした。彼がドアを開けると，ドアがお盆に当たり，コップは15個ともみんな割れてしまいました。

B：Henryという小さな男の子がいました。ある日，彼のお母さんが外出しているときに，戸棚の中のジャムを食べようとしました。この男の子は椅子の上にのって腕を伸ばしましたがジャムは戸棚の高いところにあり，手が届きませんでした。ジャムをとろうとしているうちに，手がコップに当たって，コップが1つ落ちて割れてしまいました。

【質問1】 2人の子どもは同じくらい罪がありますか？
【質問2】 2人のうち，どちらの子の方が悪いですか？　それはなぜですか？

意図の悪さよりも結果の悪さに基づいた道徳判断を行う発達段階から，結果の悪さよりも意図の悪さに基づいた道徳判断を行う発達段階へと移行する。この研究結果については数多くの後続研究が行われ，新ピアジェ派により道徳判断における質的差異は加齢に伴い一度に可能な情報処理容量が大きくなったためであるとされる。

　近年ではさらに発達年齢の小さい乳児において道徳性の萌芽に関する研究が行われる。乳児は言語による道徳的理由づけを行わないものの，乳児のための実験手続き（例：選好注視法）を用いることによりその思考が部分的にも明らかにされてきている（詳細は第 14 章）。3 歳時には道徳的理由づけが出現するようになり，それに先立ち罪悪感や羞恥心といった道徳的情動や共感が育まれる（詳細は第 10 章）。そして，典型的な道徳違背に道徳的理由づけを当てはめることから，徐々に複雑な文脈や社会関係においていくつかの次元を考慮しながら道徳的理由づけを行うことができるようになっていく（Dahl & Killen, 2018）。

（2）児童期以降の道徳判断の発達

　ピアジェは当時考えられた子どもの道徳性の萌芽を示した。しかし，道徳性の発達を考えるとき，どのように考えることがより高い道徳的考えであるのか，それはどの文化にも共通しているか，また，道徳性は反復したり，強化したりすることにより獲得されるのか（内面化アプローチ），このような点が疑問として挙がる。これらの問題を乗り越え，道徳性の認知発達理論を示したのがコールバーグ（Kohlberg, 1971/永野（編），1985）である。

　認知発達理論はコールバーグにより以下の 4 つの前提から定式化される。1 つ目は発達の定義である。発達とは具体的な知識や行動パターンを内面化することではなく，そうした情報を処理し，組織化している認知構造が質的に変化をすることである。2 つ目は発達のメカニズムである。認知構造の発達は環境と構造の相互作用の結果として生じるものであり，生物学的成熟や経験的学習の結果ではない。3 つ目は行為との関係であり，認知構造は常に行為の構造であると考えられる。対象についての捉え方が変化すれば行為の意味や可能性も大きく異なるものとなる。4 つ目は発達の方向性である。認知構造の発達は環境との間の相互作用がより均衡化する方向に向かうとされる。つまり，それぞれの側からの働きかけのバランスが取れ，より適切に問題解決できる方向へと進む。この考え方を踏まえると，道徳性発達は段階的変容のプロセスとして捉えることが可能になる。

　コールバーグは道徳性発達を研究するにあたり，道徳的理由づけ（理性的判断）に注目した。道徳的理由づけとはある事柄についてのよいあるいは悪いという判断では

なく，なぜよいあるいは悪いと判断するかについての理由づけ（形式）であり，その段階的な違いが道徳性発達であると考えられた。その道徳性発達段階は道徳判断の形式が質的に変化するプロセスを捉えたものであり，前慣習的水準（第1段階，第2段階），慣習的水準（第3段階，第4段階），脱慣習的水準（第5段階，第6段階）の3水準6段階から構成される。第1段階（罰回避と従順志向，他律的な道徳性）では道徳は外在的なものであり「罰せられること＝悪」であり，第2段階（個人主義，道具的な道徳性）ではギブアンドテイクを正しいと考える。第3段階（良い子と対人的規範の道徳性）では「よい子であること」を志向し，第4段階（社会システムと良心の道徳性）では既存の社会システムに従うことを正しいと考える。第5段階（人権と社会福祉の道徳性）では価値や規則が集団ごとに相対的であることに気が付くが，公平さをもたらす限り，これらに従うものだと考え，第6段階（普遍的な倫理的原則の道徳性）では自己選択による倫理的原理に従うことを正しいと考える。道徳性はこの発達段階に従って順番に，複数の発達段階を跳び越すことなく発達すると考えられているが，必ずしもすべての人が第6段階まで発達するということはない。

　当初は調査協力者にモラルジレンマが提示され，それぞれのストーリーの道徳判断となぜそのように判断するか（道徳的理由づけ）についてインタビューされた（moral judgement interview: MJI; 表9-2）。そして，各道徳的理由づけには道徳性発達の段階評定（6段階）が行われた。この方法はその実施や得られた結果の段階評定に際して熟練したスキルを必要とするが，現在も主にヨーロッパにおいて幅広く用いられている（Ishida, 2006）。一方，レスト（Rest, 1979）はMJIをもとに道徳性を客観的に測定することができる質問紙（defining issues test: DIT）を開発した。DITは毎年数多くの研究者により利用されており（Bayley, 2011），日本においてもDITをもとに山岸（1995）が開発した日本版DITを用いた研究が数多く行われる。

表9-2　ハインツのジレンマ（Kohlberg, 1971/永野(編), 1985）

　Aさんの奥さんがガンで死にかかっています。お医者さんは，「ある薬を飲めば助かるかもしれないが，それ以外に助かる方法はない」と言いました。その薬は，最近ある薬屋さんが発見したもので，10万円かけて作って100万円で売っています。Aさんは，できる限りのお金を借りてまわったのですが，50万円しか集まりませんでした。

　Aさんは薬屋さんにわけを話し，薬を安く売るか，または不足分は後で払うから50万円で売ってくれるように頼みました。でも薬屋さんは，「私がその薬を発見しました。私はそれを売って，お金をもうけようと思っているのです。」と言って，頼みを聞きませんでした。Aさんは困って，その夜，奥さんを助けるために，薬屋さんの倉庫に泥棒に入り，薬を盗みました。

【質問1】Aさんは薬を盗んだ方がよかったと思いますか，盗まない方がよかったと思いますか？
【質問2】その理由は？

第 2 部　道徳教育を心理学の観点から考える

櫻井（2011）は小学校 5 年生〜中学 3 年生，高校 2 年生，大学生を対象として日本版 DIT を実施した。その結果，加齢に伴い，道徳判断の発達段階が上昇することが明らかにされた。また，過去 24 年間の道徳判断の経時効果（発達年齢ではなく経年に伴う変化）を検討した結果，時間の経過に伴う変化は見られないことが示唆された。つまり，近年に向かって青少年の道徳判断は低下も上昇もしてはおらず，加齢によってのみ上昇していた。一方，米国では DIT を用いて国家横断的に様々な地点の大学生の道徳判断を測定した結果，近年，第 2 段階，第 3 段階の道徳判断を行う人が増加し，第 5 段階，第 6 段階の道徳判断を行う人が減少するという結果が報告されている（Narvaez, 2010）。

（3）相手の置かれた立場や気持ちの理解

コールバーグ理論において道徳性発達には関連して発達すると考えられるいくつかの社会的能力がある（表 9-3）。その 1 つである役割取得能力は他者の視点に立って物事を見たり考えたりする能力のことであり（Selman, 2003），道徳性を基底するものの 1 つと考えられる。役割取得能力は自分と他者の視点の区別が困難な自己中心的段階，自分と他者の視点を同時に関連づけて考えることが困難な主観的段階，他者の視点から自分を内省できる二人称相応的段階，自分と他者以外の第三者の視点をとることができる三人称的段階，多様な視点が存在する中で自分自身の視点を理解することのできる一般化された段階へと発達する。この発達はセルマンにより提唱された対人交渉方略の発達とも理論的な対応がある。

対人交渉方略とは他者との接し方であり，自分の意見に合うように他者の意見を変容させようとする他者変容志向と相手に合わせて自己の意見を変容しようとする自己変容志向の 2 つがあり，各々には異なる発達段階がある。他者変容志向は，自己の目標到達のために非反省的・衝動的な力を使う（他者変容志向 0 段階），一方的に他者を統制する（他者変容志向 1 段階），相手の意見を変容させようとして心理的影響力を使用する（他者変容志向 2 段階）という順序で発達する。自己変容志向は，自己を守るために非反省的・衝動的に従う（自己変容志向 0 段階），意思なく相手の願望に従う（自己変容志向 1 段階），自己の願望と相手を調整するために心理的影響力を使用する（自己変容志向 2 段階）という順序で発達する。そして，いずれの対人交渉方略のスタイルを志向していても，自己と他者の両者の意見を調整しようとする協調という発達段階に到達する。また，対人交渉方略の文化差も確認されており，日本人は自己変容方略を運用する傾向にあること，日本人特有の対人交渉方略として「じゃんけん」があることなどが明らかにされている（山岸, 1998）。

第9章　道徳的認知

表 9-3　コールバーグの道徳性発達理論，セルマンの役割取得能力，対人交渉方略の対応表
（内藤, 1987, pp.190-191; Selman, 2003, p.21, p.31 より作成）

コールバーグ 道徳性発達段階	セルマン 役割取得能力	セルマン 対人交渉方略 他者変容志向／自己変容志向
第 1 段階	未分化，自己焦点的	0 段階
第 2 段階	分化，主観的	1 段階
第 3 段階	互恵的，自己内省的	2 段階
第 4 段階	相互的，第三者的	協調
第 5 段階	社会的	
第 6 段階		

2.　コールバーグ派への反論

　これまで見てきたように道徳性発達については生涯にわたる発達理論を示したコールバーグの影響力が大きい一方，反論も複数ある。例えば，コールバーグ理論は男性にみられることの多い道徳性（公正さ）のみを取り上げ，女性にみられることの多い道徳性（配慮と責任）を取り上げた道徳性発達段階ではないこと（Gilligan, 1982/岩男（監訳），1986），道徳性の加齢に伴う変化に焦点が当てられ，個人差（パーソナリティ）についてあまり考慮されてはこなかったことなどがあげられる（モラルパーソナリティの詳細については第 12 章）。また，コールバーグは道徳判断に際し，理性的判断（道徳的理由づけ）を重視したが，それに対し直観（による判断）が優先すると主張する立場もある（Haidt, 2012/高橋（訳），2014）。さらにコールバーグは小さい子どもには道徳性がない（道徳と慣習を識別できない）と考えたが，実験方法を工夫することにより，小さい子どもも道徳と慣習を区別することができるという一連の研究（Turiel, 1983, 2002）も示された。

（1）子どもは道徳がわかる，慣習もわかる

　チュリエル（Turiel, 1983）は社会的知識には質的に異なる 3 領域（道徳領域，慣習領域，個人領域）があり，様々な社会的判断や社会的行動は各領域の知識が調整された産物であると考える社会的領域理論を提唱した（表 9-4）。「道徳領域」の知識とは正義の概念を土台に構成される領域である。「道徳領域」の行為は行為自体に善悪の規定を含んでいるものであり，他者の福祉，信頼，公正，責任や権利に関係する。「道徳領域」の行為は他者の期待や規則，権威者の指示・命令とは無関係な普遍性のある

第 2 部　道徳教育を心理学の観点から考える

表 9-4　チュリエルによる領域の定義と基準（首藤，1992, p. 135 より作成）

	領域		
	道徳	慣習	心理 （個人／自己管理）
知識の 基盤	正義（公正）や福祉や権利 といった価値概念	社会システム（社会の成り 立ち，機能など）に関する 概念	個人の自由や意思に関す る概念および自己概念
社会的 文脈	行為に内在する情報（行為 が他者の身体，福祉，権利 に与える直接的な影響）	社会的関係を調整するため の，恣意的ながらも意見の 一致による行動上の取り決め	行為が行為者自身に与え る影響
典型的 な場面 例	盗み，殺人，詐欺，緊急場 面での援助，いじめなど	挨拶，呼称，生活習慣，宗 教儀式，テーブルマナー， 校則など	趣味，遊びの選択，友人 の選択
理由づ けカテ ゴリー	他者の福祉，公平・不公平， 絶対に許されない行為，義 務感，権利	期待・規則，社会秩序，常 識・習慣からの逸脱，無礼 行為	自分自身の問題，規則の 拒否，許容範囲の行為， 規則存在の不公平

行為である。「慣習領域」の知識とは家族や仲間集団，および学校・会社などの社会組織を成立させている要素の理解のことであり，社会システムの概念に基づいて構成される領域である。「慣習領域」の行為は社会集団に参加しているメンバー間の関係を調整する行動上の取り決めに関係するものが含まれる。「個人領域」の行為には，行動の影響が自分だけにあり自己の統制下におかれる行為が含まれる。「個人領域」の行為は社会秩序の維持や行為の善悪の判断には束縛されない個人の自由意志に基づく（首藤，1992）。

　一般的に社会的知識の領域認識を求めるには理由づけと 5 つの判断（規則随伴性判断，普遍性判断，権威依存性，規則可変性判断，個人決定判断）のうちのいくつかを利用して測定される（Nucci, 2001）。例えば，「人のものを盗んではいけない」という事柄をどのように認識しているかを知るためには，「人のものを盗んではいけないというきまりがなくても，人のものを盗むことは悪いか（規則随伴性判断）」といった判断と「どうして悪いか（悪くないか）」という道徳的理由づけを併せて質問することになる。その際に人の権利に言及する場合は道徳領域，法律に言及する場合は慣習領域だと考えていると判断される。

(2) 道徳領域，慣習領域，個人領域の発達

　チュリエルが 3 領域を示して以降，研究が積み重ねられていく中で，3 領域はそれぞれ異なる発達の様相を示すことが明らかになった（Nucci & Powers, 2014）。ガイ

ガーとチュリエル（Geiger & Turiel, 1983）は慣習領域には肯定と否定を繰り返す発達段階が存在すると述べている。具体的には，社会的な一様性としての慣習（第 1 水準 6〜7 歳），社会的な一様性としての慣習を否定（第 2 水準 8〜9 歳），規則体系を肯定するものとしての慣習（第 3 水準 10〜11 歳），規則体系の一部としての慣習の否定（第 4 水準 12〜13 歳），社会システムを媒介するものとしての慣習（第 5 水準 14〜16 歳），社会の基準としての慣習の否定（第 6 水準 17〜18 歳），社会的な相互交渉を調整するものとしての慣習（第 7 水準 18〜25 歳）の 7 水準が想定されている。このことは，日本の同年齢の子どもの慣習（校則）の理解においても加齢に伴う発達的変化があることを示唆している。よって，大人が校則やマナーなどに関して教育的に子どもに関わる際には，子どもの規則理解には加齢に伴う質的変化があることを理解しておく必要がある。

　一方，道徳領域はU字型発達をすること（道徳だと判断されていたことが加齢に伴い道徳だと判断されなくなり，さらに加齢に伴い，再び道徳だと判断されるようになる）が明らかにされている（Nucci & Powers, 2014）。個人領域は加齢に伴い自己裁量の領域として拡大する。例えば，ヤマダ（Yamada, 2008）は日本人の小学生（6〜12 歳）を対象として，親が決めてもよいかどうか子どもが葛藤する場面を提示し，社会的判断を求めた。その結果，9〜11 歳児は 7 歳児よりも子どもの意思決定を支持すること，個人領域の事柄について多くの子どもが子どもの意思決定を支持すること，個人領域に関すること（例：靴の色を親が決める）について親の決定を否定することが示された。ヌッチら（Nucci et al., 2013）は日本の高校生を対象として，個人的な事柄（例：友人と出かけるとき，何を着るか），多面的な事柄（例：10 代が親の好まない人と過ごす），自己管理に関する事柄（例：10 代がタバコを吸う）22 項目を提示し，それらについてどの程度親に開示するかについて回答を求めた。その結果，自己管理に関する事柄については最も多く，個人的な事柄については最も少なく親に開示していた。これらの研究は，加齢に伴い，子どもたちが親や親の判断から自律し，個人領域を確立させていく発達の様相を示唆する。これらを踏まえて，近年では，個人領域，道徳領域においても慣習領域と同様に発達に応じた教育カリキュラムが考えられている（Nucci & Powers, 2014）。

（3）直観か，あるいは理性的判断か

　認知発達理論の立場では道徳判断時における理由づけが重視されてきており，情動の役割をあまり重視してはこなかった。一方，ハイト（Haidt, 2012/高橋（訳），2014）はこの考え方に対し，下記のような事例を用いて反論している。

ある家族が飼っていた愛犬が，自宅の前で車にひかれて死んだ。「犬の肉はおいしい」と聞いていたこの家族は，死骸を切り刻んで料理し，こっそり食べた（Haidt, 2012/高橋（訳），2014）。

おそらく，このストーリーを読んだ瞬間に気持ちが悪い，嫌だ，これはないだろうなどという感情が生じた人も多いのではないか（直観）。それでは，そのような感情が生じたのはどのような理由によるものか（理性的判断／道徳的理由づけ）。この問いに対して，先の問いよりも少し時間をかけて回答を探したり，考えたりしたのではないだろうか。ハイト（Haidt, 2012/高橋（訳），2014）はこのようなストーリーを複数用いて，私たちが道徳判断を行う際にコールバーグらが重視をしてきた道徳的理由づけ（理性的判断）ではなく，直観の道徳判断が優先されることを示した。つまり，先に直観があって，その後に理性的判断が存在すると考えた。また，直観は理性的判断とは異なり発達的に生じるものではなく，生得的なものであると考えられている。人は成長をしていく中で直観に気付くようになり，1度直観を身につけるとそれは修正されにくくなる（Sets, 2016）。

最後に直観の今後の課題を示す。1つ目は直観が用いる事例が非常にネガティブな状況（先例参照）であるため，当該行為がよくないという「正しい反応」がすぐにできる（から直観である）というものである。2つ目は理由づけの経験をどれくらい行うと最初の直観が形成されるか，直観はどの程度経験したら自動的になるかである（Sets, 2016）。なお，この道徳判断の際の拠り所である「直観か理性か」に関する論争は現在に至るまで続いており，後述する。

（4）道徳は公正概念だけから構成されるのか

コールバーグは道徳性発達とは数ある徳目の中でも公正さ（justice）の発達であると考え，公正さの発達を道徳性発達段階として6段階で示した。一方，ハイト（Haidt, 2012/高橋（訳），2014）はコールバーグが危害回避や公正さなどの義務論的な正義（justice）のみに限定して道徳性を取り上げてきたことを批判し，公正さ以外にも道徳基盤があるとする道徳基盤理論（moral foundation theory: MFT）を提唱している。道徳基盤とは，「傷つけないこと（harm reduction/care）」「公平性（fairness/justice）」「内集団への忠誠（loyalty to one's in-group）」「権威への敬意（deference to authority）」「神聖さ・純粋さ（purity/sanctity）」である。各々，「傷つけないこと」とは他者を傷つけてはならず，思いやりをもつこと，「公平性」とは人を公平に取り扱うことや互恵的に取り扱うこと，「内集団への忠誠」とは自分がどこ属する集団への忠誠心，「権威への敬意」とは社会的秩序を重視すること，「神聖さ」とは穢れていな

いことである。このように人は公正さ以外にも異なる複数の道徳基盤をもっており，どの基盤が影響力をもつかは人により異なる。例えば，政治的に見て，「傷つけないこと」および「公正性」に重きを置く人はリベラルであり，いずれの道徳基盤にも同じように重きを置く人は保守主義者であると考えられている。

　道徳基盤は道徳基盤尺度（moral foundation questionnaire: MFQ）を用いて測定することが可能である（金井, 2013）。日本では高松・高井（2017）がMFQと道徳の拡張性尺度（moral expansiveness scale: MES：自発的に実在する人や動植物を道徳の輪に内包する範囲と程度）の関係を検討している。その結果，MFQのうち「内集団への忠誠」「権威への敬意」「神聖さ・純粋さ」がMESと低から中程度の相関があることが明らかにされた。一方，道徳基盤が経験に先立って組織化されたものであり，様々な文化のもとで改訂される草稿のようなものと定義されることから（Haidt, 2012/高橋（訳）, 2014），日本人においては異なる様相を示すとも考えられている。例えば，本田ら（2017）は日本人を対象として「傷つけないこと」「公平性」および残りの3つ（内集団への忠誠，権威への敬意，神聖さ・純粋さ）を併せた3因子構造の適合度がよいと述べている。日本人を対象とした場合，MFQの信頼性および妥当性には検討の余地が残されるのかもしれない。また，各道徳基盤の発達（発達の方向性や性差など）についても十分には明らかにされてはおらず，今後の展開が待たれる。

（5）コールバーグ派への反論の反論

　これまで見てきたように，いくつかの立場からコールバーグ派およびコールバーグ理論に対して反論が行われているが，コールバーグ理論を完全にくつがえしてはいない。また，コールバーグ派も理論の修正や発展をさせている（例：新コールバーグ派；Rest et al., 1999）。これらの論争の1つに先に述べた「直観か，あるいは理性的判断か」があり，様々な学問領域において検討がなされる。認知心理学領域ではカーネマン（Kahneman, 2011/村井（訳）, 2014）により心理学実験を積み重ねた上でシステム1（素早い判断；直観）とシステム2（熟慮した判断；理性的判断）の存在が指摘され，人の道徳性を含む判断には双方がポジティブにもネガティブにも関連することが示される。脳神経科学領域ではfMRIを用いた脳画像の検討により，道徳判断には直観も理性的判断も使用されていると考える二重過程モデルが提案されている（Cushman et al., 2010）。また，脳神経科学や道徳心理学の知見を踏まえた上で，あえて道徳判断における理性が果たす役割について論じる立場もある（宇佐美, 2013）。近年，ブルーム（Bloom, 2016/高橋（編）, 2018）は政治的場面，公共政策場面に限っては情動（共感）よりも理性的判断を行うことを優先する方がより適切な判断を行う

第2部　道徳教育を心理学の観点から考える

ことができる（例：私たちは地球の裏側の数多くの子どもたちの悲惨な状況を知っていても手助けをしないことも多いが，目の前の具体的な不憫な子ども1人を助けるためにはすぐに手を差し伸べる）と述べ，より公平な判断を行うために反共感（情動の道徳判断に重きを置きすぎないこと）が重要な場合があると指摘している。私たちが行う道徳判断には無意識にバイアスが働いていることは明らかであり，重要な道徳的課題を考える際にはあえて意識的に直観と理性的判断の双方を考慮する必要性があるといえる。

3．認知発達理論に基づいた道徳教育

(1) モラルジレンマ討論

　ブラットとコールバーグ（Blatt & Kohlberg, 1975）がモラルジレンマ（表9-2）を用いた討論を行うことにより討論参加者の道徳性が道徳性発達段階に従って促されることを明らかにして以来，モラルジレンマ討論（以下，MDD）は多くの国や地域において道徳教育の1つの手法として用いられている。また，ドイツではMDDを踏まえた上で，MDDとは異なる点を強調するKMDD（Konstantz method of dilemma discussion）も提案される（Lind, 2016）。日本では兵庫教育大学を中心として，研究者と学校教員が連携することにより，40年以上の年月をかけて子どもが興味をもつモラルジレンマ教材，MDDの行い方，MDDの教育的効果などに関する知見が包括的に蓄積されてきている（Araki, 2014; 荒木, 2017a, 2017b）。MDDの醍醐味は答えが決まってはいない複数の価値が葛藤するモラルジレンマについて子どもたちが自由に議論をすることができる点にある。ただし，適切な討論場面を設定し（場合によっては不公平な討論場面になる；藤澤, 2013），授業者がファシリテーターの役割を適切に果たすことができる必要がある（授業中に子どもの声をいかに多く引き出すことができるか）。また，オープンエンドを採用した場合，授業で取り扱う内容項目によっては授業の成立が困難な場合があることも指摘される。しかし，一般的にはモラルジレンマが生じるストーリーを討論材料として使用することにより，発話が多く産出され，考えたり，議論したりするスキルが活性化されるだけではなく，社会的能力（例：協調性，汎用的能力，他者視点）も高まることも明らかにされる（Araki, 2014; 藤澤, 2018a, 2018b, 2018c）。一方，モラルジレンマを用いた討論を行うことにより高まったスキルがその後，スキルによっては低下するものもあり（Fujisawa, 2018），低下をさせないためにはMMDを定期的に使用するなどの必要がある。

　クラス単位で行われるMMDには様々な疑問も寄せられる。例えば，リアルジレ

ンマを用いていないために子どもの共感を得にくい，学校の日常生活に反映されにくい，普遍的価値についてもオープンエンドでよいかなどである。これらの課題を克服して進められたのがジャストコミュニティアプローチ（just community approach: JCA）である。簡単に述べると，JCA とは学校を 1 つの共同体社会と見立てて，子どもも教師も 1 人 1 票の投票権をもち，共同体社会のルールを決めて，みんなで運用していくというものである（荒木, 2013）。その組織運営にはいくつもの下位委員会がある（例：みんなで決定したルールへの違反者がいた場合にはその処罰についても委員会で議論をして決める）。1971 年にコールバーグにより JCA が展開されて以来，JCA は米国の高等学校を対象として始まり（Oser et al., 2008），1985 年には JCA はコールバーグとヒギンズによりヨーロッパの学校にも広められた。本来は高等学校の民主主義コミュニティの構築に関連したスキルを強調したものであったが，現在は民主的な政治的スキルや市民的態度の成長といったシティズンシップ教育を強調するプログラムとなっている。また，小学校や中学校で使用される場合には，広い意味での社会的コンピテンスや向社会的動機づけを育むことが目的とされている。

（2）ビジネス倫理

　青年期や成人期以降に遭遇する発達上あるいは道徳的な課題は道徳性発達研究の生涯発達的な観点からみた重要なテーマである。ビジネス倫理は 1970 年代の米国において独立した新しい学問領域として認められ（DeGeorge, 1987），日本には 1990 年代後半に初めて学問として取り扱われている（梅津, 2002）。その歴史は長くはないが，道徳心理学の知見を応用し理論，実践の両面において知見が積み重ねられつつある。近年では DIT の考え方を援用したビジネス倫理を測定する尺度が開発されたり（Loviscky et al., 2007; Weber & McGiven, 2010），MBA のクラスにおいてケースメソッド（複数の価値が葛藤するショートストーリーを読み，クラス全体で議論すること）を用いたビジネス倫理教育が行われたりしている（高田, 2015）。また，金融機関の社員を対象として MDD が用いられることもある（Oser & Schläfli, 2010）。企業ではビジネス倫理，研究機関では研究倫理についての講習や e-learning が行われ，医療従事者は医療倫理について学ぶ機会があるように，近年では職種に応じて「倫理」について考える時間が設けられている。組織にも社会的責任が問われる時代である。

　ビジネス倫理教育においても学齢期の子どもを対象とした道徳教育と同様に，道徳判断力などの認知能力を育成するという考え方がある（中村, 2014）。また，コルビー（Colby, 2008）は高等教育において道徳性を育むことの重要性について述べている。それらを踏まえ，藤澤（2013）は就職前（生徒・学生／道徳教育）から就職後（社会

第 2 部　道徳教育を心理学の観点から考える

人／ビジネス倫理教育）にかけて接続する立場にある学校機関がどのような役割を果たせるかに関して検討の余地が残されると述べている。

4.「考え，議論する道徳」への教育的示唆

最後に，2018（平成 30）年からスタートした「考え，議論する道徳」において，これまでの道徳心理学研究（広く心理学研究も含む）が蓄積してきた研究知見をどのように生かすことができるかについて以下の 2 点から述べる。

これまでの道徳授業において主流を占めてきた副読本を読み，登場人物の心情の読み取る方法（以下，心情読み取り型授業）は他者の気持ちを考えることを大切にすることに一定の教育的役割を果たしてきた。しかし，今後の「考え，議論する道徳」授業を行う上では，心情読み取り型授業に加えて「考え，議論する」プロセスを組み込んだ授業を行う必要がある。具体的には，道徳心理学領域で知見を積み上げてきたMDD は他者の心情を読み取りつつ「考え，議論する道徳」授業を行うことへいくつかの示唆を与えると思われる。例えば，モラルジレンマはそれ自体が子どもの道徳授業への関心を引きつけ，授業において自分の意見を出し，他者との議論を盛んにさせる。その前提として自分の意見を自由に述べ，議論することのできる安定した雰囲気をもったクラスが経営されていることが望ましい（安定した学級経営は Wong & Wong, 2009/稲垣（訳），1995 に詳しい）。これらを踏まえて，藤澤（2018c）はモラルジレンマを用いた考え，議論することのできる初学者向けの授業方法の 1 つを提案している（図 9-1）。

近年，特定の学習者にのみ機能する従来型から個々に違いがあることを前提として考える「学びのユニバーサルデザイン（Hall et al., 2012/バーンズ亀山（訳），2018）」という考え方へと注目が移っている。道徳授業も，国内外問わず中心的であった心情読み取り型から近年は発達の多様性に配慮した道徳授業へと研究が展開されつつある（Senland & Higgins-D'Alessandro, 2013）。同時に，先にみたように，道徳判断の発達は役割取得能力の発達との対応があり（表 9-3 参照），視点取得や共感といった社会的能力の発達も重要になる。これらの社会的能力は近年，OECD（2015/無藤・秋田（監訳），2018）が重視する社会情動的スキル（非認知能力）と関連するものであり，どの人にとっても重要な社会的能力である。よって，従来の心情読み取り型授業により道徳判断を高めることだけを道徳教育の目標にしたり，それを目的とする道徳授業を全面的に展開したりすることがすべての子どもにとって適切であるとはいえない。同時に，それらは育むことが求められているものでもある。そこで，「考え，議論す

る」プロセスを含めた道徳授業を開発することと併せて，広く心理学研究が積み重ねてきた知見をこれからの道徳授業に生かしていくことが，今後の心理学に残される課題であると思われる。

図 9-1 モラルジレンマを用いた「考え，議論する」道徳授業モデル（討論初学者用）（藤澤, 2018c）

注）この道徳授業モデルを使用する際にはワークシート（以下，WS）の併用が望ましい。WS には①授業回数（○回／年 35 回），②議論前の子どもの意見，③議論中考えたこと，他者の意見，④議論後の自分の意見，⑤授業評価の内容，などを含むことで子どもの思考の変化を授業後にも教師が確認することができる。同時に，1 人の子どもの WS を 35 回（1 年）分重ねていくことで子どもの 1 年間の変化がわかり，通知表を書く際の補助となる。WS には毎回文章で表現するだけではなく，選択肢の文章や絵に○をつけたり，絵や手紙で表現したり，穴あけ問題風にしたりするなど変化をつけると子どもが飽きたり，教師の行うことを予測したりすることが減ると思われる。しかし，WS をつくり込みすぎると子どもに授業展開を予測され，授業が成立しなくなるので注意が必要である。討論に慣れていない(学年が小さい)場合は討論時間を長めに設定すると，グループ討論が行われず話がそれている場合があるので，その場合は討論時間を複数回に区切り，討論の方向性がぶれないように教師が適宜，介入する必要がある。この方法は，小学校低学年には発達的に難しい。

第*10*章

道徳的情動
クリスチャンソンの情動教育を中心に

- 情動が「道徳的」とはどのようなことを意味するのでしょうか。
- 「考え，議論する」道徳授業に，道徳的情動はどのように関わるのでしょうか。

「あの人に怒ったせいで仲が悪くなってしまった」「あんなやつ大嫌いだから絶対口を聞くもんか」といった経験はないだろうか。こうした一見不合理で全く道徳的で「ない」日々の情動経験が，実際には道徳的で「ある」かもしれない，ということを示唆する「道徳的情動」という言葉は，強烈なインパクトをもつものである。しかし，近年，哲学や教育学，心理学，法学，経済学，脳神経科学など様々な分野で，情動の合理性や機能性に注目が集まるようになり，道徳と情動を対立するものではなく，協働するものとして結びつけようとする流れもますます強まってきている。本章では，情動が「道徳的」とはどのようなことを意味するのか，また，「考え，議論する道徳」授業に，道徳的情動はどのように関わるのかということについて考えることを目的とする。

1. 道徳的情動とは何か

道徳の学習指導要領ではこれまで道徳的判断力，道徳的心情，道徳的実践意欲と態度が道徳性を構成する諸様相として位置づけられてきた。このうち道徳的心情は，「道徳的価値の大切さを感じ取り，善を行うことを喜び，悪を憎む感情のことである。人間としてのよりよい生き方や善を志向する感情であるとも言える。それは，道徳的行為への動機として強く作用するものである」と解説されている（文部科学省，2017a, 2017b）。心理学の立場からみると，この道徳的心情に関わりの深い言葉の1

つに，「道徳的情動（moral emotions）」があげられる。つまり，道徳的情動は道徳性の諸様相の1つとしても捉えられる。

　それでは道徳的情動とは何か。この問題を考えるために，まず「情動」とは何かという問題を整理したい。情動とは元来，英語のemotionを心理学用語として訳した言葉であり，喜怒哀楽など，私たちが日常的には「感情」と呼んでいるものである。ただし，情動という言葉は，比較的急激に生じ，短時間で消失する一過性の感情現象のことを指す場合が多く，感情は情動よりも広義の概念とみなされる傾向がある。しかし，emotionや感情・情動を明確に定義することは難しい（感情・情動に関する多様な用語の概念整理やこれらの用語をめぐる諸問題については，遠藤，2013や中村，2012に詳しい）。

　ここでは，「情動エピソード」あるいは「情動状態」と，「情動特性」の違いを区別しておこう。情動エピソードとは，「こんなことがあって腹立たしい」「あんなことを言われて照れた」といったように，個人が意識的に経験でき，報告できる一過性・一回性の情動の出来事のことである（例：Keltner et al., 2013; Russell, 2003）。こうしたある出来事に関連した情動の一時的な状態は，情動状態とも呼ばれる。一方で，情動特性とは，「Aさんは怒りっぽい」「Bさんは照れ屋だ」といったように，長期的に安定したパーソナリティの一種としての情動のことである（Shiota & Kalat, 2018；パーソナリティについて詳しくは第13章）。簡単にいえば，情動特性とは特定の情動の経験しやすさのことである。

　情動エピソードや情動状態という意味での情動には，出来事の評価（appraisal）や動機づけ・行為傾向（action tendency），生理的・身体的変化，運動表出，主観的情感（feeling：いわゆる「気持ち」）といった構成要素が含まれる（例：Moors, 2009）。例えば，相手に何か悪口を言われたときに，その悪口を自分の価値を下げるような不当なものだと解釈し（評価），相手を叩きのめしたくなり（動機づけ・行為傾向），呼吸が速くなり（生理的・身体的変化），しかめ面になって（運動表出），「もう怒ったぞ」と強い怒りの気持ちを感じた（主観的情感），といった出来事は典型的な怒りの情動エピソードといえる。

　情動エピソード（情動状態）と情動特性の区別や，情動の構成要素は道徳的情動を考える上でも重要である。それでは情動が「道徳的」とはどのようなことを意味するのだろうか。本章では，程度問題として道徳的情動を考える立場と，ある種の情動特性を徳として考える立場を主に紹介する。

（1）程度問題としての道徳的情動

　本書で繰り返し登場するハイト（Haidt, J.）は，生物種としてのヒトが自己に直接影響する出来事だけでなく，自分とは関係ない社会の出来事にも時に情動的に献身することに着目し，道徳的情動を「社会全体または少なくとも判定者・主体以外の人の利益や福利に関わる情動」（Haidt, 2003, p. 853）と予備的に定義した。その上で，道徳的情動の典型的な特徴に，無私性発動因（自己に直接関わらない出来事とその評価）と向社会的行為傾向（他者の利益や社会秩序の維持・利益となる行為傾向）の2つがあると仮定し，2つの程度がそれぞれ高い情動ほど，道徳的情動の典型であると論じた。注目に値するのは，ハイト（Haidt, 2003）が，どの情動が道徳的情動であり，道徳的情動でないかは一概にいえず，道徳的情動は程度問題であると論じたことである。例えば，義憤のように悪や不正を正そうとする怒りは典型的な道徳的情動といえそうだが，単なる憂さ晴らしで相手を罵倒するような怒りは道徳的情動とは言い難い。

　さらにハイト（Haidt, 2003）は，道徳的情動を相互に関連する4群に分類している。他者非難情動（other-condeming emotions）は，軽蔑，怒り，嫌悪など，他者の何らかの道徳的規範への逸脱に対して生じ，相手との関係性を変化させようとする情動である。自己意識的情動（self-conscious emotions）は，恥，照れ・困惑，罪悪感など，自己が道徳的規範や社会秩序から逸脱した際に生じ，規則を守り，社会秩序を維持しようとする情動である。ただし，自己意識的情動には誇りなど，自己が規範や秩序に合致するような優れた行為によって課題や目標を達成した際に生じる情動も含まれる。他者苦痛情動（other-suffering emotions）は，思いやりなど，他者の苦痛や不幸に接して生じ，他者を助けたり慰めたり苦痛を和らげたりしようとする情動である。他者称賛情動（other-praising emotions）は，感謝，畏敬，道徳的高揚（elevation：他者の卓越した道徳性に対して生じ，自身も見習おうとする情動）など，他者の優れた善行に対して生じ，直接的に向社会的行動を動機づける情動である。

　このように，ハイト（Haidt, 2003）はある情動が「道徳的」であるかどうかの判断材料として，情動の評価（無私性発動因）と行為傾向・動機づけ（向社会的行為傾向）の2つの構成要素に着目していることがうかがえる。ここで道徳の学習指導要領解説に目を戻すと，ハイトの道徳的情動の定義や特徴は，道徳的心情の解説とも一定の整合性をもつように思われる。無私性発動因と道徳的心情の関係性についてはさらに検討が必要であろうが，少なくとも，ハイトの道徳的情動の向社会的行為傾向は，道徳的心情が「道徳的行為への動機として強く作用するもの」（文部科学省, 2017a, 2017b）とされていることとよく整合する。

（2）徳の情動

　ハイト（Haidt, 2003）の道徳的情動の捉え方や分類は体系的で魅力的であるものの，他にも道徳的情動の捉え方は存在する。「道徳的情動（moral emotions）」という言葉は元来，様々な意味がとれ，非常に多義的である（Cova et al., 2015）。そのため，こうした多義的な「道徳的情動」という言葉を用いずに，情動に本質的に内在する「徳」に迫ろうとするアプローチもある。

　近年，クリスチャンソン（Kristjánsson, 2018）は，古代ギリシャ哲学者のアリストテレスの情動観を拡張し，「徳の情動（virtuous emotions）」という概念を提唱した。クリスチャンソン（Kristjánsson, 2018）によれば，アリストテレス派の考え方では，あらゆる情動は潜在的に人の繁栄を構成するものであり，「道徳的情動（moral emotion）」の「道徳的（moral）」という言葉は余分である。つまり，あらゆる情動は本質的に道徳律や倫理に関連し，道徳的に適切であれ不適切であれ価値判断を伴い，人の繁栄や低迷に関係する点で「道徳的」である。

　アリストテレスは，『ニコマコス倫理学』（渡辺・立花(訳), 2015, 2016）において，様々な徳（アレテー）を身につけ，それらの徳を発揮して生きることがトータルライフの意味での幸福（エウダイモニア）であると捉えた。アリストテレスの情動観は次の文章によくまとめられている（アリストテレス/渡辺・立花(訳), 2015, p. 132）。

> たとえば，恐れを感じることや自分に自信を抱くこと，欲望を感じることや怒りを覚えることや妬むこと，総じて快さを感じることと苦しい感じがすることは，「しかるべき程度より多い程度」でも「しかるべき程度よりも少ない程度」でもありうる。そして，この二つのいずれも，善いあり方ではない。これに対して，しかるべき時に，しかるべき事柄について，しかるべき人々との関係で，しかるべき目的のために，しかるべき仕方で感情を感じることであれば，それが中間にして最善なのである。そして，まさにこうしたことが，徳を特徴づける事柄である。（ルビは訳者による）

　つまり，アリストテレスは情動の「中間性」（メソテース；渡辺・立花(訳), 2015；いわゆる中庸）の重要性を説き，そこに徳を見出している。情動の中間性とは（a）時，（b）事柄，（c）人々との関係，（d）目的，（e）仕方，が過不足なく適当であることを指し，人は情動を過不足なく中間的に経験する傾向がある場合に限り，完全に有徳でありうるとされている（Kristjánsson, 2018）。

第 2 部　道徳教育を心理学の観点から考える

　クリスチャンソン（Kristjánsson, 2018）は，一般的な徳（アレテー）の中には中間性の情動にほかならないものがあると考え，こうした情動を徳の情動と呼んだ。アリストテレスは思いやりや怒りの道徳的性質について豊富に論じているが，クリスチャンソン（Kristjánsson, 2018）は，アリストテレスがあまり注目しなかった感謝・哀れみ・恥・嫉妬・悲嘆・畏敬の中間性を徳の情動の候補として論じている。また，アリストテレスが情動特性を道徳的人格・品性（moral character）に関わるものとみなしたことから，徳の情動を一回性の情動エピソードとしてではなく，情動特性として問題にしている。つまり，感謝や哀れみ，恥，嫉妬，悲嘆，畏敬の 1 回 1 回の経験ではなく，それぞれの情動特性が過不足なく適当であることが重要であると論じている。

　この考え方は人格・品性教育との結びつきが強い。外向性などの人のパーソナリティ（詳しくは第 13 章）を変えることはあまりできないが，パーソナリティの下位にある人格・品性は，教育することも道徳的に評価することも可能であり，人に道徳的価値を与える特性であると考えられている（Kristjánsson, 2018）。クリスチャンソンによれば，アリストテレス派の人格・品性教育では，子どもの人格・品性を初めは教育者が責任をもって磨くことで，次第に子どもは教育者とともに，最終的には自分自身が責任をもって人格・品性を磨いていけるようになり，数あるものの中からよく考えて選択ができる「思慮深さ」（フロネシス；アリストテレス/渡辺・立花（訳），2015）を身につけられるようになるという（Kristjánsson, 2018）。クリスチャンソンのアリストテレス的な人格・品性教育について詳しくは，クリスチャンソン（Kristjánsson, 2015/中山（監訳）堀内・宮下・江島・竹中（訳），2018）を参照されたい。

　また，日本の道徳の学習指導要領解説では「道徳性とは，人間としてよりよく生きようとする人格的特性であり，道徳教育は道徳性を構成する諸様相である道徳的判断力，道徳的心情，道徳的実践意欲と態度を養うことを求めている」（文部科学省，2017a, 2017b）と説明されている。道徳性が人格的特性として定義されていることや，学習指導要領の様々な内容項目の中に「思いやり」や「感謝」「畏敬」といった道徳的心情が教育内容として提示されていることを踏まえると，クリスチャンソン（Kristjánsson, 2018）の徳の情動のように，こうした道徳的心情は明示的に情動特性として捉えられていることが理解できよう。

2.　道徳的情動の具体：畏敬・尊敬を例に

　道徳的情動の研究は欧米圏を中心に展開されてきた。しかしながら，例えばハイト（Haidt, 2003）は道徳的情動の文化差も強調し，のちの道徳基盤理論（第 9 章）にお

いて，それぞれの道徳基盤によって特徴的な情動は異なり，さらに文化によってそれぞれの道徳基盤の重みづけは異なると発展的に論じている（Haidt, 2012/高橋（訳），2014）。つまり，日本には独自の重要な道徳的情動がある可能性があり，どのような情動が日本人にとってどのくらい「道徳的」なものとして考えられてきたのかということは，また別の問題として考える必要があるだろう。

　先にみたように，道徳の学習指導要領の内容項目（文部科学省, 2017a, 2017b）をみてみると，思いやりや感謝，畏敬といった，道徳的情動や徳の情動と思われるものが複数見受けられる。本章では，日本人にとって重要な道徳的情動の具体例として畏敬・尊敬を取り上げたい。なお，思いやりや感謝など，他の道徳的情動については他の文献を参照されたい（例：蔵永, 2015; 武藤, 2017）。

　畏敬の念は，感動と並ぶ内容項目として，小学校では「美しいものに触れ，すがすがしい心をもつこと」（第1・2学年），「美しいものや気高いものに感動する心をもつこと」（第3・4学年），「美しいものや気高いものに感動する心や人間の力を超えたものに対する畏敬の念をもつこと」（第5・6学年）と提示され，中学校では「美しいものや気高いものに感動する心をもち，人間の力を超えたものに対する畏敬の念を深めること」と提示されている。それでは，心理学において畏敬はどのように捉えられてきたのだろうか。

　心理学において畏敬（awe）は，知覚される広大さ（vastness）と調節（accommodation）の必要性の2つを中核的な特徴とする情動とされてきた（Keltner & Haidt, 2003）。例えば海を泳いでいると，目の前に突然，見たこともない大きな生き物が出現したとしよう。おそらくあなたは，その大きな存在に対して既存の情報処理では追いつけないので自分のこれまでの信念を更新し変化させることが必要となり，そうした情報処理のおかげでその生き物がシロナガスクジラだとわかったりするかもしれない。こうした状況で生じる情動が畏敬とされている。ケルトナーとハイト（Keltner & Haidt, 2003）は，畏敬を風味づける周辺的な特徴として，脅威（例：雷）・美（例：絵画の傑作）・能力（例：達人技）・徳（例：善行）・超自然（例：超能力）の5つをあげている。

　これまで欧米圏では畏敬は感情価（valence）がポジティブな情動として扱われることが多く，自分が小さな存在であることに気付かせ，より大きな共同体に結びつけ，向社会的行動を動機づける自己超越的な情動であることが理論的・実証的に示されてきた（例：Bai et al., 2017; Campos & Keltner, 2014; Piff et al., 2015; Stellar et al., 2017）。しかし，畏敬の研究当初からケルトナーとハイト（Keltner & Haidt, 2003）が指摘していたように，近年では脅威を基盤とした，感情価がネガティブな畏敬も改

めて注目されるようになり（例：Gordon et al., 2017; 武藤, 2014, 2018），畏敬の文化差の研究も始まっている（例：Bai et al., 2017）。

特に現代の日本においては，英語の awe の訳語としてよく用いられる畏怖や畏敬といった言葉で表される情動は，典型的には，広大さと調節の必要性に加え，脅威も中核的な特徴とする，感情価がネガティブな情動であることが実証的に示されている（武藤, 2018）。このことは，中学校の学習指導要領解説において，「『畏敬』とは，『畏れる』という意味での畏怖という面と，『敬う』という意味での尊敬，尊重という面が含まれている。畏れかしこまって近づけないということである」（文部科学省, 2017b）という説明とよく整合する。また，畏敬は美しい風景など自然に対してだけでなく，優れた人物に対しても経験される。大学生を対象とした研究（武藤, 2018）では，対人的な畏怖は，階層（タテ）関係において正当な権威や力のある他者から厳しく自分の働きを評価される寸前のような，脅威のある状況で典型的に生じ，優れた他者が自分よりも圧倒的に大きく，これまでの認知的スキーマを変えざるをえず，かつ他者の存在が自分の脅威や障害となる可能性がある，と意味づけられた場合に生じやすいことが示されている。こうしたネガティブ情動状態としての畏怖は，「このままの自分ではいけない」というように，自己を是正し向上しようとする動機づけを強くもたらすため，自己の成長を促す機能があると考えられている（武藤, 2016c, 2018）。一方で，ネガティブな畏怖経験が頻繁にあるほど（情動特性としての畏怖が高いほど），自尊感情や主観的幸福感が低いことも明らかになっている（武藤, 2016a, 2018）。このことは，自己の限界にばかり目がいくことでネガティブな帰結がもたらされる可能性を示唆している。クリスチャンソン（Kristjánsson, 2018）が主張するように，畏怖・畏敬の「中間性」が重要なのかもしれない。

また，現代の日本では，そもそも畏怖や畏敬という言葉の意味がよくわからないと回答する大学生や一般成人が一定程度いること（武藤, 2014, 2016b）にも注意が必要である。次節で論じるように，学校教育では，畏敬の経験を企図した活動だけでなく，畏敬の概念理解に関わる直接教授も有効かもしれない。

畏敬は尊敬と深く関わる情動である。現代の日本では，尊敬は典型的には敬愛の気持ちを意味している（武藤, 2014, 2016b）。道徳の学習指導要領（文部科学省, 2017a, 2017b）では，「家族愛，家庭生活の充実」の内容項目として，小学校全学年・中学校ともに「父母，祖父母を敬愛し」という文言がある。また，「よりよい学校生活，集団生活の充実」の内容項目にも，小学校では「先生を敬愛し」（第1・2学年），「先生や学校の人々を敬愛し」（第3〜6学年）という文言があり，中学校では「教師や学校の人々を敬愛し」という文言がある。尊敬や敬愛の気持ちは必ずしも強制されるべき性

質のものでも，強制できるものでもないが，他者を心から尊敬することは，確かに家庭や学校などの集団生活を充実させ，よりよく過ごす上で重要であるだろう。それでは尊敬・敬愛の情動には，どのような機能があるのだろうか。

現代の日本においては，典型的に感情価がネガティブな畏怖とは対照的に，敬愛は感情価がポジティブな情動状態や情動特性として，自己の成長や発達において大きな役割を果たす可能性がある。大学生を対象とした研究（武藤，2018）では，敬愛の情動状態は，例えば濃密な関係を築いてきた優れた他者から親身な働きかけを受けるような状況で典型的に生じ，優れた他者が身近で親しい仲にあり，温かく道徳的に優れ，過去または未来にわたって自身のロールモデルとなり，今は難しくても将来いつかは追いつけるかもしれない，と意味づけられた場合に生じやすいことが示されている。敬愛や尊敬の情動状態は，「あの人みたいに自分もなりたい」というように，対象人物をロールモデルに据え見習い追随しようとしたり，対象人物に接近して親和的・貢献的に振る舞おうとしたりすることを強く動機づけるため，結果的に，自己の成長・発達や，関係性の構築・維持につながる可能性がある（武藤，2016c）。また，敬愛経験が頻繁にあるほど（情動特性としての敬愛・尊敬が高いほど），将来なりたい自分を明確にしてその実現に向けて現実的に努力したり，向社会的行動を頻繁に行ったり，主観的幸福感が高かったりすることも示されている（武藤，2018）。畏敬や敬愛など，尊敬に関わる情動についてさらに詳しくは武藤（2018）を参照されたい。

3.「考え，議論する道徳」への教育的示唆：道徳的情動をどのように育むか

道徳的情動についてこれまで考えてきたことを踏まえると，「考え，議論する道徳」授業に，道徳的情動は「ほとんど常に」関わっているといっても過言ではない。授業の導入で象徴的な情動エピソードが提示されるとき，教師が矛盾や葛藤を与える2つ以上の道徳的価値を提示するとき，また，内容として情動に関わらないことであっても，話し合いの授業でクラスメイトと議論するとき，相手や自分に対して怒りや軽蔑，恥，思いやり，同情，称賛，尊敬といった道徳的情動を感じたことがある人は少なくないだろう。道徳の授業で，「どのような情動が『道徳的』であると考えられるか」という問題自体を，クラスの皆で考え議論するだけでも，情動について多くの学びになるようにも思われる。それでは，こうした道徳的情動はどのように育むことができるのだろうか。

（1）情動教育の考え方

クリスチャンソン（Kristjánsson, 2018）は，代表的な7つの情動教育の考え方として，①アリストテレス派の人格・品性教育，②ケア倫理学，③社会情動的学習（social emotional learning: SEL），④ポジティブ心理学，⑤情動制御論，⑥学業的情動（academic emotions）論，⑦社会的直観主義，をあげている。

①アリストテレス派の人格・品性教育は，早期からの広範囲で体系的な情動教育によって，若者を情動的に鋭敏にすることで善くすることができると仮定する。②ケア倫理学は，他者との関係性の中で特にケアと思いやりに焦点化した情動教育を行う。③社会情動的学習は，いわゆる情動知性（emotional intelligence）とポジティブな青少年育成（positive youth development）の考え方を背景に，情動を思考や行動と統合することで生徒がより自覚的で自制的になり，よりよい関係性を築くスキルをもって責任ある決定ができるようになることを目的とする。④ポジティブ心理学における情動教育は，喜びや感謝，希望といった感情価のポジティブな情動が注意や記憶などの思考・行動レパートリーを拡張し，社会的絆やスキルといった個人的資源を継続的に構築させる機能をもつ，という拡張 – 形成理論（broaden-and-build theory；例：Fredrickson, 2009/高橋（訳），2010）に主に着目し，感情価がポジティブな情動を教育する。⑤情動制御の文脈における情動教育は，情動の機能性を説くのではなく，情動のタイミングや経験，表出を制御する方法を学ぶことを目的とする。⑥学業的情動（例：Pekrun et al., 2002）の文脈における情動教育は，教室で生じる情動，より具体的には学習や学校での達成にとって有益あるいは有害な情動，また有益な情動を向上する方法に着目する。⑦社会的直観主義では，ハイトの社会的直観モデル（第9章参照）に基づき，いわゆる道徳教育は根本的な感情（sentiments）や道徳的反応を変えることには全く有効でないと主張する。

これらの情動教育の考え方にはそれぞれ長所と短所があるため，状況に応じて適切なものを選択するとよいだろう（無論，アリストテレス的教育観に立脚するクリスチャンソン［Kristjánsson, 2018］はこの中でアリストテレス派の人格・品性教育が最良のものであると主張し，他の情動教育を批判している）。

（2）情動教育の具体的方略

さらにクリスチャンソン（Kristjánsson, 2018）は，情動教育の7つの具体的な方略として，（a）行動的方略，（b）認知的・注意再構成，（c）習慣の修正と情動伝染，（d）サービスラーニング・習慣化，（e）直接教授，（f）ロールモデリング，（g）芸術，を

表 10-1　情動教育論とそれぞれで使用される教育方略 （Kristjánsson, 2018 より作成）

	(a) 行動的方略	(b) 認知的・注意再構成	(c) 習慣の修正と情動伝染	(d) サービスラーニング・習慣化	(e) 直接教授	(f) ロールモデリング	(g) 芸術
①アリストテレス派の人格・品性教育		○	○	○	○	○	○
②ケア倫理学		○	○	○		○	○
③社会情動的学習	○	○	○		○		
④ポジティブ心理学		○					
⑤情動制御論	○	○	○				
⑥学業的情動論	○	○	○				
⑦社会的直観主義	○		○	○			○

あげている。このうち，(d)～(g) の 4 つは (a)～(c) の 3 つの一般的方略をより具体化した方略である。情動教育論とそれぞれで使用される教育方略を表 10-1 にまとめた。

　(a) 行動的方略は状況選択（例：いじめがはびこる校庭から移動する）や，学校で動機づけられる行動規律プログラムの管理，反応調整（例：望ましくない情動の強度を弱める）など，行動を変えることによって情動を制御する方略である。(b) 認知的・注意再構成は情動の基礎となる認知を再構成したり変化させたりすることであり，具体的には，別の考え方をしたり，意図的に注意を別に向けたり，情動について議論したり，葛藤解決や文化差，協同などについて授業を受けたりすることである。(c) 習慣の修正と情動伝染は，行動的・認知的要素のどちらも含むものであり，習慣や自然環境を少し変えることで正しい情動の方向性へと人を微調整する方略である（例：鏡の前に座ることで道徳的偽善が減る）。(d) サービスラーニング・習慣化は慈善活動への参加など，青少年を定期的にある状況にさらすことで情動特性を発達させる方略である。一般的に教育者が説明しフィードバックを与え，体系的な習慣の修正と情動伝染で構成される。(e) 直接教授は教室等で直接的に情動の概念を教えたり，善良な生活を送る上で重要となる特定の情動特性について経験学習をしたりすることである。(f) ロールモデリングは道徳的模範者から学ぼうとすることである。(d) の習慣化はメンターがいることが多いためロールモデリングと組み合わされることが多い。また，(g) 文学や音楽などの芸術は生徒の視点を拡張する想像性を訓練する独自の資

源として考えられている。例えば古典やおとぎ話を読んで登場人物の情動反応やその適切性について議論することで情動に関するリテラシーを高められるとされている。

4. おわりに

　本章では道徳性の諸様相の1つである道徳的心情に類似した概念が,「道徳的情動」という用語として,心理学において豊富に検討されてきたことを論じた。また,情動は過不足がない限りにおいてはそもそも「道徳的」なものである,とアリストテレス的に情動を捉え,徳の情動特性を育成していこうとする立場の研究も活発化していることを論じた。これまで得られてきた道徳的情動や徳の情動に関する研究知見を,日本の道徳教育においてどのように生かせるかを検討することが今後の重要な課題となるだろう。

　ただし,本章で論じた道徳的情動のアプローチは,基本的に個別情動の道徳性を問題にしており,その背後には多少なりとも基本情動理論(例：Ekman & Cordaro, 2011)や一部の評価理論(例：Moors et al., 2013)といった,個別情動として情動を考える見方があることに注意されたい。こうした特定の美徳と情動を一対一に結びつけようとするような道徳的情動の捉え方は,日常的な考え方に沿うものではあるが,近年の心理学的構成主義(例：Barrett, 2017;詳しくは,武藤, 2019; 大平, 2019)の立場からは,特定の美徳と情動は一対一対応ではないという,大きな批判を受けていること(例：Cameron et al., 2015)を頭の片隅に置いておいたほうがよいだろう。

第11章

利他行動
進化からみたヒトの利他性

> • 私たちは「なぜ」助け合うのでしょうか。
> • 人間が生物の一種であることを自覚することは，道徳観にどのような影響を及ぼすのでしょうか。

1. なぜヒトは「利他的」なのか

(1) 複数レベル淘汰

　助け合いは，道徳の重要な要素の1つである。私たちは，たとえ赤の他人同士でも困ったときには助け合うことを奨励している。実は，これだけ高度な助け合いは他の動物種にはみられない。ヒトは互いに助け合うことによって，地球のあらゆるところに進出し，繁栄することができたということさえいえる。ではなぜ，人間はかくも利他的なのだろうか。そんなのお互いさまだからだよ，という人もいるかもしれない。では，そう思うのはなぜなのだろうか。

　利他行動とは，やり手が損をして受け手が得をする行為である。実は，動物行動の進化研究において，利他行動がなぜあるのかというのは大問題なのだ。なぜなら，やり手が損をする，すなわち適応度を下げるような行動は自然淘汰において残っていかないはずだからである。生物のもつ機能は，主に自然淘汰によって進化してきたと考えられている。そもそも進化とはDNAの塩基配列に起こる偶然の変化の積み重ねであり，基本点には方向性がない。世間ではよく進化が進歩の意味で使われているが，あれは間違いである。しかしながら，そこに自然淘汰が働けば，進化に一定の方向性がみられるようになる。自然淘汰とは，生物のある特徴に遺伝的なばらつきがあった

115

場合，他よりも次世代に相対的に多く遺伝子を残せるような特徴が集団内に広がっていくことであり，その結果として適応が生じる。つまり，進化生物学における適応とは，ある環境のもとで生存や繁殖に有利な特徴をもつことをいい，適応の度合いは，適応度という，次世代に残した遺伝子の相対頻度によって判断する。これは行動の進化にも適用可能であり，自然淘汰が働くと，結果として動物の行動はより環境に適応したものとなっていく。自然淘汰を理解する上で重要なのは，その単位が遺伝子である，ということだ。つまり単純化すると，動物の行動は集団や個体のためではなく，遺伝子をより多く残すために進化していくということがいえる。実はこのことが，利他行動の進化の謎を解く鍵となる。利他行動が進化するためには，他人を助けない場合よりも助けた場合の方が，多くの遺伝子が次世代に残っていくという条件が必要である。ちなみに利他行動を起こす単一の遺伝子，などというものはありえないが，利他行動に関連している遺伝子群は想定可能だ。もし利他行動の受け手もこのような遺伝子群をもっていて，利他行動をされたことにより適応度が上がるのなら，このような遺伝子群は集団内に広がっていくだろう。つまり，同じ遺伝子をもっている個体の間で利他的な相互作用があれば，利他行動は進化するのである。

これを満たす条件の1つが血縁だ。きょうだいやいとこといった血縁関係にある個体のグループは，他のグループに比べて同じ祖先からきた遺伝子を共有している可能性が高い。よって，利他行動によってたとえ自分が損をしても，受け手と共有している遺伝子が次世代に残っていくことにより，利他行動は進化する。これを血縁淘汰という。実際，私たちヒトは親子やきょうだいなどの血縁同士で助け合うし，それが当たり前のことだと思っている。

実は，このような条件が成り立つのは必ずしも血縁とは限らない。もし利他行動に関連した遺伝子群をもつ個体が固まってグループを作り，その中だけで相互作用を行えば，そうでないグループよりも全体的に適応度が高くなるはずである。このような考えを「複数レベル淘汰」というが，提唱者の1人であるウィルソン（Wilson, D. S.）はこのことを，「善人のグループを1つの島に，悪人のグループをもう1つの島に残したらどうなるか」という思考実験によって表現している。考えるまでもなく，善人のグループは協力して島から脱出するか，あるいは島を小さな楽園にする。一方，悪人のグループは自滅するだろう（Wilson, 2007／中尾（訳），2009）。ただ，そのためには，善人のグループに悪人が入り込まないという条件が必要となる。つまり，同類性のあるグループが隔離されていて，グループ間の差異が大きくなっている必要があるのだ。

（2）偏狭な利他主義と戦争，罰

　では，そのような条件はどのようにして成り立っているのだろうか。経済学者のボウルズ（Bowles, S.）とギンタス（Gintis, H.）は，制度と利他性の共進化というモデルを提唱している（Bowles & Gintis, 2011/竹澤ら（訳），2017）。食物分配や一夫一婦制などの制度が集団内に存在することにより，メンバー間の格差が小さくなることで複数レベル淘汰が進み，それによりさらに制度が強化される，というモデルである。そこで重要になってくるのが，グループ間の対立，すなわち戦争だ。いうまでもなく，戦争はグループ間の差異を拡大させる。利他性によって団結しているグループが利己主義者のグループに勝てば，複数レベル淘汰は進むだろう。彼らは，このような自分のグループのメンバーに対する寛容さと，他のグループに対する敵対心を，「偏狭な利他主義」と呼んでいる。ヒトの祖先社会においては頻繁に戦争があり，それが偏狭な利他主義を生むことで，制度と利他性の共進化が起こったというのである。例えば，16～12万年前にアフリカにいたホモ・サピエンスの集団が，海岸にある価値の高い密集資源に頼るようになり，その縄張りを防衛するために偏狭な利他主義が進化したのではないか，という説もある（Marean, 2015）。

　さらに，ヒトという種のもつ大きな特徴が，グループ間の対立とグループ内の団結を促進させた。それは文化である。文化は，地域集団のメンバーによって共有され，それぞれの集団ごとに異なるという特徴をもつ。これは遺伝学的・形態学的特徴の違いと必ずしも一致しない。例えば日本人と韓国人は隣同士であり，見た目はほとんど変わらないが，異なる言語をもち，他の様々な習慣もかなり異なっている。また，日本という国の中でも，様々な文化がある。極端な話，家族ごとに生活習慣や考え方に異なっている部分があるといえるだろう。文化が異なるということは，別の集団に属しているということなのである。つまり，文化はユニフォームとしての役割を果たしている。文化にはあるグループと別のグループの区別を際だたせ，グループのメンバーにとってはそのグループへの帰属意識を強くさせる働きがあるのだ。これによって，複数レベル淘汰が作用しやすい社会的環境がつくられる。つまり，複数レベル淘汰のモデルによると，私たちの利他性を支えているものは，実はグループ間の対立や罰といった暗い側面だということになる。もちろん，ギンタスやボウルズも，利他性の維持には必ずしも戦争が必要ではないと述べている。ただ，おそらくメンバーの限られた小集団で生活していた頃の祖先社会におけるグループ間対立が，偏狭な利他主義の基本となる心の仕組みを形成したことは間違いないだろう。現代社会においては，イスラム圏とキリスト教圏の対立が大きな世界的問題となっており，また同じ国の中

第 2 部　道徳教育を心理学の観点から考える

でも出自や宗教，思想信条の異なるグループの間での分断が深刻になっている。ヒト
は結局のところ，同類性の保証されたグループの中でしか寛容さを発揮できない生き
物なのだろうか。文化や信条といったものを超えて，助け合いの輪を広げていくこと
はできないのだろうか。

(3)　互恵的利他主義

　実は，非血縁個体間の利他行動を説明する有力な説がもう 1 つある。それは，トリ
ヴァース（Trivers, R.）が提唱した「互恵的利他主義の理論」である。他個体を助け
ると，そのときには損をしている。しかし，後で相手から同じだけ返してもらえれば，
差し引きはゼロになり，どちらも損をしない上に，互いに困っているときに助かるの
で，両方とも得をすることになる。このような場合には，同類性の高いグループ内の
メンバーに限らず利他行動が成立するだろう，というのが互恵的利他主義の理論だ
（Trivers, 1971）。しかし，互恵的利他行動が成り立つには，1 つ大きな問題を解決し
なければならない。例えば，みんなが互いに助け合っている集団があったとしよう。
そこに，他人から助けてもらうが，自分は何もしない人がいたとする。そのような人
の方がより適応度が高くなるので，そのまま世代交代が続けば，このような「裏切り
者」の方が集団の中で増えていく。こうして，互恵的利他行動は消えていってしまう。
　互恵的利他行動が成り立つには，このような裏切り者を防ぎ，お返しを確実にする
という保証が必要なのである。人間が小さい閉鎖的な集団で生活し，互いのやってい
ることがすぐわかるような状況では，互恵的利他行動が維持されるのはそれほど難し
いことではなかっただろう。しかし，今では私たちは非常に大きな社会をつくって生
活している。互いの顔や素性もわからない人たちが関わり合っている社会においては，
誰がお返しをしない裏切り者なのかわからなくなってしまう。いかにして，こんな状
況で利他行動が維持されているのだろうか。複数レベル淘汰の支持者らは，互恵的利
他主義では説明できないと主張している。しかしながら，どうやらヒトには互恵的な
関係を維持するための様々な心の仕組みがあるようなのだ。
　互恵的利他主義が成り立つためには裏切り者を防がなければならないが，難しいの
は，「裏切られた」ということが明確にわからない場合だ。以前に相手にしたのと同
じだけ後でお返しがないと差し引きゼロにはならないのだが，相手がごまかして，自
分の方により多くの利益があるようにしてしまうこともありうる。特に人間社会では
分業が進んでおり，自分と利益を折半するはずの相手が何をやっているのかわからな
いことも多い。このようなごまかしを防ぐためにはどうすればよいだろうか。1 つの
手段として，最初から自分を裏切りそうにない，つまり利他性の高い相手のみを選ん

で付き合うということがある。

　実は，ヒトには相手の利他性を，外見のみから正しく判断できる能力があるようなのだ。ある実験では，参加者に初めて目にする第三者の動画を見てもらい，その人がどれくらい利他的なのか判断してもらった。動画の人物は，利他性を測る尺度に答えてもらった得点が非常に高かった 6 人（高利他主義者）と低かった 4 人（低利他主義者）である。これら 10 人が，初対面の実験者と会話するところを動画に撮影し，それを第三者に見せて利他性の得点を推測してもらったところ，高利他主義者の方が低利他主義者よりも高いと推測された（Oda, Yamagata et al., 2009）。また別の実験では，これら動画の人物を相手に，分配委任ゲームという，利他性の高い人を信頼するとより利益が得られるゲームを行ってもらった。すると，高利他主義者の方がより信頼されていたのである（Oda, Naganawa et al., 2009）。つまり，人の利他性はある程度見た目だけでわかってしまうということだ。これは，互恵的利他主義を成り立たせるための心理的な適応の 1 つではないかと考えられる。

(4) 間接互恵性

　ある程度長期間の安定した関係が続く間柄における利他行動は互恵的利他主義の理論で説明できるが，ヒトの場合，寄付などにみられるように，血縁でもないし普段から付き合いもない赤の他人に対しても利他行動を行うことがよくある。このような利他行動を説明するために考えられたのが，間接互恵性である。これはつまり，利他行動の相手から直接お返しがくるのではなく，代わりに第三者から利益がもたらされることによって互恵性が保たれることがある，という理論だ。その重要な要因が「評判」である。アレグザンダー（Alexander, R.）は，たとえ相手にした利他行動に対して直接的なお返しがなくても，それを見ていた第三者によって，「あの人は親切な人だ」という評判がたてば，その後のやりとりで相手から利他的に振る舞ってもらえるだろう，ということを提唱した（Alexander, 1987）。その後，シミュレーション研究によって，集団の中でやりとりをするが，その際に評判の高い相手に対してのみ協力する，という条件のもとで進化が進むと，最終的には協力的な個体ばかりになることが示されている（Nowak & Sigmund, 1998）。実際に，他者に対して利他行動をした人物が周囲から協力してもらえるという現象があることが，実験的状況（Wedekind & Milinski, 2000）や幼児を対象としたフィールド観察（Kato-Shimizu et al., 2013）において検証されている。一方，人間社会においては，誰かから助けられた人が，助けてくれた相手ではなく第三者にお返しをするという場合もよくある。これについても，他者から助けてもらった人はその後に他人に対して親切にするということが，実

験的状況において検証されている（Bartlett & DeSteno, 2006）。「情けは人の為なら
ず　廻り回って己が為なり」ということわざがあるが，まさに利他行動が集団の中で
廻り廻ることによって，間接互恵性に基づく利他行動が成り立っていると考えられる。
このように，一見行為者にとって損失しかないようにみえる利他行動がなぜ進化の過
程において残っているのかということについてはいくつかの説明原理があり，ヒトに
はその高度な利他性を支えるための心の仕組みがある。

　ある環境のもとで自然淘汰によって選択されていくのは遺伝子だが，遺伝子そのも
のは単なる塩基の配列であり，直接外界と関わっているわけではない。実際に環境と
相互作用するのは，遺伝子がつくり上げた身体である。その身体と遺伝子を結んでい
るのが心というものだといえるだろう。遺伝子が心をつくり上げ，その心が身体を動
かしている。つまり，至近的には心が行動を起こしているのだが，そのため，私たち
は心というものを過大評価しがちだ。

2.「心でっかち」な私たち

(1) なぜ動機や意図を問題にするのか

　「心でっかち」とは，「頭でっかち」という言葉をもとにして心理学者の山岸俊男が
つくった言葉である。「頭でっかち」は知識と行動のバランスがとれていない状態だ
が，それと同様に，心と行動のバランスがとれていない状態を指している。山岸
（2002）によると，「心の持ち方さえ変えればすべての問題が解決される，と考える
『精神主義』がその極端な例」であり，「だれにでも受け入れられそうな『もっともら
しい説教』を垂れている一部の評論家」が心でっかちな人の典型である。私たちは，
とかく行動の原因を個人の心に求めがちだ。例えば刑事責任の判断においては，故意，
つまり罪を犯す意思が重要な問題となる。本章のテーマである利他行動についても，
よく引用されるアイゼンバーグ（Eisenberg, N.）による向社会的行動の定義は，「他
の人のためになるよう意図された自発的な行動」となっている。私たちは，なぜその
ように「動機」や「意図」といった心の働きを重視するのだろうか。

　そもそも心には実体がない。私たちは，ニューロンの電気信号のパターンを「心」
と呼んでいるだけだ。しかし，行動を起こさせる至近要因，つまり「動機」や「意図」
が自分以外の他者にあると仮定することにより，どのような状況でどのような行動が
みられるのか，またそれにどう対処すればよいのかを考えやすくなる。それをもとに，
他者に接近するべきなのか回避するべきなのか適切に判断できれば適応的だろう。そ
のための方略として，日常生活の中で形成してきた心に関する「理論」を当てはめて

いるのだという「理論説」と，自分自身の心を手掛かりにして推論を行っているのだという「シミュレーション説」がある（唐沢, 2018）。おそらくこの両者が使い分けられているのだが，いずれにせよ行動の原因を心に帰属させているので，心のもち方を変えれば行動を変えることができる，と考えてしまうのである。しかし，そもそも人間に首尾一貫した働きをする「心」などあるのだろうか。

（2）心は適応的なモジュールの寄せ集め

心が環境への適応として進化してきたのなら，それは様々な個別の課題を解決するためのモジュールであると考えることができる。適応のためには，食物を見つけ，配偶者を獲得し，外敵から逃れなければならない。それらを解決する汎用的な心の働きがあるのではなく，個別の課題に特化して素早く解決するユニットがモジュールである。心を構成するモジュールの間には，必ずしも連結があるとは限らない。そのように考えると，人間がしばしば矛盾した行動をとったり，あるいは偽善的な行為をしたりすることを説明できるとクルツバン（Kurzban, R.）は主張している。クルツバンによると，道徳を判断するモジュールも複数あるため，同一人物の中でも道徳的判断が矛盾することがありうる。例えば他人に対してある行為を禁止したり非難したりするモジュールと，自身がそれをするかどうかに関わるモジュールは別のものであり，だから他人の不貞を非難しつつ自分自身は浮気をする，といったような行動がみられるのである（Kurzban, 2011/高橋（訳）, 2014）。

このモジュール説は，自己欺瞞についても説明を与える。人間は，事実とは異なる信念をもつことができる。例えば，ジェノサイドなどの残虐行為においては，その道徳的な痛みを感じなくするために，被害者を人ではなく害獣や害虫のように扱うということがみられる。クルツバンによると，これは「報道官モジュール」が「戦略的誤認」をしていると解釈できる。報道官モジュールとは，大統領報道官のように，様々な事柄を戦略的に他の人々に伝える役割を果たしているモジュールである。ただ，このモジュールはすべての情報を正しく把握しているわけではない。もしそれが有利に働くのであれば，偏った偽りの情報を取得するようにできている。実際の大統領報道官が，余計な（不利となる）情報を知らなければマスコミに嘘をつかずに済むのと同じだ。戦略的誤認とは，ある事柄が真であると他者に思わせるよう自らの行動を導くことで，自分に都合のよい状況を作り出すために，おそらくは進化によって備わった能力である。この場合，他者に共感し協力を促進するモジュールは正しい働きをしているのだが，一方で報道官モジュールは正当化のための戦略的誤認をしているのである。つまり，個人に「統一された自己」などというものはないのかもしれない。その

第 2 部　道徳教育を心理学の観点から考える

ことを意識しておくことが，道徳教育についても重要なのではないだろうか。

(3)「道徳的行為」は状況に左右される

「心でっかち」な考え方で道徳的行動を考えることの問題点に気付かせてくれるある研究を紹介しよう。最近は日本でも運転免許証などに臓器提供の意思表示をするようになったが，ある研究では 12 の国において，臓器提供の意思表示をするドナー・カードでどれくらいの人が同意をしているのか調べた（Johnson & Goldstein, 2003）。すると，スウェーデン，ベルギー，ポーランド，ポルトガル，フランス，ハンガリー，そしてオーストリアではほぼ全員が同意をしていたのに対して，デンマーク，ドイツ，イギリス，オランダ，そしてアメリカではなんと 3 割以下であった。これらの国民は，困っている他人を助けようという道徳心に欠けているのだろうか？　実はそうではなく，どうやらドナー・カードの様式に違いがあることからきているようなのだ。臓器提供希望者が多い 7 つの国では，「臓器提供をしたくないのならチェックを入れてください」という様式になっていたのに対して，希望者の少ない 5 つの国では，「臓器提供をしたいのならチェックを入れてください」となっていたのである。

私たちは常に合理的に物事を判断しているわけではなく，直観的かつ簡単な方法を使うことがよくある。これをヒューリスティックと呼んでいる。ヒューリスティックは必ずしも正しい答えにたどり着けることを保障しないが，短い時間で，ある程度の水準で正解に近い答えを導くことができる。例えば，4 桁の暗証番号を忘れてしまったときにはどうするだろうか？　確実に正解にたどり着くためには，すべての数字の組み合わせを試してみればよい。その中には絶対に 1 つ正解の番号が含まれているはずだ。しかし，4 桁の数字の組み合わせは膨大な数になり，一つひとつ試していくのはどう考えても現実的ではない。では，そのような場合に私たちがどうするかというと，誕生日や記念日，あるいは何かの語呂合わせなど，いかにも暗証番号に使いそうな数字の列を選んで優先的に試してみるはずだ。必ずしも合っているとは限らないが，より短い時間と少ない手間で正解にたどり着く可能性が高い。

ヒューリスティックには様々なものがあるが，上記の臓器提供問題については「デフォルト・ヒューリスティック」が働いたのではないかと考えられている。デフォルト・ヒューリスティックとは，「もし標準の設定（デフォルト）がある場合には，何もするな」という判断だ。なぜ私たちがこのようなヒューリスティックを備えているのかというと，特に社会的な意思決定について，みんながデフォルトに従っていれば集団の結束を固めることができるからではないかと考えられる（Gigerenzer, 2010）。このヒューリスティックは，状況が異なれば異なる結果をもたらす。臓器提供希望者が

多かった7つの国では，臓器提供を希望することがデフォルトになっていた。一方，希望者の少なかった5つの国では希望しないことがデフォルトであった。それだけの違いなのではないかというのだ。つまり，多くの人の命を救うことができるかどうかは，必ずしも「心がけ」などではなく，単にデフォルトがどう設定されているかにかかっている場合もあるということだ。

3. ヒトはどのような生物か

　本章では，ヒトの大きな特徴である利他性が進化したメカニズムと，それを支える心の働きについてみてきた。何が「正しい」のか，どう行動「すべき」なのかという道徳規範は，もちろんヒトが文化的につくり上げたものであり，地域や時代，状況によっても変化するものである。しかし，それらは全く白紙の状態から出来上がったものではなく，そこにはおそらく自然淘汰によって形成されてきた生物学的基盤がある。行動の生物学的基盤を考える上で心しておかなければならないのは，自然状態においてそうなっているからといって，それが無条件に肯定されるという理由はない，ということだ。つまり，そう「である」はそうである「べし」を意味しない。しかし，ヒトという種がどのような特徴をもった生物であり，私たちの道徳性にどのような生物学的基盤があるのかを正しく認識することは，今後私たちがどうあるべきか，ということを考える上で必要なことだろう。このような「進化した心」が道徳的判断とどのように関係してくるのか，という問題については，倫理学者の間でも様々な議論がある（田中, 2016）。しかしながら，まず自分自身について謙虚に，客観的に知るということが，道徳に限らずあらゆる判断をする上で基本となることなのではないだろうか。

第12章

反社会的行動
バーチャルリアリティの教育場面への応用可能性

- 中学生の反社会的行動にはどのようなものがあるでしょうか。
- 道徳心理学の知見は反社会的行動への教育的な応用可能性はあるでしょうか。

---

1. 反社会的行動とは

本章のタイトルにある反社会的行動とは社会に反する行動のことである（水田, 1999）。ただし，私たちが気付いているように，「社会」における価値体系や規範は様々であり，時代によっても変容する（例：奴隷制度が通用した時代があるが，現在では通用しない）。そして，社会一般がもつ規範からの逸脱も犯罪に抵触する行動も反社会的行動と捉えることができる。また，ある反社会的行動（社会規範への逸脱を含む）に対して私たちは生涯を通じて同じ判断基準をもち続けるわけでもない（高橋, 2007；例：未成年の喫煙について多くの子どもは悪いと判断するが，思春期には格好いいと判断する人が多くなり，さらなる加齢により，再びよくないことだと判断する人が増える）。そこで，本章では社会規範からの逸脱行動および非行・犯罪行動を含めて反社会的行動として捉え，教育的介入について考える。

2. 子どもの反社会的行動

子どもはどのような反社会的行動を行っているのか。また，どれくらいの割合で反社会的行動が生じているのか。警視庁「平成30年における少年非行，児童虐待及び

124

子供の性被害の状況」によると少年非行の検挙件数およびその種類は表 12-1，表 12-2 に示される通りである。この 10 年の間，年々低下をしてきている反社会的行動（例：凶悪犯，粗暴犯，窃盗犯）もあれば，増加している反社会的行動（例：迷惑防止条例，児童買春・児童ポルノ禁止法）もある。社会背景の推移に合わせて増減がみられる反社会的行動がある一方，同じような割合でかねてより断続的に存在する反社会的行動もある。

　一般少年を対象とした研究では，規範意識という点から反社会性について検討される。廣岡・横矢（2006）は三重県を中心に，小学生・中学生・高校生（小学校 88 校，中学校 74 校，高等学校 29 校の総計 18,347 名，有効回答数 17,317 名，抽出率平均 12.4）を対象とし，規範意識に関する質問紙調査を実施した。その結果，「学校内逸脱行動」「遊び・快楽志向行動に対する意識」に関して，加齢に伴い規範意識が低下していた。「迷惑行動に対する意識」に関して，男子は加齢に伴い規範意識は低下するが，女子の規範意識の低下は中学 2 年生までであること，「迷惑行動に対する意識」に関して，男子は学年が上がるにつれ規範意識は低下するが，女子の低下は中学 1 年生までであることが明らかにされた。一方，大学生を対象として，日常生活場面での規範意識の経年変化（2003 年，2009 年，2015 年）を調べた調査では 12 年の間に規範意識が上昇していた（Fujisawa, 2016）。具体的には「悪口を言ってはいけない」「公共場面で化粧をしてはいけない」が 2003 年よりも 2009 年において，「嘘をついてはいけ

表 12-1　刑法犯少年の包括罪種別検挙人員（警視庁, 2018）

	平成 21 年	22 年	23 年	24 年	25 年	26 年	27 年	28 年	29 年	30 年
総数	90,282	85,846	77,696	65,448	56,469	48,361	38,921	31,516	26,797	23,489
凶悪犯	949	783	785	836	786	703	586	538	438	463
人口比	0.13	0.11	0.11	0.12	0.11	0.10	0.08	0.08	0.06	0.07
粗暴犯	7,653	7,729	7,276	7,695	7,210	6,243	5,093	4,197	3,619	3,623
人口比	1.05	1.07	1.01	1.07	1.00	0.87	0.72	0.59	0.51	0.52
窃盗犯	54,784	52,435	47,776	38,370	33,134	28,246	23,015	18,298	15,575	13,163
人口比	7.50	7.23	6.60	5.32	4.60	3.95	3.24	2.59	2.20	1.89
知能犯	1,144	978	971	962	878	987	936	833	899	1,155
人口比	0.16	0.13	0.13	0.13	0.12	0.14	0.13	0.12	0.13	0.17
風俗犯	399	437	466	566	523	445	528	573	565	537
人口比	0.05	0.06	0.06	0.08	0.07	0.06	0.07	0.08	0.08	0.08
その他の刑法犯	25,353	23,484	20,422	17,019	13,938	11,737	8,763	7,077	5,701	4,548
人口比	3.47	3.24	2.82	2.36	1.94	1.64	1.24	1.00	0.80	0.65
占有離脱物横領	18,971	17,268	14,674	11,658	9,128	7,602	5,584	4,143	3,313	2,551

第 2 部　道徳教育を心理学の観点から考える

表 12-2　特別法犯少年の法令別検挙人員（警視庁, 2018）

	平成 21 年	22 年	23 年	24 年	25 年	26 年	27 年	28 年	29 年	30 年
特別法犯	7,000	7,477	8,033	6,578	5,830	5,720	5,412	5,288	5,041	4,354
軽犯罪法	3,305	3,806	4,672	3,450	2,965	2,806	2,393	2,111	1,768	1,096
迷惑防止条例	482	487	546	644	595	607	666	735	737	782
不正アクセス禁止法	32	26	47	53	26	44	39	43	74	38
児童買春・児童ポルノ禁止法	170	269	234	278	317	333	494	607	709	738
出会い系サイト規制法	243	307	311	275	224	171	111	85	33	26
青少年保護育成条例	636	705	690	591	501	571	516	482	504	482
銃刀法	297	257	241	239	219	217	251	261	199	176
大麻法	211	164	81	66	59	80	144	210	297	429
覚取法	257	228	183	148	124	92	119	136	91	96
麻向法	14	33	19	7	8	6	11	14	13	24
毒劇法	466	264	112	99	36	15	11	13	11	7
シンナー等摂取，所持	385	221	100	74	32	14	7	13	9	7

ない」「悪口を言ってはいけない」「未成年の飲酒」が 2003 年よりも 2015 年において上昇（違背をよくないと判断）していた。また，統計的に 12 年の間に規範意識が低下している項目はなく，つまり，近年に向かって規範意識が高まっている（違背をよくないと判断している）と思われる。

　高橋（2007）は山口県で実施された青少年調査を取り上げ，再分析を行った。この調査は調査対象校を指定し，可能な限り同じ学校に継続的に調査を繰り返し，発達年齢（小学校（一部）・中学校・高校・青年）×経年（1992 年, 1997 年, 2001 年, 2004年）のデータを取得している数少ないコーホート調査である。調査の結果，規範意識の変化は経年変化よりも年齢的変化の方が大きいこと，規範の種類により年齢や経年にかかわらず規範意識の低下は見られないこと（非行認識の高い項目の規範意識は高いこと）が明らかにされた。

　これらの結果から規範意識の低下は思春期に向かって生じるものの，近年になるほど子どもの規範意識が低下しているわけではないことが示唆される。よって，以前より反社会的行動への教育的介入を多く行う必要性が出てきたというよりも，リスクにさらされやすい発達年齢があり，それを対象とした教育的介入の工夫を行う必要性があると思われる。加えて，時代によって新しく生じる課題に伴う反社会的行動が存在することから，その教育的介入についても考える必要があるといえる。

第 12 章　反社会的行動

3. 学問による反社会的行動の捉え方の異なり：社会学的側面，生物学的側面，心理学的側面，精神医学的側面

　先の節でみてきた反社会的行動はどのように解釈できるか。反社会的行動の原因に関する学術研究の取り組みは学問的バックグラウンドによって異なる。本節では，犯罪心理学研究においてよく用いられる分類に従い，社会学的側面，生物学的側面，心理的側面，精神医学的側面からみていく。

　社会学的側面からは，人口統計的変数や集団変数と反社会的行動との関連が検討され，集団や社会全般およびそれらが反社会的行動に及ぼす影響に焦点があてられる（Bartol & Bartol, 2005/横井・田口（編訳），2006）。この領域では，例えば，人口比率と比較してどのような成育歴の人が反社会的行動を生じやすいかが明らかにされる。また，時間，場所，現場の周辺環境といった反社会的行動を最も誘発しやすい状況要因や環境要因を探ることも可能である。アノミー論（制度化された手段をとらずに別の方法で文化的目標を達成しようとする），分化的接触論（反社会的行動は身近な人から学習される），漂流理論（非行を一種の通過儀礼と捉える），社会的コントロール理論（「愛着」「投資」「参加」「規範意識」といった絆が反社会的行動の生起を防いでいる），ラベリング理論（社会統制が逆に反社会的行動を作り出している）など多くの理論が提唱されている（越智, 2013）。

　生物学的側面では反社会的行動は個体側の安定した特異性や異常性を強調する考え方が一般的であり，その原因を遺伝や気質，ホルモン代謝物質，神経伝達物質，神経系機能などの精神生物学的な異常に求めることに焦点が置かれる（吉澤, 2015）。具体的には近年ではテストステロン（男性ホルモン）による反社会的行動促進の可能性を検討する研究やセロトニン（神経伝達物質）と反社会的行動の関連を検討する研究が行われる（越智, 2013）。また，近年発達している CT スキャン（コンピューター断層撮影）や PET（positron emissiom tomography：脳血流断層撮影）などの神経画像技術を用いた暴力的な成人の神経生理学的な欠陥を検証した研究からは側頭葉や前頭葉の領域における構造的，機能的な異常が報告されている（吉澤, 2015）。

　心理学的側面からは個人の反社会的行動に焦点が当てられており，該当者の行動と心理プロセスについて科学的に検討される（Bartol & Bartol, 2005/横井・田口（編訳），2006）。例えば，ある個人の反社会的行動がどのようにして獲得され，誘発され，維持され，変化するのかに焦点が当てられる。そして，反社会的行動に対する社会の影響とパーソナリティの双方を媒介する心的プロセスに沿って考察が行われる。この

領域では，特に近年では個人の認知的側面（人が環境や相互関係や自分自身に対して
もっている態度，信念，価値，思考のことなど）に研究の焦点が移っている。例えば，
吉澤（2015）は反社会的行動の原因の1つに「認知のゆがみ」をあげている（これに
ついては後述する）。

　現代の精神医学的側面では，反社会的行動は行動の心理学的規定因と社会的環境と
の相互作用の点から検討される。伝統的な精神医学的側面では，反社会的行動の無意
識的で生物学的な規定因が探られてきた。この側面から検討する立場はフロイト派あ
るいは精神分析学的流れを汲み，総じて行動を動機と衝動という点から説明する精神
力動学派を形成する。この学派は現在ではフロイト派の流れを修正した新フロイト派
と呼ばれている。このほかにもフロイトから離れて学派をなしたアドラー派やユング
派などがある。これらの考え方は先に説明した心理学的側面の考え方とは異なる
（Bartol & Bartol, 2005/横井・田口（編訳），2006）。

　このように反社会的行動の原因は学問により異なる点に焦点が当てられて検討され
てきている。私たちが目の前の反社会的行動の生起について理解しようと思う場合に
は複数の側面から丁寧に検討する必要性があることを示唆する。

4. 道徳心理学の知見を踏まえた基礎的研究と教育的介入

　日本において少年が非行により検挙された場合，家庭裁判所を中心とした司法手続
き（処遇）がとられる。そのシステムは捜査段階，調査・審判段階，刑事裁判段階，
執行・治療教育段階の4段階に分けられる。家庭裁判所の審判の結果，保護処分に付
すことが相当と判断されたときには保護観察，児童自立支援施設・児童養護施設の送
致，少年院のいずれかの決定が行われ，治療教育がなされる（永房，2013）。以下では，
これらの施設において心理学の知見を用いて行われた基礎研究と教育的介入研究を見
ていく。

　永房ら（2012）は12歳から18歳の全国の施設入所児（児童養護施設・児童自立支
援施設）を対象として行動基準尺度を実施した。行動基準尺度とは社会的場面におい
てどのような基準により行動を行うかを問うものであり，①自分本位：自分の利益が
大事，②仲間的セケン：仲間と歩調を合わせる，③地域的セケン：地域社会の評価を
気にする，④他者配慮：無関係な他者も配慮，⑤公共利益：社会全体の利益を考える，
の5因子から構成される。この5つはDIT（第9章参照）と関連があり，DITの得
点が高いほど「自分本位」「仲間的セケン」の得点が低くなり，「他者配慮」の得点が
高くなる（藤澤ら，2006）。永房ら（2012）は児童自立支援施設と児童養護施設の入所

児を比較しており，前者は後者よりも「自分本位」「仲間的セケン」の得点が高く，「他者配慮」「公共利益」の得点が低かった。一般少年（中学1年生，3年生，高校生，大学生）を対象とした同様の調査では，自分本位の得点が大学生＝高校生＝中学3年生＞中学1年生であったが，仲間的セケン，地域的セケン，他者配慮，公共利益の得点は発達年齢により異ならないことが明らかにされた（Fujisawa, 2019）。以上の結果より，非行少年において自分本位に振る舞ったり内輪のルールに従ったりする傾向が高く，周りの人や社会全体を考える傾向が低いと考えられる。安藤・新堂（2013）は家庭裁判所に送致された非行少年38名と一般少年188名を対象として社会的視点取得検査（荒木・松尾，1992；第9章で紹介した役割取得能力を測定する検査）を実施した★。その結果，一般少年では0％であった0段階および1段階は非行少年において47.4％であった。これらの結果から非行少年は他者視点を考えることが一般少年よりも困難である可能性が考えられる。

　安藤・新堂（2013）は入所児12名に対し，役割取得能力（第9章参照）を開発するための教育プログラムであるVLF（voices of love and freedom；Selman, 2003; 渡辺，2006；現在は voices literature and writing（VLW）に改訂される；渡辺，2013）を実施し，その教育的効果を検討した。絵本を用いることが特徴の1つであるVLFは高校生においても適応可能であり（渡辺，2011），この研究では非行少年用に修正されたVLFを開発し，用いている。その結果，非行少年用VLF実施後に7名の役割取得能力が上昇していたが，統計的な有意差はなかった。本間ら（2018）は入所児9名に対し，2か月にわたり（回数は不明），法務教官がモラルジレンマを実施した。その結果，この期間に役割取得能力が促進された入所児は院内でのポジティブ行動が統計的に有意に増加していた。対象者がもつ属性により研究対象者や研究数が少ない（二宮ら，2014）中で，これらの研究は道徳性に関する心理教育プログラムの可能性を客観的に示したといえよう。

5. 教育的介入におけるバーチャルリアリティの活用

　先にみた通り，日本において非行少年に道徳心理学の知見を応用した実証的な介入研究は少ない。しかし，視点取得を育むことは1つのキーワードになると思われる。本章ではターゲットから外れるので取り上げていないが，一般少年を対象とした視点

★　役割取得能力（社会的視点取得能力）研究に関するこれまでとこれからについては本間ら（2018）にまとめられている。

取得能力（役割取得能力，社会的視点取得能力）に働きかける教育的取り組みに関する研究は数多くある（第9章参照）。しかし，一般少年では視点取得が高まる教育プログラムが非行少年においても同様の効果をもつのだろうか。あるいは，代替する教育プログラムはあるのか。

　世界を見ると，新しい取り組みがいくつかある。本節ではその中からバーチャルリアリティ（VR）を用いた取り組みを取り上げる（Bailenson, 2018/倉田（訳）, 2018）。VRとは現物・実物ではないが機能としての本質は同じであるような環境を，ユーザーの五感を含む感覚を刺激することにより理工学的に作り出す技術およびその体系のことである。さて，VRはどのように道徳教育に応用できるか。

　例えば，難民キャンプのVRドキュメンタリーを見た人はそうではない人よりも2倍多く寄付をするというデータがある（Bailenson, 2018/倉田（訳）, 2018）。VRにより他者の経験を共有し，自分と異なる人々の生活の理解を深めた結果だと考えられる。その際に機能していると考えられるのが「共感」である（ただし，共感のもつ課題については，第2章，第9章を参照）。

　共感とは「他人の内的状態すなわち思考や感情，知覚，意図についての認知的な気づき」であり，「他人についての代理的な感情的反応」と定義される（Hoffman, 2000/菊地・二宮（訳）, 2001）。Davis（1983）は共感を測定するために，共感を視点取得，想像，共感的関心，個人的苦痛の4次元から捉えた多次元共感性尺度を開発しており，この尺度は世界中でよく使用されている。Davis（1983）の尺度を用いて共感の発達を調べた研究では一般少年は加齢に伴い，部分的には線形ではないにせよ，中学生から大学生にかけて得点が上昇していた（登張, 2003; 藤澤, 2018）。渕上（2008）はこれらの研究と同程度の年齢（$M = 16.8, SD = 1.64$　ただし，年齢の範囲は明らかではない）の少年院鑑別所入所児を対象として2グループに分け，同様の尺度を用いて共感の発達を明らかにした（ただし，共感的関心は除かれた）。その結果，想像は15歳以下のグループが低く，16歳以上のグループが有意に高いこと，視点取得は加齢に伴い上昇していることが明らかにされた。これらの結果から，共感の下位尺度は加齢に伴いおおむね発達をしていくと考えられる。

　これまでの研究では共感を高める方法の1つとして視点取得があげられる（Bailenson, 2018/倉田（訳）, 2018）。視点取得とは他者視点から物事を見ることができることであり，視点取得が高いほど自分の見え方と相手の見え方を小さくすることができ，相手のことを自分のことのように考えることができるようになると思われる。その一方で，人があらゆる場面において絶えず視点取得を行い判断しているかというと現実的には困難であり，想像する場面や状況によっても難しい。

この共感を育む上で役割を果たすことができるものの1つにVRをあげることができる（Bailenson, 2018/倉田（訳）, 2018）。VRを使えばこれまでのように考えたり議論をしたりすることにより意識的に他者視点に立つことなく，視点取得が可能になる。また，日常的にそして現実的に経験や想像をすることが困難な場面や状況についてさえもVRの中ではリアリティをもって経験（視点取得）することが可能になる（自分の知覚をコントロールすることになる；笠原, 2019）。共感が未発達な人や発達年齢が低い人にはVR体験は様々な視点取得が可能であることに加えて，副次的に共感までをも育む一助となると考えられる。ただし，非行少年の共感は一般少年よりも高いという報告もあり（河野ら, 2013），共感得点が高ければ望ましいという話でもない（4次元のバランスを見る必要性が指摘される）。また，非行少年は自身がある反社会的行動を行ったことは相手のミス（例：鍵をかけていない，相手が自分を怒らせている）によるとしてゆがんで認知し（犠牲者のせいにし），共感を無効にすることもある（Hoffman, 2000/菊地・二宮（訳）, 2001）。よって，非行少年にはただ視点取得を行う機会を与えるだけでは十分ではなく，公正さの判断を育む軸（例：モラルジレンマ討論）を加えた上でのVR体験を検討していく必要があろう。なお，公正さの判断を育むことは共感を育む上においても重要である（Hoffman, 2000/菊地・二宮（訳）, 2001）。

すでにVRは道徳場面（例：寄付）だけではなく，バーチャル教室や体験学習，医療教育，PTSDの臨床場面などでその効力を発揮しており（Bailenson, 2018/倉田（訳）, 2018），その応用可能性を探ることには意義があると思われる。その一方で，VR体験が私たちの心に及ぼす影響は大きい。そこで，現実場面で経験しなくてもよいことはVRでも体験する必要がないと考えられていること（Bailenson, 2018/倉田（訳）, 2018）も併せてここに書き記す。

第*13*章
モラルパーソナリティ

- どのような人が「道徳的」なのでしょうか。
- 道徳を教育することで，人は「道徳的」になれるのでしょうか。

　私たちは皆，社会の中で生きている。社会の中には多くの人が存在し，当然ながら1人として同じ人間はいない。その一人ひとりの違いが，その人らしさを構成しているといえる。周りの人々のことをよく思いやり，利他的に振る舞うことが多い人もいれば，常に自分が得をすることばかりを考え，周りの人々のことなど気にもかけない人もいる。目上の立場の人を敬い，謙虚に振る舞う人もいれば，そうでない人もいる。このような，社会の中での私たちの振る舞いに関する一人ひとりの違い（個人差）は複数の要因から説明することができ，パーソナリティ（性格）はその1つといえる。この章では，「道徳的」な振る舞いに関するパーソナリティについて概観し，その重要性を理解することを1つの目的とする。その上で，道徳の教育においてパーソナリティを変容させることができるのか，またそもそもそのようなことが勧められるものなのか，考えることをもう1つの目的とする。

1. パーソナリティと道徳性

　心理学では，私たちのパーソナリティを捉えるアプローチとして，類型論的アプローチと特性論的アプローチの2つが知られている。前者は人のパーソナリティを複数の典型的なタイプ（類型）に分類し，パーソナリティを質的に理解しようとするものである。それに対し後者は，パーソナリティについて複数の観点（特性）を設定し，一人ひとりのパーソナリティを各特性の程度の違いから量的に理解しようとするもの

である。両アプローチともそれぞれ利点と欠点をもつが，特性論的アプローチの方が
パーソナリティの個人差をより詳細に把握できることから，現在の心理学においては
特性論的アプローチが多用されており，本章でも特性論的アプローチに基づき話を進
めていくこととする。

(1) パーソナリティ特性とは何か

　パーソナリティを把握するために設定される複数の観点をパーソナリティ特性と呼
ぶ。パーソナリティ特性は，私たち一人ひとりの行動や思考，感情に関する比較的安
定したパターンを生じさせるものと定義される（Roberts, 2009）。ここ30年ほどの
間，世界的に多用されコンセンサスが得られてきたパーソナリティ特性の理論として，
ビッグファイブ（5因子モデル）をあげることができる（John et al., 2008）。これは，
人のパーソナリティを5つの特性から把握しようとする理論で，外向性（extraversion），
調和性（agreeableness），誠実性（conscientiousness），神経症傾向（neuroticism），
開放性（openness）の5つが含まれる。

　外向性の高い人は，現実の社会に対し積極的に接近する傾向を強くもち，活発で社
交的，ポジティブな感情を経験しやすいといった特徴がある。調和性の高い人は，他
者に対して向社会的ないし共感的に振る舞う傾向が強く，利他的で優しく，謙虚な振
る舞いをしやすい。誠実性が高い人は，自分の衝動を社会で決められたルールに沿っ
てコントロールし，目標に向けて計画的に行動をとることができる。神経症傾向が高
い人は，抑うつや不安，悲しみや怒りといったネガティブな感情を感じやすく，情緒
的に不安定な特徴をもつ。開放性の高い人は，自分の精神世界や経験する世界におけ
る幅や深さをもち，想像性や審美性が高い。

　近年は，このビッグファイブの他にもHEXACO（ヘキサコ）と呼ばれる6つのパー
ソナリティ特性を設定したモデルも提唱されている（Ashton & Lee, 2007）。6つのパー
ソナリティ特性とは正直さ－謙虚さ（Honesty-Humility），情動性（Emotionality），
外向性（eXtraversion），調和性（Agreeableness），誠実性（Conscientiousness），開
放性（Openness）であり，外向性・誠実性・開放性は基本的にビッグファイブのそ
れと対応している（Ludeke et al., 2019）。HEXACOの調和性と情動性については，
それぞれビッグファイブの調和性，神経症傾向と対応はするが，やや異なる特徴をも
つことが知られている。詳細な対応関係については，図13-1を参照されたい。

　パーソナリティ特性のモデルには，ビッグファイブとHEXACO以外にも様々な
ものがある。しかし，どのようなパーソナリティ特性のモデルに依拠しても，パーソ
ナリティ特性の個人差は遺伝子と環境の両方によって生じることが繰り返し確認され

第 2 部 道徳教育を心理学の観点から考える

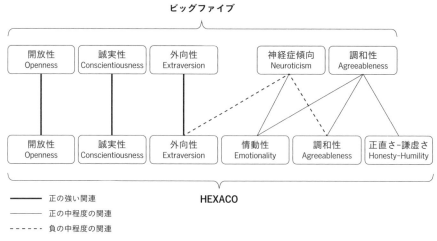

図 13-1 ビッグファイブと HEXACO の対応関係（Ludeke et al., 2019 より改変）
注）Ludeke et al. (2019) の Figure 1 を，日本人データの情報も勘案し，一部改変し引用した。

ている（Turkheimer et al., 2014）。つまり，一人ひとり生まれもった遺伝子が違い，かつ生まれてから経験される様々な出来事なども異なり，その総体として一人ひとりのパーソナリティ特性の違いが出来上がっているということである。

(2) パーソナリティ特性と道徳性の関連

本章の冒頭で述べたように，私たちは皆，社会の中で他の人と関わりながら生きている。そしてそれは同時に，私たちが道徳的に振る舞うことを必要とする（de Waal, 1996/西田・藤井(訳), 1998）。私たちヒトは，道徳に関わる行動の規範をもち，その規範を破る者を見抜き，それを罰しようとするよう進化してきた。その進化の過程で，人は道徳に関わる情動を表出するようになり，その情動と深く関わる直観を有し，道徳に関わる複雑な行動規範を発達させたと考えられている（Haidt, 2012/高橋(訳), 2014）。このハイト（Haidt, 2012/高橋(訳), 2014）の道徳基盤理論によると，少なくとも 5 つの道徳に関する行動の規範（道徳基盤）があるとされ（詳細については第 9 章を参照），子どもなどの弱いものを守ること，双方向の公正で互恵的な関係を築くこと，自身の属する集団にコミットして絆を強めること，権威あるものを敬い階層的な構造を維持すること，汚らしいものを避けることなどがあげられている。

パーソナリティ特性は社会の中での私たちの振る舞いを方向づけるものであり（Roberts, 2009），道徳における行動の規範と関連があることは当然のことといえる。例えば，調和性は他者に対して向社会的ないし共感的に振る舞う傾向であった。実際

に調和性の高い人は，他者の苦しみに対してより敏感で，公正で互恵的な関係を築きやすいことは示されている（Hirsh et al., 2010; Kawamoto et al., 2017; Lewis & Bates, 2011; Matsuba & Walker, 2004）。また，誠実性も道徳性と関連するパーソナリティ特性として指摘できる。誠実性には，自分の欲求のコントロールや目標に向けた計画的な行動，規律正しさや慎重さ，秩序正しさなどが概念として含まれる。誠実性の高い人は家庭や仕事における責任をしっかりと果たし，ボランティア活動にも積極的に従事すること（Lodi-Smith & Roberts, 2007），自分の所属するグループへの献身的な態度や，目上の人を敬う謙虚な態度をもつことが示されている（Hirsh et al., 2010; Kawamoto et al., 2017）。正直さ－謙虚さも道徳性と深い関連があるパーソナリティ特性といえる。正直さ－謙虚さの程度が高い人は，弱いものを守ることを重視し，他者とより多く協力し，周りの状況によらず誠実な行動をより多くとることが示されている（Hilbig et al., 2015; Hilbig & Zettler, 2009; Kawamoto et al., 2017; Zettler & Hilbig, 2010）。

　これまでのような情動と関わる直観に基づいた道徳性だけではなく，より認知的な道徳的理由づけについても，パーソナリティ特性との関連が指摘されている。特に開放性は，道徳的理由づけや道徳的思考と関わりが深いことが予想される。開放性は想像性や反省的態度，知的好奇心をその概念に含み，開放性が高い人は文字通り変化に対してオープンである一方，開放性が低い人はいわゆる右派的な権威主義や保守主義を示すことが明らかにされている（Hotchin & West, 2018; Jost et al., 2003）。道徳的理由づけとパーソナリティ特性との関連を検証した研究によれば，開放性が高い人の方がより高次の道徳的理由づけを行えることが示されている（Dollinger & LaMartina, 1998）。

　このように，調和性と誠実性，正直さ－謙虚さ，そして開放性は，道徳性と関連するパーソナリティ特性として考えることができる。特に調和性，誠実性，正直さ－謙虚さは向社会的な行動や利他的な行動との関連があるといえる。開放性については，高潔で道義的な道徳的判断との関連があるといえる。ただし，これらの知見は青年期以降の人を対象としたものがほとんどであり，より発達早期の子どもたちに対してどこまで一般化できるかが不明である点については注意する必要がある。また，これらの知見はパーソナリティ特性と道徳性との関連を示したものであるが，私たちの行動のすべてがパーソナリティ特性によって決まるわけではない。社会の中での私たちの振る舞いは，個人のパーソナリティ特性だけではなく，まわりの環境にも大きく影響を受けるものである（Magnusson & Stattin, 2006）。どのような人がどのような場合に道徳的な行動をとるのか，またはとらないのかということを，今後より精緻に明ら

第2部　道徳教育を心理学の観点から考える

かにしていく必要があるといえるだろう。

2. パーソナリティは変わるのか

　パーソナリティ特性と道徳性の間の関連があるならば，道徳教育においてパーソナリティ特性をより道徳的な方向へと教育したいと考える人もいるかもしれない。このパーソナリティ特性に対する教育ということの是非については次節において論じるが，ここではまずパーソナリティ特性というものがそもそも変わりうるものなのかについて見てみたい。

　前節にて触れたように，パーソナリティ特性とは私たちの日々の行動や思考，感情にその人ならではの一貫したパターンを生み出す傾向性である（Roberts, 2009）。これまでの研究から，人のパーソナリティ特性とはある程度のレベルで安定・一貫したものであるが，全く変わる余地のないものでもないことが示されている（Roberts & DelVecchio, 2000; Roberts et al., 2006）。例えば，人は歳をとると丸くなるといったりするが，確かに加齢とともに調和性や誠実性といったパーソナリティ特性は平均的に高くなっていき，反対に神経症傾向は平均的にそのレベルが下がってくることが明らかになっており（川本ら, 2015; Roberts et al., 2006），これを成熟化の原則と呼ぶ（Caspi et al., 2005）。しかし，特に学校での道徳教育の対象となりうる児童期と青年期の子どもたちにおいては，パーソナリティ特性の成熟化の原則はあてはまらないことが指摘されている（Soto & Tackett, 2015）。以降は，この児童期と青年期の子どもたちに焦点を絞り，そのパーソナリティ特性の発達について概観する。

(1) 児童期のパーソナリティ特性

　児童期におけるパーソナリティ特性の安定性は成人期よりも低く（Roberts & DelVecchio, 2000），一人ひとりのパーソナリティ特性の発達の仕方が成人期よりもより大きく異なることがうかがえる。先行研究から，児童期においては，外向性，調和性，誠実性，開放性の4つのパーソナリティ特性のレベルが，平均的に下がる傾向にあることが示されている。一方，神経症傾向のレベルは平均的に高くなることが示されている（Soto, 2016; Van den Akker et al., 2014）。特に道徳性と深く関連する調和性，誠実性，開放性のレベルが全体として下がっていくことは，道徳に関する教育を考える上で重要な視点といえるだろう。

　ただし，この結果はあくまでも全体としてこのような傾向がみられるということにすぎない。つまり，外向性，調和性，誠実性，開放性の平均点が児童期を通じて下

第 13 章　モラルパーソナリティ

がっていき，神経症傾向の平均点が上がっていくというだけで，この発達段階の子ど
もたち全員がこのような変化を経験するわけでは決してない。先述のように，児童期
の子どもたちのパーソナリティ特性の発達は個人差が大きい。中には，調和性や誠実
性，開放性のレベルをより高くしていく子どももいるということに注意されたい。

(2) 青年期のパーソナリティ特性

　青年期におけるパーソナリティ特性も，児童期と同じく成人期と比べてその安定性
は低い（Roberts & DelVecchio, 2000）。先行研究より，青年期における調和性，誠実
性，開放性の 3 つのパーソナリティ特性のレベルは，児童期に続き下がっていくもの
の，青年期の後半において再びそのレベルが高くなってくる，U字型の軌跡をたどる
ことが示されている（Soto, 2016; Van den Akker et al., 2014）。外向性のレベルにつ
いては，児童期から引き続き平均的に一貫して下がり，反対に神経症傾向は特に女子
においてそのレベルが上がってくることが示されている（Kawamoto & Endo, 2015;
Soto, 2016; Van den Akker et al., 2014）。

　特に道徳性と深く関連する調和性，誠実性，開放性について，U字型の発達軌跡を
示すことは，非常に興味深い点といえる。これはつまり，中学生の終わりくらいに調
和性，誠実性，開放性が最も低くなることを示唆しており，この年齢層における反社
会的行動の生起とも関わりがあるといえるだろう。

(3) パーソナリティ特性の変化に関する注意点

　以上のように，パーソナリティ特性とは安定していながらも多少なり変化しうるも
のであることが明らかにされている。しかし，1 つ注意すべきこととして，その平均
レベルでの変化の大きさ（効果量）が非常に小さい点が指摘できる。つまり，統計的
な分析結果の観点からは変化しているのだが，現実の社会生活の中で多くの人が体
感・納得できるほどの変化ではないかもしれない。やはり，変化しうるとはいっても
そこまで大きく変化するものではないのがパーソナリティ特性なのである。事実，意
図的に行われる臨床的な介入手続きを経ても，パーソナリティ特性のレベルには中程
度に満たないほどの変化しか生じない（Roberts et al., 2017）。パーソナリティ特性は
確かに変わりうるが，意図的に変えようとすることはあまりにコストが高く，現実的
ではないだろう。また次節で述べるように，そのこと自体の是非も問われるといえる。

137

3.「道徳的」なパーソナリティは育むことができるのか

　近年，教育分野を中心として「非認知能力」という言葉が盛んに取り上げられるようになってきた。非認知能力とは，いわゆる知能指数（IQ）のようなもので測られる認知能力とは異なる，現実社会の中で自分自身の感情をうまくコントロールしながら，他者と協働しつつ課題解決や目標達成をしていくのに必要な能力を指し，具体的にいえば本章で扱ったパーソナリティ特性や，動機づけ，セルフコントロールなどを含んだものといえる（国立教育政策研究所，2017; OECD, 2015/無藤・秋田（監訳），2018）。この非認知能力を「伸ばす」ことは，昨今の教育現場において非常に重要視されるようになってきた。このことは道徳教育の議論とも重なるところであり，道徳性と深く関わるパーソナリティ特性を「伸ばす」試みは，まさにパーソナリティ特性という非認知能力を「伸ばす」試みと同一のものとなる。

　では，果たしてこの試みは現実的に可能なのだろうか。前節で述べたように，パーソナリティ特性とは変化が否定されるほどではないものの，あまり大きな変化は期待できないものである。意図的な臨床的介入を経ても大きな変化まではなかなか生じないことからも（Roberts et al., 2017），学校現場における教育という介入によって特定の方向にパーソナリティを変化させようとすることは現実的ではない。あまりにコストがかかりすぎるのである。また，知能や学力のような認知能力は，高い方がより効率的に問題の解決にあたれるわけであるが，パーソナリティ特性のレベルがより高い・低い方向になると，メリットと同時にデメリットも生じることが指摘されている（Nettele, 2009/竹内（訳），2009）。例えば，道徳性と関わりの深い調和性などでは，それが高すぎると社会的な関係に過度に投資してしまい，自分自身の地位や資産などを犠牲にしてしまうことなどが言われている。要するに，パーソナリティ特性は認知能力と異なり，そのレベルが高ければよいというものではないのである。

　確かに，社会的に望ましいパーソナリティというものは存在する。ビッグファイブに基づいていうのであれば，外向性，調和性，誠実性，開放性が高く，神経症傾向が低いことは，社会における望ましさの点からするとそれに合致する。しかし，その社会的に望ましいパーソナリティが，異なる環境で生活をする全員にとって必ずしも適しているということにはならないのである。ゆえに，日常的な社会生活が普通に送れている子どもたちに対して，道徳教育のもとで特定の方向にパーソナリティを変化させる教育というものは，仮にそれが現実的に可能であったとしても，予想していなかった別の問題が生じることもあり得る，危険性をはらんだ教育ということができる

かもしれない。ただしこれは，例えば極端に調和性や誠実性が低く（非常に衝動的かつ冷酷で共感性がない），現実的に何らかの問題行動がみられるといった場合においては，その限りではない。また，日常の学校生活の中で，道徳的な振る舞いを奨励すること自体を否定しているものでもない。あくまでも，通常の生活を送っている子どもたちに対して「あえて」特定の方向にパーソナリティを矯正するような教育に対し警鐘を鳴らしているにすぎないことには注意されたい。

　本章の冒頭でも述べたように，一人ひとりのパーソナリティの違いというものは，その人らしさを形づくる重要な要素であり，その人の自分が何者であるのかというアイデンティティの基礎を担うものといえる。「道徳的」なパーソナリティを育もうと教育的介入を行うことより，一人ひとりのパーソナリティの違いを受容できるよう働きかけていく方が，よほど「道徳的」な教育といえるかもしれない。

第14章
子どもの道徳性の発達

- 子どもはいつ頃から道徳性を身につけているのでしょうか。
- 発達の観点を踏まえると，道徳性を育む授業で何が大切になるのでしょうか。

---

1. 道徳性はどのように発達するか

(1) 理性か直観か

　一般に，「道徳」というと，行動が果たして良かったのか，それとも悪かったのかと，多面的かつ反省的に振り返るようなイメージ，すなわち客観的思考の上に成り立つ理性の賜物のようなイメージが浮かぶのではないだろうか。

　学問においても，長い間，道徳と理性の結びつきが強いという考え方が主流であったといえよう。プラトンやカントといった著名な哲学者は，徳のある行動の背後に意識的な理性の働きを考えていた。心理学でも，道徳性は理性によるもので，経験や学習が重要であると考えられてきた。特に，「ハインツのジレンマ」という葛藤状況を含むお話を使ったコールバーグの研究は有名である（第9章，表9-2参照）。コールバーグは，病気の妻を救うためにやむなく薬を盗んだハインツの行動が許されるのかどうかを子どもに判断させ，どのように理由づけするかを検討することで，「前慣習的水準」「慣習的水準」「脱慣習的水準」という3水準から成る道徳性の発達段階を提唱した（Kohlberg, 1969）。

　コールバーグの知見は，教職に関わる教育学や教育心理学の教科書で取り上げられることが多く，全国で行われている教員採用試験においても頻出事項である。それゆ

140

え，幼児期から児童期にかけて，言葉や論理的思考が大きく発達するとともに，理性を働かせた道徳性の発達する様子が広く知られている。

ところが，近年では「トロッコ問題」を中心に，葛藤状況での道徳的判断を瞬時にさせる課題を使った研究がたくさん生まれ（例：Greene, 2013），これまで常識的に考えられていたことを覆す知見が現れるようになってきた。

トロッコ問題とは次のようなものである。場面1では，猛スピードで走るトロッコの前に5人の人間がいて，このままでは轢き殺されるが，レバーを引くと，トロッコを支線に引き込むことができる。ただし，その場合は支線上にいる1人の人間は轢かれて死ぬ，というものである。この場面では，多くの人が「レバーを引く」（5人を助けるために1人を犠牲にする）と答えることが知られている。一方，場面2では，猛スピードで走るトロッコの前に5人の人間がいて，このままでは轢き殺されるが，跨線橋にいる太った人を線路に突き落とせば，トロッコが止まる。ただし，その場合はその太った人（1人）が死ぬ，というものである。この場面では，ほぼ全員が「太った人を突き落とさない」（5人を助けるために1人を犠牲にはしない）と答えることが知られている。

ここで大事なことは，場面1も場面2も「5人を助けるために1人を犠牲にするのか否か」という論理的に同じ問題構造をしている点である。それにもかかわらず，上のように判断が一貫しないため，道徳的判断は必ずしも論理的であるとはいえない。つまり，道徳的判断は理性的なものというより，無意識的に一瞬で生じる感情による直観的なものが優勢であることが示唆されるようになったのである（藤澤, 2015）。言い換えれば，道徳的な理由づけ（理性的判断）が道徳的判断を生みだすのではなく，まず直観的判断があった後に，つじつまが合うように理由づけが生み出される（例：Haidt, 2001）ということになる。

(2) 赤ちゃんの道徳性のめばえ

道徳的判断が，論理的思考に左右されない直観が優勢であるとすると，言葉や論理的思考が発達する以前，すなわち赤ちゃんの頃から道徳性のめばえが見られるのではないかと考えられるだろう。実際に近年の研究では，そのような知見が明らかにされている。

最も有名な研究は，"*Nature*"に掲載されたハムリンらの研究である（Hamlin et al., 2007）。この研究では，幾何学図形が使われ，丘に登ろうとする●を▲が押し上げるシーン（援助）と，丘に登ろうとする●を■が押し戻す（妨害）シーンを赤ちゃんに見せた後，▲と■のうちどちらかを選ばせた。すると，6か月児でも▲を選んだ。

第2部　道徳教育を心理学の観点から考える

生後わずか半年ほどですでにポジティブな動きとネガティブ動きを区別し，ポジティブな動きを好む様子が明らかになったのである。

このような手続きは，「援助／妨害パラダイム（helper/hinderer paradigm）」と呼ばれ（Hamlin, 2013），幾何学図形だけでなく，動物のパペットを用いるなどして，次々と研究が生まれている。例えば，イヌが箱の蓋を開けようと苦労しているときに，2匹のネコの一方が手助けし，イヌと一緒に箱の蓋を開けようとする動き（援助）と，もう一方のネコが箱の蓋に乗って，開けるのを邪魔する動き（妨害）を見せた後，2匹のネコを見せたところ，5か月の赤ちゃんでも援助の動きをしたネコを好んで選んだ（Hamlin & Wynn, 2011）。

それだけでなく，文脈に合わせて，判断を変えることも知られている。例えば最初に，援助などポジティブな行動をするイヌと，邪魔するなどネガティブな行動をするイヌを用意する。その後，先ほどと同様の実験をすると，ポジティブな行動をしたイヌの場合には，赤ちゃんはそのイヌを援助したネコを選んだ。ところが，ネガティブな行動をしたイヌの場合には，逆にそのイヌを妨害したネコを選んだ（Hamlin, 2014）。このような一連の研究から，ハムリンは，人間は生後1年以内に，他者の向社会的／反社会的行動に対して評価ができることを示唆している（Hamlin, 2013）。これはまさしく行動の善悪の判断に関わる道徳性のめばえといえるだろう。

道徳性に関わる他の概念でも研究は進んでいる。公平感では，スローンら（Sloane et al., 2012）の研究が有名である。この研究では，実験者が2つの人形それぞれに1つずつクッキーを与える「平等条件」と，実験者が一方の人形だけに2つクッキーを与えて，もう一方の人形には1つも与えない「不平等条件」を19か月児に見せたところ，不平等条件の方をより長く注視した。続く実験2の「1人が作業する条件」では，2人のうち一方だけが散らかったおもちゃを片づけたのに対して，「両者が作業する条件」では，2人とも散らかったおもちゃを片づけた。その後，両条件で実験者が2人に同じだけの報酬を与えたところ，21か月児は「1人が作業する条件」の方をより長く注視した。一方を長く注視するということは，他方に比べて不自然に感じていると解釈できる。このことから，生後1歳半をすぎると「ものは平等に配分される」「2人が作業をしたときには平等にものが配分されるが，1人だけのときはそうではない」といったように，公平感についても，幼い時から発達が進み，しかも文脈と結びついて認識されていることが明らかになっている。

道徳性を支える同情といった感情についても研究が生まれている。カナコギら（Kanakogi et al., 2013）は，10か月の赤ちゃんに対して，一方の図形がもう一方の図形を追いかけ，小突き，押しつぶす様子の動きを見せたところ，後者の図形を好んで

第 14 章　子どもの道徳性の発達

選ぶ傾向がみられた。これと比較して，両図形が接触しないときは，選択的な反応は
みられなかった。これは，攻撃をされるような弱者に対して，赤ちゃんが示す原初的
な同情的態度の表れではないかと考察されている。

　このように，近年の幼い年齢を対象にした研究から，道徳性の発達の基盤ともいえ
る認識が，言葉を十分に話せないような頃からすでに備わっていることが明らかに
なっており，直観的な判断につながっていると考えられる。ここには，進化的な影響
も考えられるだろう（第 11 章参照）。

2.　理性的な道徳的判断を支える心の働き

　ここまで，私たちの道徳性が，理性というよりも瞬時に生まれる直観に支えられて
いることを述べてきた。しかし，現代の人間の社会や生活では，裁判のみならず，身
近な対人的トラブルの解決場面を見てもわかるように，時間をかけて理性的な判断を
することが必要とされるし，子どもたちにもそのような判断ができるようになること
が求められる（Bloom, 2013/竹田（訳），2015; 林, 2016; 長谷川, 2018）。それでは，道
徳的判断において，直観だけに左右されず理性を働かせるためには，どのような心の
働きの発達が鍵を握るのであろうか。

（1）実行機能の発達と道徳性

　限られた資源をいかに分配するかは，道徳性に直結する重要な問題である。それゆ
え，資源としてお菓子や物を用いた分配行動の研究が数多く行われてきた（橋本,
2011; 熊木, 2016）。これらの研究から，4 歳頃までは自分に多く配分する利己的分配
が多いが，5 ～ 6 歳から均等に配分する平等な分配をするようになることが知られて
いる。しかし，本章 1. でも紹介したように，すでに 1 歳半頃から，不平等な分配よ
り平等な分配を好む傾向がみられる。このように，「第三者」の視点で配分を判断す
る場合は，かなり幼い頃から道徳的であるのに，自分が「当事者」となって配分を決
める場合になると，ずっと後の 4 歳頃まで利己的な分配をしてしまい，道徳的でない
行動がみられる。これはなぜであろうか。

　その 1 つの要因として，「実行機能（executive function）」の未発達を考えることが
できる。実行機能とは，目標に向けて注意や行動を制御する能力（森口, 2008）を指
し，大きく 3 つほどの構成要素がある（Miyake et al., 2000）。第 1 は，「抑制」と呼
ばれ，その状況で優勢な行動や思考を抑える能力とされる。第 2 は，「切替」あるいは
「認知的柔軟性」と呼ばれ，思考や反応を柔軟に切り替える能力とされる。第 3 は，

143

「更新」と呼ばれ，ワーキングメモリに保持される情報を監視し，更新していく能力である。

このうち，抑制的な要素については特に研究が進んでおり，その1つは「マシュマロ・テスト」として知られている（Mischel, 2014/柴田（訳）, 2015）。子どもの目の前にマシュマロを1つ置いて，実験者が「待てたらマシュマロを2つあげるね」と言って，その場を離れると，3〜4歳頃までの幼児は待つことが困難である。後でより多くの利益（倍のマシュマロ）が得られるのに，目の前のマシュマロを食べてしまう。欲望を抑制するのが難しいのである。自分が「当事者」となると，4歳頃まで利己的な分配をしてしまい，道徳的でない行動がみられるのも，このような欲望を抑制する難しさで考えることができるであろう。

他にも，ある色が優勢な状況で別の色への反応を求めるストループ課題も有名で，子ども向けにはこれをアレンジした「昼／夜ストループ課題」がある。この課題では，月と星が描かれた黒いカードを見せられたら「昼」，太陽が描かれた黄色いカードを見せられたら「夜」というように，反対の答えを求められる。マシュマロ・テストと同様に，3〜4歳頃までの幼児は，目の前に太陽のカードを見せられると，それを抑制するのが難しく，そのまま「昼」と答えてしまう。

しかし，幼児の抑制能力が全く機能しないわけではない。例えば，マシュマロ・テストでは，実験者が幼児に，待っている間に何か楽しいことを考えるように指示して，気をそらさせると，幼児の待てる時間が飛躍的に長くなる（Mischel et al., 1972）。昼／夜ストループ課題では，実験者が「声に出す前に答えを考えてごらん（Think about the answer, don't tell me.）」と詠唱すると，幼児は衝動的に反応せず，反対の答えを言えるようになる（Diamond et al., 2002）。こうした知見は，欲望や目立つものへの衝動性に支えられた瞬時に生じる直観的な行動を，理性によってコントロールできることを示すものと思われる。また，子どもが自発的にこうした方略を生み出すのは難しく，大人（実験者）の指示，すなわち「教育」が重要であることを示唆していると考えられる。

(2) 心の理論の発達と道徳性

実行機能と並んで，幼児期から児童期にかけて大きく発達するもう1つのことが，「心の理論（theory of mind）」である。心の理論とは，人の行動を「心の状態」（意図・動機・知識・信念・好みなど）を想定して理解する枠組みのことを指す（例：Premack & Woodruff, 1978）。

このうち，意図や動機については，古くから道徳的判断との関連が調べられている。

すでに 3 〜 4 歳頃から,「わざとやった場合の方が,わざとでなかった場合よりも悪い」というように,大人と同様の善悪判断をする(例：Yuill, 1984)。

「知っている／知らない」という知識の有無に着目した研究も存在する。例えば,男の子の行動(例：画用紙に落書きをする)によって,女の子が悲しむという共通の結果となるが,一方のお話では,男の子が「結果を予見できる重要な事実」(例：画用紙が女の子のものであること)を知っているのに対して,もう一方のお話では,そのことを知らない,という 2 つのお話を子どもに聞かせると,4 〜 5 歳前半ですでに多くの幼児が,「知っている／知らない」の区別の質問には正答できた。ところが,道徳的判断についての質問では,「知っている方が知らない方よりも悪い」という大人の一般的な判断と同様の判断ができるようになったのは 9 歳頃以降であった(Hayashi, 2007, 2010)。

信念でも同様で,単に他者の誤信念(他者が誤って思っていること)の理解は 4 〜 5 歳頃に発達が進むのに対して,道徳的な状況を伴う他者の誤信念の理解(例：A さんが紙袋に入れておいたケーキを,掃除中に B さんがゴミ箱に捨ててしまったことに対して,B さんの考えていることを推測させる)の成績は悪く,発達が遅れる(Killen et al., 2011)。

このように,心の状態の種類によって,道徳的判断の発達に違いがあることから,心の理論と関連した道徳的判断の発達過程は多様であるといえよう。ただし,この関連の方向性については,心の理論の発達が道徳的判断の基礎となる考え方(例：Lane et al., 2010),逆に道徳的判断が心の理論に影響するという考え方(例：Knobe, 2005),そして両者が相互に関係するという考え方(例：Smetana et al., 2012)など,様々である。さらに,心の理論自体が実行機能の発達とも密接に関連する(例：Carlson & Moses, 2001)。これらの知見を総合すると,幼児期から児童期にかけて,心の理論と実行機能の発達とともに,理性を伴った道徳的判断が形作られると考えられる。

3.「考え,議論する道徳」への教育的示唆

本章で述べてきたことをまとめよう。まず,子どもの道徳性のめばえが極めて早期にあり,それは直観的である。しかし,日常生活を送るには,直観だけに左右されず,理性的な判断も求められる。さらに,そのような日常の道徳的判断には,心の理論と実行機能の発達が重要な鍵を握る,ということになる。

道徳的判断ではまず直観的判断があることを世に知らしめた心理学者のハイトも,

第2部　道徳教育を心理学の観点から考える

「道徳は（進化した一連の本能として）生得的なものであるとともに，学習されたものでもある（子どもは，特定の文化のなかで生得的な本能を適用する方法を学習していく）」（Haidt, 2012/高橋（訳），2014）と述べている。道徳が学習されるものという点に着目すると，それを育む方法，すなわち教育が重要になる。道徳性を高めるためには，どのような指導のポイントが考えられるのであろうか。

　新学習指導要領で導入された「特別の教科　道徳」の大きな柱が，「考え，議論する道徳」への転換である。これまでの道徳の教育では，読み物の登場人物の心情の読み取りなどに偏った指導になりがちであった。これに対して，「特別の教科　道徳」では，答えが1つではない道徳的な課題を子どもたちが自分自身のこととして，多面的に考え，議論していくことが求められる（高木, 2017）。この「考え，議論する道徳」とは，本章で紹介してきた心理学的な視点に立てば，理性を働かせた道徳的判断の育みを重視する方向性に相当する。

　ここで大切なことの1点目は，「単に理性を働かせて考えさせる」ことと，「直観と理性の両面があることを踏まえた上で，理性を働かせて考えさせる」ことの間には違いがあり，後者によって一歩深い指導ができるという点である。例えば，「ハインツのジレンマ」のように道徳的なジレンマがなぜ生じるのかも，道徳的判断には直観と理性の両面があることを知っていれば腑に落ちるはずである。愛する妻を救うために盗みに走ったハインツの行動を「感情的には許容できる」のは直観によるものであり，理由を冷静に聞いて多面的に考えても「行動自体は法的に許されない」と思うのは理性によるからである。

　現実場面に当てはめれば，あれほど指導して子どもも理解したはずなのに，なぜ悪いことをしてしまうのか，という矛盾を教師が感じることもあるだろう。これも，理性を働かせて理解できたとしても，実行機能や心の理論がうまく働かないことがある（その結果，欲望や目立つものへの衝動性で生まれる直感的な行動によって悪事を行ってしまうことがある）と解釈できれば，謎を解くことができるだろう。

　大切なことの2点目は，第三者的視点（だけ）ではなく，当事者として道徳性を学ぶ必要性があげられる。本章2. で紹介したように，子どもは第三者の視点で配分を判断する場合は，かなり幼い頃から道徳的であるのに，当事者となって配分を決める場合になると，ずっと後の4歳頃まで利己的な分配をしてしまう。当事者となると，欲望が強まり，それを抑制するのが難しいのである。しかし同時に，考えさせるなど，大人の指示によって，抑制の力を高めることができることも紹介した。このように，当事者となると必然的に生じる欲望や感情が生じる。第三者的視点で登場人物の心情を読み取るときも感情は生じるが，当事者として生じる欲望や感情の強さとは比較に

ならない。その強い欲望や感情をコントロールすることに合わせた指導が，理性的な道徳的判断の力を高める上で重要になると考えられる。

心の理論に関わることでも同様である。欲望のままに友達を傷つける行動をした子どもに対して「お友達はどんな気持ちかな？」といった「他者の気持ちに気付かせる」（考えさせる）という古典的な指導を「繰り返し行う」という地味なことが重要である。行動の前に「もし，自分が……したら，Bちゃんは悲しむはずだ」といった理性的な判断ができるようになることで，直観に左右される行動をコントロールできるようになり，反社会的行動を向社会的行動へと転じさせることができると考えられるからである（林, 2016）。

「特別の教科 道徳」では，新学習指導要領に基づいて，一人ひとりの子どもたちの思考力・判断力・表現力等を育成することが求められ，問題解決的な学習や体験的な学習活動を取り入れた授業改善の工夫が求められている（高木, 2017）。ここでの問題解決的な学習や体験的な学習活動の重視は，本章の言葉を使えば，第三者的視点ではなく，当事者として道徳性を学ぶ大切さと言い換えることができるだろう。心理学的な視点からいえば，「考え，議論する道徳」とは，直観だけに左右されない理性的な道徳判断を育むもの，と位置づけられるであろう。

第 *15* 章

子どもの多様性と道徳
障害理解教育を通じた多様性の理解

- クラスの中にはどのような多様な児童生徒が存在し，彼らを巡ってどのような課題があるのでしょうか。
- 障害のある児童生徒への理解を深めるためにどのような働きかけが考えられるでしょうか。

　クラスの中には障害があったり国籍が異なったりと，多様な児童生徒が存在する。本章では，障害のある児童生徒，とりわけ発達障害の児童生徒に注目し，彼らが抱える困難について理解を深めるとともに，障害理解教育の重要性について考えていく。

1. 多様な児童生徒の存在

(1) クラスの中の多様性

　クラスの中には多様な児童生徒が存在する。道徳教育では多様な児童生徒が互いの意見や考えを表明し，やりとりをする中である問題に対する理解を深めていくことが重要になる。そして，児童生徒の相互作用が活発になされるためには，自分とは異なるクラスメイトの存在に気付き，互いの違いについて受け入れられるようなクラスづくりが求められよう。また，こうした多様性への理解は，それ自体が道徳教育の重要なテーマの１つでもあるといえる。

　それでは，クラスの中にはどのような多様な児童生徒が存在するのだろうか。まずあげられるのは，障害をもつ児童生徒である。小中学校には，普段は通常学級で学校生活を送りながら，障害に応じた特別な指導を部分的に別の学級で受ける通級という制度がある。図 15-1 を見てわかるように，通級による指導を受ける児童生徒の数は

第 15 章　子どもの多様性と道徳

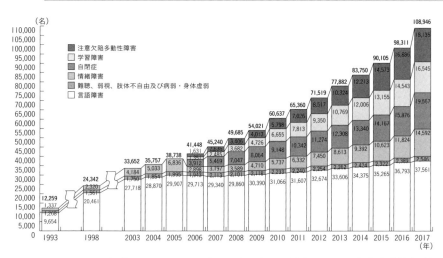

図 15-1　通級による指導を受けている児童生徒数の推移（障害種別／公立小中学校合計）
（文部科学省，2018）

　近年大きく増加しており，1993 年には 1 万 2 千人程度であったのが，2017 年には 10 万 8 千人を超えている。この数値は全児童生徒数の 1.1％にのぼる（2017 年現在）。

　中でも，「注意欠陥多動性障害」「学習障害」「自閉症」といった発達障害に含まれる障害をもつ児童生徒の増加が目立つ。この背景には，発達障害に対する社会や学校現場の認知が広まってきたことがある。ただし，発達障害の疑いのある児童生徒は 6.5％程度存在するとされており（文部科学省，2012），通級の対象となっていない発達障害の児童生徒も通常学級には多く存在する。このように，障害のある児童生徒は決して稀な存在ではなく，1 クラスを 30 数名とすればどのクラスにも数名は存在しうる身近な存在だといえる。

　障害のある児童生徒だけでなく，クラスには外国人の児童生徒も存在する。2017 年度の学校基本調査によれば，国内には 8 万人程度の外国人の小中学生が存在しており（文部科学省，2017a），地域によっては 1 クラスに数名が在籍していることも珍しくない。こうした外国人の児童生徒は，言語や文化，家庭環境など様々な点で日本人の児童生徒とは違いがあり，日本人が多くを占める学校に適応するのは容易ではないと考えられる。特に言語面での障壁は教育政策上も課題となっており，2016 年の調査では日本語指導が必要な外国籍の児童生徒は 3 万 4 千人を超え，近年増加している（文部科学省，2017b）。外国人児童生徒は今後も増加していくことが見込まれ，今後の対応が求められる。

　この他にも，クラスには様々な個人的・家庭的背景をもつ児童生徒が存在する。上

149

第2部　道徳教育を心理学の観点から考える

述のような多様な児童生徒がともに道徳的な問題について考えるためには，互いの違いを理解し受容できるような雰囲気を醸成していくことが肝要である。

(2) 多様性の理解：偏見と寛容

しかし，他者の違いを理解し受容することは簡単ではない。障害者や人種・民族に対する偏見については心理学を中心に多くの研究がなされてきたが（栗田, 2015; 加賀美, 2012），こうした問題は現代の日本においても依然として存在する。偏見（prejudice）はオルポートによれば，「ある集団に属する人が，単にその集団に所属していることでその集団に帰属される好ましくない特質をもっているとみなされるために，その人に対して向けられる嫌悪的あるいは敵対的な態度」（Allport, 1954）と定義されている。

そして，どのように偏見を低減するかに関してオルポートは接触仮説を提唱しており，この視点に基づく研究が蓄積されてきた。ここで注意しなければならないのは，接触仮説とあるがただ単に偏見をもたれている対象と接触しさえすれば偏見が低減されるわけではないことである。接触仮説に関する多くの研究から，偏見の低減には①対等な地位での接触，②共通目標を目指す協働，③制度的支援，④表面的接触より親密な接触，といった条件が重要であることが指摘されている（加賀美, 2012）。なお，制度的支援とは偏見の低減につながる社会のルールや制度を整備することであり，例えば 2016（平成 28）年に施行された障害者差別解消法はこれにあたる。

自分とは異なる者を受け入れるためには，偏見を取り除くという視点とともに，他者の異質さに対して寛容になるという視点も重要である。長谷川（2014a）によれば，寛容（tolerance）は「自身と異なる，行動，信念，身体的能力，宗教，習慣，エスニシティ，ナショナリティなどをもつ他者を受け入れること」と定義される。国内でこの問題について扱った研究は多くないが，長谷川（2014b）は異質な他者を集団から排除すること（仲間外れ）についての判断の発達について検討している。そこからは，小学生は道徳的な原理に基づき仲間外れは悪いことと判断すること，また，一見寛容に見えるものの他者の特徴をありのままに受け入れた上で受容するわけではないことが示された。これに対し，中学生以降になると他者の特徴をそのまま認めた上で，排除を認めない判断をするようになっていくという。

また，国際比較研究からは寛容さが文化や状況によっても異なることが示されている。例えば，日本とアメリカの児童生徒を比べると，日本では仲間集団に受け入れる際に性格や外見が問題視されやすいのに対し，アメリカでは運動面やジェンダーが問題視されやすいことが報告されている（渡辺ら, 2001）。日本と中国の児童生徒の比較

150

では、全体的に日本の方が仲間集団への受け入れに寛容でなく、特に暴力的な者やジェンダーとは異なる振る舞いをする者を排除する傾向が高いことが示唆されている（武ら，2003）。

　国内では児童生徒の偏見や寛容に関する研究の蓄積は十分ではないが、クラスに存在する多様な児童生徒への偏見を取り除き異質な他者を受容できる環境を醸成するためには、こうした研究知見に基づく教育実践が求められよう。

2.　クラスにおける障害児童生徒

（1）障害をもつ児童生徒の困難

　上述のようにクラスの中には障害があったり国籍が異なったりと様々な児童生徒が存在するが、周囲にうまくなじめず学校生活で問題を抱えてしまう者も存在する。以下では、通常のクラスの中に少なからず存在する発達障害の児童生徒に注目して彼らの困難についてみていく。

　まず、先行研究からは、発達障害の児童生徒はいじめの被害に遭うことが多いことが指摘されており（多田ら，1998）、高機能自閉症スペクトラムの生徒に関しては43〜79％がいじめを受けた経験があるとされる（松永，2014）。そして、このこととも密接に関連するが、発達障害の児童生徒は不登校の経験頻度も多いことが報告されている。前節で述べたように発達障害が疑われる児童生徒は6.5％程度とされるが、原田・松浦（2010）の調査では、不登校児童生徒の内、知的障害のない発達障害が疑われる児童生徒の割合は20.2％となっていた。もし、発達障害の児童生徒もそうでない児童生徒も同じ割合で不登校になるとすれば、不登校児童生徒における発達障害児童生徒の割合も6.5％程度となるはずであるが、この調査ではその3倍以上の割合となっている。

　また、発達障害の児童生徒はいじめや不登校だけでなく、反社会的行動のリスクも高くなることが報告されている。中学校で非行行為により生徒指導の対象となった生徒の中で、発達障害の疑いのある生徒がどの程度存在するのかを教師に尋ねた調査では、37％が発達障害の疑いがあるという結果が示されている（原田ら，2012）。発達障害の診断を受けているわけではなく「発達障害の疑い」であることには留意する必要があるが、かなり高い割合だといえよう。

　もちろん、こうした問題を経験せずに学校生活を過ごしている発達障害の児童生徒も少なくないが、彼らは学校生活の中で困難を抱えやすいといえ、その背景には先述した周囲の偏見や不寛容の問題が関係していると考えられる。

（2）問題を抱えた障害児童生徒への対応

それでは，問題を抱えた発達障害児童生徒に対してどのような対応が必要になるのだろうか。ここでは，岡田（2015）の論考に基づき，特性論，適合論，構築論という３つの視点から対応の在り方について考えてみたい。

始めに特性論（individual characteristics）に基づく対応についてみていく。問題のある発達障害児童生徒を目の当たりにした際に，まずとられやすい対応としては本人に働きかけることだろう。特性論に基づく対応では，問題の原因は個人の側の特性にあると考えられ，個人の変容を促すことで問題の解決が目指される。この視点での対応としては，例えばソーシャルスキル・トレーニングがあげられよう。ソーシャルスキルとは対人関係を円滑に構築・維持するのに必要なスキルであり，こうしたスキルを意図的に身につけさせようとする取り組みが，発達障害児童生徒に対して実践されている（藤野, 2013）。しかし，こうした取り組みで個人の側を変容させることは一定程度可能であるが，容易には変わらないものもある。特に，障害特性は変えることが困難なために障害なのだといえる。したがって，個人の変容を目指すだけでは行き詰ることになる。

次に適合論（person environment fit）についてだが，本人に働きかけても問題が改善されない場合，その次にとられやすい対応としては，周囲の環境に働きかけることだと思われる。適合論に基づく対応では，個人の側に問題が帰属されるのではなく，個人と環境の適合，組み合わせに問題があると捉えられ，個人と環境の関係性を見直すことで問題の解決が目指される。この視点での対応としてはまず，障害特性に応じた環境の調整があげられる。また，クラス内でピアサポート活動を取り入れ児童生徒間のサポートを活発にすることも，環境調整の１つと捉えられよう。ただし，適合論的なアプローチにも限界はある。それは，学校には人的・物理的・制度的な制約があり，無制限に環境が調整できるわけではないということである。こうした制約の中で可能な限り児童生徒と環境の関係性を見直しても，依然として問題が残る可能性はある。

最後に構築論（social constructionism）に基づく対応について述べる。なお，social constructionism は社会構築主義，社会構成主義と訳されることも多いが，ここでは特性論，適合論との表記の兼ね合いを考慮し，便宜的に構築論としている。本人に働きかけてみても環境を調整してみても問題が解決されない場合，問題状況は膠着し本人も周囲も疲弊してしまう。こうした状況に至った際に，「彼の問題はどうしてもなくさなければいけないのだろうか」「できないことではなくできることに目を向けて

みてはどうだろうか」と考える人も出てくるかもしれない。もし周囲がこのように考えて障害児童生徒に対する接し方が変わったとすれば、それは構築論に基づく対応ということになる。構築論に基づく対応では、個人や環境を変えることで問題の解決を目指すのではなく、「問題化」している側の認識を変容させ障害児童生徒に対して寛容になることで問題を乗り越えようとする。そして、そのためには周囲が障害について正しく理解し、適切な態度を形成できるような、意図的な教育の場が必要になるだろう。

　これまで述べてきたことをまとめると図 15-2 のようになる。特性論によるアプローチでは個人が注目され適応的な行動が求められるために、本人への負荷は高くなる。一方、構築論によるアプローチでは本人を取り囲む状況に焦点があてられ、周囲が寛容になることが目指されるため、本人への負荷は低いといえる。適合論については本人と環境の関係性が問題とされるが、適応的な行動が志向されるため中間に位置づけられよう。それぞれのアプローチには長短があるため、3つの視点を総合して対応していくことが求められるが、どこを基点とするかは重要である。既述のように、現実の場面では①の矢印で示したように、「特性論」→「適合論」→「構築論」という順序で対応がなされやすいと思われる。しかし、周囲の発達障害児童生徒に対する理解が十分でなく寛容でない状況で、問題をなくすよう本人や環境に働きかければ、周囲にはその児童生徒の問題がますます際立って認識されるようになるとともに、本人は孤立感や疎外感を抱くことになりかねない。②の矢印で示したように、構築論的なアプローチを基点とし、障害児童生徒に寛容なクラスづくりを進めながら、状況に応じて特性論・適合論に基づく対応をしていくことが重要だろう。

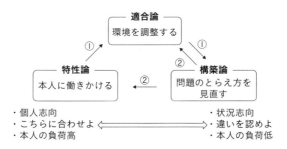

図 15-2　特性論・適合論・構築論と障害児童生徒への対応（岡田, 2015 を一部改変）

3. 障害理解と教育

(1) 障害理解教育の現状と課題

　前節で述べたように，周囲が障害児童生徒を理解し寛容になるためには障害を理解するための教育が重要になる。徳田（2005）によれば障害理解は「障害のある人に関わるすべての事象を内容としている人権思想，特にノーマリゼイションの思想を基軸に据えた考え方であり，障害に関する科学的認識の集大成である」と定義され，この障害理解を進めていく教育が「障害理解教育」とされる。

　小中学校ではこれまでにも障害理解教育が実践されており，今枝ら（2013）の調査からは，障害理解教育として小中学校とも「障害シミュレーション体験」「特別支援学校／学級の児童生徒との交流・共同学習」「クラスに在籍している障害児童生徒の説明」が比較的多くなされていることが報告されている。ただし，こうした障害理解教育には以下のような課題も存在するといえる。まず，シミュレーション体験や交流・共同学習では，児童生徒は自分との違いが認識されやすい障害について理解を深めることになりやすい。また，障害児童生徒の説明に関しては，発達障害のように一見わかりにくく，診断を受けていないあるいは受けていても周囲に開示する同意が得られていない児童生徒については説明することが難しいといえる。結果的に，障害理解教育はなされていても，そこでは自分たちとの差異に目が向きやすい内容になりがちであり，障害者は自分たちとは異なるという障害の異質さのみが強調されてしまっている可能性がある（岡田, 2015）。例えば，障害のシミュレーション体験では単に不自由さのみが体験されることで，かえって典型的な障害者像が形成されてしまうという弊害のあることも指摘されている（真城, 2003）。

　障害児童生徒に対するこうした固定的な見方（ステレオタイプ）は，周囲が彼らを受け入れる際に妨げとなる。それぞれ個性がありユニークであるはずの個人が，自分たちとは異質な「障害者」というカテゴリーで捉えられるようになってしまうのである。しかし，当然のことながら障害はその児童生徒の特徴の一部でしかなく，それ以外の面では他の児童生徒と大きな違いはない。ある視点から見れば違うけれども，別の視点から見れば同じであるという「違う，けど同じ」という認識をいかに育てるかが障害理解教育において必要だろう。ステレオタイプにとらわれず様々な側面から個人を理解できるようになることが，障害児童生徒を含む多様な児童生徒に対する寛容さにつながっていくといえる。

第15章　子どもの多様性と道徳

(2) 障害理解を促すために

　それでは，適切な障害理解がなされるためには具体的にどのような教育が必要なの
だろうか。この問題に関して，徳田（2005）は障害理解の発達段階として以下の5つ
の段階を提示している（表15-1）。ここで示されているように，障害理解の第一歩は
障害のある人が存在していることに気づくことだといえる（第1段階：気づきの段
階）。次に，身体や機能等の差異について理解が進むとともに（第2段階：知識化の
段階），障害者の機能面での障害や社会的な痛みを心で感じることができるようにな
る（第3段階：情緒的理解の段階）。そして，これらの段階を経ることで障害者に対
する適正な態度をもてるようになり（第4段階：態度形成段階），最終的に生活場面
での受容や自発的な援助行動が可能な段階に至る（第5段階：受容的行動の段階）。
このように，障害に対する理解は段階を踏んで深化していくと考えられ，受容的行動

表15-1　障害理解の発達段階（徳田, 2005）

第1段階：気づきの段階
障害のある人がこの世の中に存在していることを気づく段階。子どもでは差異に気づき，それに興味
をもつことは当然であるがそこにマイナスのイメージをもたせたり，親などの周囲の大人が子ども
の気づきを無視したりしないなどといった配慮が必要である。この段階は障害や障害児・者に対す
るファミリアリティ（親しみ）向上の第1期と位置づけることができる。

第2段階：知識化の段階
差異がもつ意味を知る段階。そのためには自分の身体の機能を知り，また障害の原因，症状，障害者
の生活，障害者への接し方，エチケット等の広範囲の知識を得なくてはならない。

第3段階：情緒的理解の段階
第2段階の知識化の段階と並列される段階である。障害児・者との直接的な接触（統合保育，統合教
育，地域で行われるイベント，町で偶然会うことなど）や間接的な接触（テレビや映画などの映像，
書物，周囲の大人の話など）を通じて障害者のdisability（機能面での障害）やhandicap（社会的な
痛み）を「こころで感じる段階」と言える。ここではpity（憐れみや同情），fear（恐れ），guilt（罪
悪感），discomfort（不安）などのネガティブな感情も含まれる。またそのような感情をもったとして
も特に問題にしない。さらにいろいろな体験を通して障害児・者をより身近に感じられるように，ま
たより受け入れられるように促して教育していく。

第4段階：態度形成段階
十分な第2段階の学習と第3段階の体験を経た結果，適切な認識（体験的裏づけをもった知識，障害
観）が形成され障害者に対する適正な態度ができる段階。現在では数多くの態度研究で第2段階の学
習と第3段階の体験が第4段階の態度形成にどのように影響しているかを詳細に調べている。第2
段階の学習と第3段階の体験が皆無，あるいはきわめて不十分である幼児や小学校低学年の子ども
は態度が形成されていないと考えるべきである。

第5段階：受容的行動の段階
生活場面での受容，援助行動の発現の段階。すなわち自分たちの生活する社会的集団（学校，クラブ，
会社，地域，趣味のグループなど）に障害者が参加することを当然のように受け入れ，また障害者に
対する援助行動が自発的に現れる段階。

の段階にたどり着くためには，体系的な障害理解教育の実践が必要になる。そして，こうした障害理解教育を実際に展開する際には，様々な障害について理解を深められるよう教育内容を工夫するとともに，児童生徒の発達水準を考慮することが重要である。教育内容については，道徳副読本を分析した研究から，肢体不自由や視覚障害を扱ったものが多く，取り上げられる障害の種類に偏りのあることが指摘されている（水野・徳田, 2012）。児童生徒の発達も踏まえながら総合的に障害理解教育を展開する取り組みはまだ少ないが，近年ではそうした実践例も示されるようになってきている（例：水野, 2016）。今後の障害理解教育の更なる発展が期待される。

第3部
学習指導案を創る

　「考え，議論する道徳」の授業づくりに向けて，各地で様々な特色ある学習指導案が生み出されている。従来の学習指導案においては時系列に沿って「導入」，「展開」（前段・後段），「終末」といった学習過程が配置され，教師主導の授業運営マニュアルとして作成・活用されることが多かった。近年では学習過程の名称として「つかむ」，「調べる」，「考える」，「深める」，「対話する」，「まとめる」といった多彩な表現が駆使されるようになり，併せて「主体的，対話的で深い学び」を実現するために，児童生徒の視点に立った学習指導案へと見直しも進められている。

　そもそも話し合い活動に重点を置いた授業では，教師の計画通りに授業が進むことばかりではない。教師は主題を大きく逸脱しない範囲で学習活動（思考や議論）をリードし，児童生徒の価値に対する「見方・考え方」を深めていく役割を担うこととなる。学習指導案という形態のルーツとされるヘルバルト教育学においても授業を型通りに進めることが奨励されていたわけではなかった。ヘルバルトは児童生徒の自発性を引き出して，存分に学習活動へと向かわせる役割を教師に求め，そのための技法をオーケストラにおける指揮者になぞらえて「教育的タクト」と表現している。教師には順序だって説明する力量だけではなく，臨機応変に発問と進行をまじえ，児童生徒の授業に対する興味関心を引き続けられる技量が期待されていたのである。

　「第3部　実践編」では全国から選りすぐりの実践を取り上げて，その工夫や秘訣を紹介する。魅力ある道徳授業を実践するためには，題材の新しさだけでなく，多様な指導法をいかに柔軟に取り入れることができるかも検討されなければならない。現代を生きる教師には，新たな実践を想像し，創造する挑戦こそが求められている。

小学校低学年の指導案

❶ 食べられない給食
　　≫ B-(6)：親切，思いやり
　　≫ B-(7)：感謝
❷ 友達と仲良く
　　≫ B-(9)：友情，信頼

第 16 章　小学校低学年の指導案

---

❶ 食べられない給食（B-(6)：親切，思いやり　B-(7)：感謝）

指導案の概要

①実施時期：1 月頃

②対象：小学 2 年生

③教材名：「シシャモとにらめっこ」（自作教材：上田仁紀）

指導案の詳細

1.　主題設定の理由

(1) ねらいとする価値について

　作り手に感謝して給食をいただくこと（感謝）と，苦手なおかずに苦しむ友達の気持ちに寄り添い優しく接すること（思いやり）との間で起こる葛藤を考えることを通して，感謝の気持ちを大切にしながらも，思いやりの心を忘れずに相手に接しようとする道徳的判断力を養うことを本主題のねらいとする。

(2) 児童の実態について

　給食は楽しみな時間であり，日々感謝して給食を食べているが，偏食傾向のある児童にとって苦手なおかずを克服することは容易でない。作り手に感謝して残さず食べさせたいが，強い指導が学校嫌いを招く場合もあり，無理をさせず残させているのが現状である。児童の中には，「時間が来れば嫌いなおかずを残せる」という甘い考えをもつ者もあり，感謝して食べさせることと，苦手な気持ちを思いやることの間で，教師自身が悩むことも多い。

(3) 本時の教材の概要

　母親が給食センターに勤めるあきらは，残さず給食を食べてもらおうとクラスのみんなを励ましている。ある日の給食で，魚嫌いのめぐみがシシャモを食べようとしないため，一口だけでも食べさせようとするが，友達から「無理強いはよくない」と注意されてしまう。フードロスが社会問題となっている昨今，「もったいない」という意識や作り手への感謝は大切だが，給食を無理強いすることは，児童に苦役を与える思いやりに欠けた行為と考える風潮も強い。

　本教材では，食べ残される給食のシシャモという身近な素材を通して，食べ物への感謝と，苦手なおかずに苦しむ人への思いやりについて考えさせたい。

159

第3部　学習指導案を創る

2. 本時のねらい

　感謝して給食をいただくことと，苦手なおかずに苦しむ気持ちに寄り添うことの間で起こる葛藤を考えることを通して，感謝の思いを大切にしながらも，思いやりの心をもって相手に接しようとする道徳的判断力を育てる。

3. 本時の展開

	学習活動	主な発問と予想される児童の反応	教師の支援
導入 [15分]	1. 教材を読み，あきらの葛藤状況を明確につかむ。	○あきらが，給食を残さないようにみんなを励ますのはなぜだろう。 • 給食を作る大変さを知っている。 • 残食を減らして母親を喜ばせたい。 ○シシャモとにらめっこするめぐみは，どんな気持ちだろう。 • 目玉ににらまれているようで怖い。 • 少しだけでも食べたいけど無理だ。 ○ともみは，どんな気持ちであきらに注意したのだろう。 • 泣いているめぐみがかわいそう。 • 苦手な人の気持ちを考えてほしい。 ○あきらは，どんなことで迷っているのだろう。 • シシャモを残させるか，少しでも食べるように励ますか。	• あきら，めぐみ，ともみの異なる視点に立つ思いを考えることで，多面的・多角的な見方を広げさせる。 • 黒板右側に，あきらの思い，左側にめぐみとともみの思いを書き分け，要点を整理する。 • あきらがどんなことで迷っているのかという状況を確認する。
展開 [25分]	2. あきらはどうするのがよいかを考えて道徳カードに記入する。[5分] 3. 友達と話し合い，自分の考えとの違いに気づく。[20分]	◎あきらはどうするのがよいのだろう。 【A：シシャモをのこさせてあげる】 • 励まし続けるのに疲れた。 • めぐみが泣きそうになっている。 • 友達を泣かしたら先生に叱られる。 • これ以上の無理強いはかわいそう。 • めぐみや友達から嫌われる。 • めぐみが学校に来なくなると困る。 【B：少しでも食べるようにはげます】 • 何とかして食べさせたい。 • 食べ物を粗末にしてはいけない。 • お母さんに頑張りをほめられたい。 • 調理員さんたちを喜ばせたい。 • めぐみの好き嫌いを減らしたい。 • 食べ切った喜びを感じさせたい。	• 自分の判断・理由づけを道徳カードに記入させる。 • 自分ならどうするかではなく，どうすることが正しい行動なのかを考えさせる。 • 十分に時間をとって話し合い，友達と自分の考え方の違いを比べて，道徳的な見方・考え方を高めていく。
まとめ [5分]	4. 自分の考えをまとめる。	○友達との話し合いで気づいたことを，道徳カードに書き込もう。	• 学習後の気づきを道徳カードに記入させ，本時のまとめとする。

第 16 章　小学校低学年の指導案

4. 評価

〇道徳的価値を自分自身と関わらせて考えようとしているか。（道徳カード1）

〇友達の意見を聞いて多面的・多角的な見方を広げているか。（道徳カード2）

〇意欲的に自分の考えを発表しているか。（話し合いの様子）

5. 授業のポイント

(1) 授業を行う上での留意点

• 学習活動1では，あきらと，めぐみやともみの思いを黒板の左右に書き分け，学級全員で確認して，あきらが何を迷っているのかを押さえる。

• 学習活動2では，「どうすることが（人として・道徳的に）正しいのか」という課題に自力で向き合わせ，考えの根拠を丁寧に書かせる。教師は机間指導をしながら，助言と学級全体の判断・理由づけの把握を行う。

• 学習活動3では，少ない方の判断から理由を発表させ，補足の意見はその都度出し切らせる。両方の判断・理由づけが出そろったところで「Aの②に反対です。それは……」というように意見や質問を出させ，討論を山場へと導く。

• 学習活動3では，「Bのような感謝の心はとても大切です。それを押しつけない思いやりの心をもつことも大切なんですね。」と話し合いを締めくくる。

• 学習活動4は，話し合いを通した気づきを見取る大切なまとめである。一人ひとりの短い記述に込められた道徳的な学びをていねいに評価したい。

(2) 学習指導要領の内容・食育との関連

> 〔親切，思いやり〕身近にいる人に温かい心で接し，親切にすること
> 〔感謝〕家族など日頃世話になっている人々に感謝すること。
> （小学校学習指導要領 第1学年および第2学年の内容より）

小学校の食育では，「食べ物を大事にする感謝の心」や「好き嫌いしないで栄養バランスよく食べること」を指導している。多くの教師は，「給食は栄養士さんが必要な栄養を計算して作ってあり，食べ残すなんて給食を作ってくれる人に申し訳ない」という思いがある。給食への「感謝」は理解しやすいが，好き嫌いを認める「思いやり」に道徳的な正しさはあるのだろうか。

食育の指導は，なるほど正論ではあるが，食べ物の嗜好には個人差が大きく，食べられない者に「好き嫌いなく食べなさい」と一般論を押しつけることは，相手に苦痛

161

を与える人権侵害にもなりかねない行為である。

　例えば，世界では，ゴキブリ，クモ，サソリ，セミなど千種類以上の昆虫が食べられている。日本人の目には気味の悪い食べ物に見えるが，実は外国人が日本で納豆や卵かけごはんに挑戦するのと大きく変わらない。すなわち，教材中のめぐみにとって，シシャモはゴキブリと大差ないのである。思いやりの心とは，相手の身になってそうした想像力を豊かに働かせることにほかならない。

（3）価値分析表

　「シシャモとにらめっこ」の教材を，道徳的な見方・考え方の枠組みを示したコールバーグの道徳性発達段階に基づいて分析すると，表16-1のようになる。

◆ 板書計画

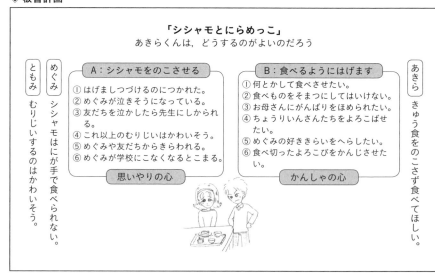

第16章　小学校低学年の指導案

表16-1　「シシャモとにらめっこ」価値分析表

シシャモをのこさせる （思いやり）		食べるようにはげます （感謝）
[段階0　自己欲求希求志向]		
• 励まし続けるのに疲れた。		• 何とかして食べさせたい。
[段階1　罰回避と従順志向，他律的な道徳性]		
• 人には優しくしなければならない。		• 食べ物を粗末にしてはいけない。
• めぐみが泣きそうになっている。		• 給食作りは大変だと聞いている。
• 友達を泣かしたら先生に叱られる。		• お母さんに頑張りをほめられたい。
[段階2　個人主義，道具的な道徳性]		
• これ以上の無理強いはかわいそう。		• 母や調理員さんたちを喜ばせたい。
• めぐみや友達から嫌われる。		• めぐみの好き嫌いを減らしたい。
• めぐみが学校に来なくなると困る。		• 食べられた喜びを感じさせたい。

◆ オリジナルストーリー

「シシャモとにらめっこ」

　あきらのお母さんは，きゅう食センターではたらいています。大きなおなべをかきまぜたり，おもいしゃもじでごはんをよそったりと，きゅう食づくりは大へんですが，元気な子どもたちを育てるしごとが大すきです。
　「今日のきゅう食は，どのクラスもきれいに食べていてくれたよ。」
　と話すときのお母さんは，ほんとうにうれしそうです。

　小学校に入ってきゅう食が始まりました。あきらは，ピーマンとキュウリがきらいだったけど，作ってくれたお母さんたちのことを思って，のこさずに食べました。そして，クラスのみんなにも，のこさないように，はげましてきました。
　ところが，めぐみは魚がにが手で，いつものこしています。ほかのみんなは，きらいなものもがまんして食べているのに，少しわがままだと思います。
　今日のきゅう食に出たシシャモは，魚の中でも，めぐみが一ばんにが手なおかずです。頭のついた魚は，目玉にじっとにらまれているようで，こわいのです。
　「一口だけ食べようよ。頭さえとればだいじょうぶさ。」
　きゅう食当番のあきらは，シシャモとにらめっこするめぐみを，はげましました。
　「シシャモだけは，どうしてもにが手なの……。」
　めぐみの目に，なみだがあふれてきました。

　「あきらくん，もういいじゃないか。後かたづけの時間だし，のこさせてやれよ。」
　「めぐみちゃんだって，せいいっぱい食べようとがんばったのよ。」
　同じきゅう食当番の，かつやとともみが，心ぱいして声をかけました。
　「シシャモには，作ってくれた人のあいじょうがつまってるんだぞ。」と，あきらは，ふまんそうです。
　「だれにでも，にが手なものってあるじゃない。にが手なものをむりじいするのは，かわいそうよ。」
　ともみにちゅういされたあきらは，こまってしまいました。
　このままでは時間がたつばかりです。めぐみは，あいかわらずシシャモとにらめっこをつづけています。

　あきらは，めぐみにシシャモをのこさせてあげるほうがいいのでしょうか。
　それとも，少しでも食べるように，はげますほうがいいのでしょうか。

163

第3部　学習指導案を創る

◆ **ワークシート**　「シシャモとにらめっこ」【低学年】「感謝」と「親切, 思いやり」

どうとくカード「シシャモとにらめっこ」

月　　日　　　番　名前

1. あきらくんは, どうするのがよいのでしょうか。
   （AかBのどちらかに○をつけましょう。）

   A　シシャモをのこさせてあげる。

   B　少しでも食べるようにはげます。

   そう考えたわけを書きましょう。

2. 話し合いをして気づいたことを書きましょう。

164

第16章　小学校低学年の指導案

❷ 友達と仲良く（B-(9)：友情，信頼）

指導案の概要

　①実施時期：9月頃

　②対象：小学1年生

　③教材名：ロボくんとぼく（自作教材：久保田笑理・藤澤文）

指導案の詳細

1. 主題設定の理由

(1) ねらいとする価値について

　本授業では低学年の内容項目 B-(9)「友情・信頼」をねらいとしている。そこで，授業全体を通して相手の気持ちを考え，友達の存在を認め，友達との関わり方について考えることができるようにする。また，AI という自分たちとは異なる種と友達になれるかという問題を含めて友情や信頼について考えることにより，子どもたちに多様性を身につけてもらいたい。

(2) 児童の実態について

　小学校生活にも馴れ始めた9月頃は，子どもたちは仲良くなった友達を意識し始める時期である。小学1年生は発達的に自他の違いがわかるようになるものの，幼児期の自己中心性から十分に脱していない。そのため友達のことを考えることはできても，相手の立場を理解したり，自分とは異なるものについて考えたり受け入れたりすることが難しい時期でもある。本教材では自分と友達の友情に加えて，人間とロボットという異なる種における共通理解という軸を交差させ，異なる種であっても身近にいる友達と一緒に活動することの楽しさを実感し，仲良くすることの大切さを育みたい。

(3) 本時の教材の概要

　ゆきおと AI ロボットのロボくんは毎日一緒に楽しく過ごしている親友だった。しかし，ゆきおに弟のはやとが生まれ，ゆきおはロボくんと遊ばなくなっていってしまった。そして，ロボくんは一人になってしまった。月日がたち，ゆきおは倉庫にしまわれていたロボくんと再会する。いつも通りに声をかけてくれるロボくんにゆきおは何を思うだろうか。

165

2. 本時のねらい

友達の気持ちを考えることを通して，友達を認めることの大切さを育てる。

3. 本時の展開

	学習活動 （○基本発問　●中心発問・生徒の意識）	指導上の留意点
導入 [5分]	○先生の思い出，友達との思い出を発表する。 ・秘密ばらした　・約束破った ・秘密基地作った	・友達との関係で良い話，失敗した話。初めに親しみやすい先生の例を話す。
展開 [30分]	教材を段階ごとに範読する。 ○ゆきおとロボくんはいつも一緒に，どんなことをしていたのだろう。 ・ご飯を食べていた　・お話をした ・ゲームをした　・お風呂に入った ○ゆきおは弟ができてどんな気持ちだろう。 ・初めての弟でうれしかった。 ・仲間ができた。　・可愛い。 ・お世話が楽しい。 ○ロボくんはゆきおがはやといつも一緒なのを見ていてどう思っただろう。 ・ロボくんもゆきおと遊びたい。 ・さみしい　・2人が仲良しで幸せ。 ●ロボくんはどのような気持ちで「ゆきおくん久しぶりだね！元気だった？」と言ったのだろう。 ・Aまた仲良くできるかもしれないから。 ・B忘れられていたから腹が立つ。	・絵①を板書に提示する。 ・ストーリーの1段落目で話を止め発問する。 ・ストーリーの2段落目の1行目で話を止め発問する。絵②を板書に提示。 ・ストーリーの2段落目の最後の文章で話を止め発問する。 ・物語を振り返り，様々な立場から質問を行い，登場人物の気持ちを理解していく。「つぎのとし」で絵③を掲示。 ・発問後，個別にしばらく考えてもらい，その後，色紙で示してもらう（A（赤）うれしい／B（青）悲しい）。個人の意見を発表し，再度グループで話し合う。
まとめ [10分]	○ゆきおはロボくんとはやととどのように過ごしていけばいいのか。これからの3人を絵に描いてみよう。	・ワークシートに絵を描かせる。 ・ロボくんの気持ちになれたか。 絵④を提示

4. 評価

完成した絵を見て，ゆきおの気持ちを汲み取り今後について考えられているか。

授業のまとめで描いた絵

絵を描く小学1年生の様子

◆ オリジナルストーリー

「ロボくんとぼく」

　ゆきおとロボくんはうまれたときからともだち。なぜなら，ひとりっこのゆきおのためのともだちAIロボットだから。ロボくんはゆきおとはなしをしたり，いっしょにあそんだりしてくれる。
「ただいま！ロボくん。」
ゆきおがかえってくると，
「ゆきおくんおかえり。まってたよ。」
とロボくんがむかえてくれる。ゆきおはロボくんとまいにちこうえんにいっておにごっこをしたり，かくれんぼをしたりしてたのしくあそんだ。どんなときもゆきおとロボくんはいっしょだった。
　しかし，7さいになってゆきおにおとうとのはやとができた。
「ただいま。はやとなにしてる？」
ゆきおはあかちゃんであるはやとがなくとすぐにかけつけミルクをあげたり，あやしたりするようになった。はやとはゆきおをみるとわらうようになり，ゆきおははやとをとてもかわいがった。ゆきおははやとにひつようとされているとかんじた。
　ロボくんはだんだんひとりでいることがおおくなった。おかあさんから
「ロボくんとゆきおはなかよしでしょ？ロボくんさみしがっているわよ。」といわれた。しかし，ゆきおはロボくんのそんざいをわすれていった。そして，いつのまにか，ロボくんはそうこにしまわれた。
　つぎのとし，そうこにつかわなくなったものをもっていったとき，そこでゆきおはロボくんとひさしぶりにあった。ゆきおは
「ロボくんこんなところにいたのか」
となにげなくロボくんのスイッチをいれた。
「ゆきおくんひさしぶりだね！げんきだった？」
とロボくんはえがおでいった。
　ゆきおはこれからロボくんとすごすかおとうととすごすか，どうしたらいいのだろう。

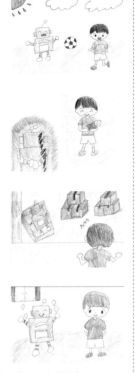

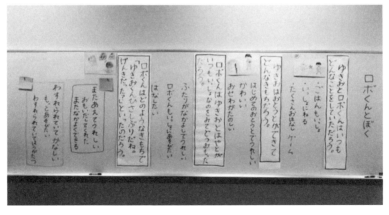

板書の様子

◆ ワークシート

ロボくんとぼく

　　　　がつ　　　にち（　　　）

　1ねん　　くみ　　ばん　　なまえ（　　　　　　　　）

1. ロボくんはどのようなきもちで「ゆきおくんひさしぶりだね！げんきだった？」といったのだろう。じぶんのかんがえに○をしよう。

うれしい ・ かなしい

2. ゆきおはロボくんとはやととどのようにすごしていくのか。これからの3にんをえにかいてみよう。

小学校中学年の指導案

❶ 高いところに引っ越す？　引っ越さない？
　》 C-(16)：郷土愛
　》 D-(18)：生命の尊重

❷ どちらが正しいのか
　》 C-(12)：規則の尊重
　》 D-(19)：生命の尊さ

第 3 部　学習指導案を創る

> ❶ 高いところに引っ越す？　引っ越さない？
> （C-(16)：郷土愛　D-(18)：生命の尊重）

指導案の概要

①実施時期：11 月頃（なお 11 月 5 日は「津波防災の日」である）

②対象：小学校中学年

③教材名：「高いところに引っ越す？　引っ越さない？」（自作教材：静岡大学教育
学部藤井基貴研究室）

指導案の詳細

1. 主題設定の理由

(1) ねらいとする価値について

　主として小学校第 3 学年および第 4 学年における内容項目 C-(16) の「郷土愛」およ
び D-(18) の「生命の尊重」について考え，議論することをねらいとする。自分た
ちが暮らす町において過去にどのような自然災害があり，それに対して先人が「生命
の尊重」と「郷土への愛着」をめぐる葛藤を通して，どのような努力や工夫を重ね，
行動を起こしたのかを想像するとともに，自らも社会の能動的形成者の一人として期
待される道徳的判断力や思考力を育むことを目指す。また，本校は海に隣接している
こともあり，年間数回にわたって津波地震を想定した防災訓練を実施している。その
事前学習の観点からも道徳科において道徳的価値の視点から「防災教育」についての
学習を深めることは重要となる。

(2) 児童の実態について

　本学級の児童は第 1 学年および第 2 学年での道徳科において，読み物教材の登場人
物への自我関与を中心とする学習を重ね，自分の考えや意見を他者に伝える対話経験
を積んできた。その上で物事を多面的・多角的に考え，自己の生き方につなげていく
ために，児童生徒にとっては身近に感じられ，かつ現実社会においても答えが定まっ
ていない問いを設定し，価値や意味をめぐる問題解決的な思考や探究的な学習へと接
続・発展させていきたい。

(3) 本時の教材の概要

　今から 300 年以上前のこと，大きな地震が起きて，浜沿いにあった村に巨大津波が
来襲する。村は大きな被害を受け，人々は復興を目指すか，村ごと高台移転を行うか

170

第17章　小学校中学年の指導案

に悩む。村人の一人になりきって，授業者から情報提供されるリスクや可能性も勘案
し，議論を通じて自らの判断の根拠を深化させる。

2. 本時のねらい

　自然災害から命を守るために高台に村を移転するかしないかについて話し合うこと
を通じて，命の大切さについて考えるとともに，自分たちが住んでいる地域で過去に
起きた出来事について知り，自分ごととして捉え直すことによって，地域社会への思
いや理解を深めるともに，多様な観点や理解に基づく道徳的判断力を育てる。

3. 本時の展開

	学習活動（主たる発問と児童の反応）	○留意点　☆評価
導入 [5分]	1. 最近起きた自然災害について紹介する。 2. 防災についての基礎知識を確認する。	○防災に関する基本知識についてクイズを行い，参加意識を高める。
展開 [30分]	3. 物語を読む。 **あなたは村を高いところに引っ越しますか。** **それとも引っ越しませんか。** 4. 奇数列と偶数列で高台移転に賛成・反対に分かれ，ワークシートに記入する。その後隣同士でペアを作り，それぞれの立場で理由や条件を話し合う。 5. 前後で4人組を作り，話し合う。グループの考えをまとめ，理由や条件を発表する。 【移転する側】 ・命を最優先 ・移転しても復興できる 【移転しない側】 ・土地への愛着 ・なれない生活への不安	○場面絵を使用して状況を想像しやすくする。 ○役割演技等により追加情報を提供する。 ☆判断の根拠や次善の策等についてワークシートに記す。 ○正解はないことを伝え，必要に応じて話し合いに入る。 ○揺さぶりをかける。 ・高台移転のコスト ・高台なら安全なのか／土砂災害のリスク等 ・大地震の周期
まとめ [10分]	6. 教師の講話（実話であることおよび現在も同じ問題が各地にあることを伝える） 7. 家庭学習の課題を示す。 ① 地震に備えて，自分ができること ② 地震に備えて，家族でできること	☆授業を通じて考えたことをワークシートに記す。 ○家庭学習用のワークシートを配布する。

第3部　学習指導案を創る

4.　評価

「生命尊重」および「郷土愛」について児童の考えが深まったか。教師は話し合い活動が充実するための手立てや工夫を講じられたか。（ワークシート等）

5.　授業設計と教材開発

(1)「防災道徳」授業の考え方

　近年では道徳科においても自然災害を取り上げた実践が各地で取り組まれている。既存の資料には災害時の逸話や美談を扱ったものもあるが，本実践は葛藤場面を通して道徳的な判断力や行動力の向上をねらいとする。静岡大学藤井研究室では，災害時や復興時における心理的葛藤に注目し，児童生徒がそれを疑似体験することを通じて，生きる力を育むための「防災道徳」と呼ばれる実践を開発してきた。「防災道徳」の実践は，判断に迷う状況について考えさせる「ジレンマ授業」と，そうした困難や葛藤を回避するための知恵や合意形成の在り方について考える「ジレンマくだき授業」の2段階で構成されている。本実践は前半部の「ジレンマ授業」にあたり，後半部は他の授業時間や防災訓練等で補完されることが多い。授業展開において重視されるのは，防災に関する基本的な知識を提供することと，災害時や復興時における葛藤場面について話し合いを通じて児童生徒が主体的に考えることである。教師は授業の進行に応じて最新の防災科学に基づく情報の提供や「ゆさぶり」発問等を投げかけて児童生徒の思考力や判断力の深化を促す役割を担う。場面設定は児童生徒の想像力を引き出すためにできるだけ簡素なものとし，物語の長さや板書は話し合いの時間を十分に確保するために簡潔なものとすることを心がけている。

(2)　郷土学習とつなげる道徳教材

　防災教材は科学か歴史の知見から生まれる。本実践の開発にあたっては地域の災害史調査の中で着想を得た。1707年，静岡県西部に宝永地震が直撃し，浜名湖の地勢を変形させただけでなく，同県湖西市の白須賀宿に壊滅的な被害を与えた。そのため白須賀宿は内陸に高台移転することとなる。現在に至るまで各地で高台移転の議論は続いており，江戸時代には土を盛って避難場所となる「命山」なども作られた。日本の歴史は災害の歴史とともにあり，各地で編纂されてきた県史・町史関連の史・資料には数多くの記載がある。各時代の先人の葛藤や努力に学びながら，現代に生きる市民として地域社会の発展や充実に貢献できる人間を育てるために，地域の災害史を紐解いてみてはいかがだろうか。

第 17 章　小学校中学年の指導案

◆ オリジナルストーリー

「高いところに引っ越す？　引っ越さない？」

1. 今から 300 年以上も前のこと，海沿いの小さな宿場町が地震と津波で大きな被害を受けました。この村には 500 人を超える人たちが住んでいます。毎日みんな，これからどうしていくか考え込み，話し込んでいます。

2. 村長「この村はおらのじいさんのじいさんのときにも大きな地震があった。そのことはあそこの石碑にも書いてある。みんなで今より高い場所に引っ越ししねえか」。村長はより高い場所に町ごと引っ越しをすることを提案しました。自然の恐ろしさからみんなを守るためです。

3. 漁師「そんなこと言ったって，おらたちは魚とってこれまでやってきた。山のほうに行って，どうやって暮らしていくんだ。」村人「私は海が見えるこの村が好き。みんなで支え合って生きていけばいいのよ。村だってすぐに元に戻るはず。子供たちもこの村から離れたくないって言ってるわ。」

4. （グループワーク後）村人たちは話し合って決断しました。立て札には次のように書かれています。

　　　「わが村は高いところに
　　　　引っ越す。引っ越さない。
　　　　　なぜなら……。その代わり……。」

本実践の様子については毎日新聞社のウェブサイト
（QR コード参照）より動画配信されています。

◆ **板書計画** ※グループワークで話し合った内容を理由や条件も含めて立て札に記す。

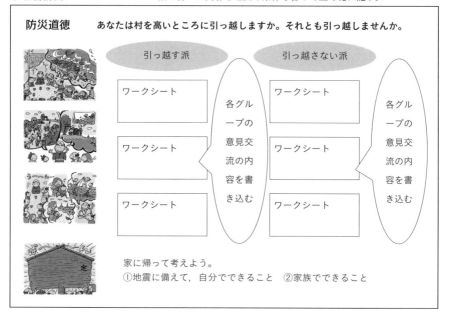

授業の様子

◆ ワークシート

第17章 小学校中学年の指導案

第 3 部　学習指導案を創る

> **❷ どちらが正しいのか（C-(12)：規則の尊重　D-(19)：生命の尊さ）**

指導案の概要

　①実施時期：7 月頃

　②対象：小学 4 年生

　③教材名：門番のマルコ（作：堀田泰永／出典：荒木, 1997）

指導案の詳細

1. 主題設定の理由

(1) ねらいとする価値について

　社会や集団の中で，そこにある法やきまりを守っていくことは必要であり，これは義務でもある。また，生命はかけがえのないものであり，尊重しようとする態度も重要である。4 年生ともなると，これまでの学習経験や，社会生活の広がりの中で，これら「規則の尊重」「生命の尊さ」の重要性についての理解は進んでいる。一方，現実社会では様々な価値が絡み合っているのが実情である。そこで，一方の価値を踏まえた上でもう一方の価値について考えることで，それぞれの価値に対する道徳的思考を高めていくこととする。

(2) 児童の実態について

　男子 15 名，女子 18 名，計 33 名の学級である。男女仲が良く，明るく活発な学級である。4 年生になり，行動範囲も広がり，気の合う仲間と小集団を形成して遊んだり活動したりすることが多くなってきている。

　一方，道徳性発達検査から，コールバーグの道徳性発達段階の段階 2（個人主義，道具的な道徳性）の児童が一番多く，次いで段階 1（罰回避と従順志向，他律的な道徳性），段階 3（良い子と対人的規範の道徳性）の児童となっている。今後，社会性の広がりが期待される年代であることから，規則の尊重，生命の尊さのいずれの内容についても，段階 3 の思考への発達を支援することが重要である。

(3) 本時の資料の概要

　主人公のマルコは王様のお城を守る門番である。マルコが番をする門には，「戦いに行くときにしか決して開けてはならない」というきまりがある。このきまりは，昔この門を開けて敵に攻め込まれたことから，王様が決めたきまりである。ある時，狩りに出かけた王様は，ひどい熱を出し，急いで城へ帰らなければならず，近道である

マルコの門へと向かった。門番として，家来として，マルコは門を開けるべきか，開けるべきでないか。

2. 本時のねらい

　葛藤状況の解決を通して，規則の尊重と生命の尊さについて包括的に考えることで，道徳的思考を高める。

3. 本時の展開

(1) 授業前の準備

　○朝自習等を利用して児童が資料を読み，1回目の判断理由づけを行う。

　○1回目の判断理由づけから本時で用いる書き込みカードを作成するとともに，論点を予想し，発問を準備する。

(2) 本時

	内容	留意事項
導入 [10分]	資料を読み，葛藤状況を共通理解する。 ・マルコの仕事は何か。 ・門のきまりはなぜできたのか。 ・王様も門へ向かうように言ったのか。 ・マルコは王様が見えているのか。 ○なぜ迷っているのか。	・門のきまりの重要性と，王様もマルコが番をする門へ向かうように言っていることを確認する。 ・マルコは門の中にいるので王様が見えていないことを確認する。
展開 [30分]	○「書き込みカード」に賛成・反対意見を書こう。 ○賛成・反対意見を自由に言おう。（モラルディスカッション1） ◎論点を絞って話し合う。（モラルディスカッション2） ・もし門を開けなかったら，王様はどんな気持ちになるだろう。（Y） ・今は本当に王様だけど，もし敵だったらどうなるだろう。（K） ・王様だから，門のきまりを破ってもよいのだろうか。（N） ・きまりとはどんな場合も変えることはできないのか。（N）	・1回目の理由づけを分類した「書き込みカード」に意見を書き込むことにより，自分とは違う他者の考えに気付く。 ・いろいろな理由づけに対して相互に意見を述べ合う。 ・教師は対立点が分かるように児童の意見を板書する。 ・役割取得を促す発問（Y），結果を類推する発問（K），認知的不均衡を促す発問（N）でディスカッションを方向づけながら，児童の思考を深める。 ・発問は議論の進み具合を見て適宜使用する。

第3部　学習指導案を創る

まとめ ［5分］	〇マルコはどうすべきだろう。	・2回目の「判断理由づけ カード」への記入を行う。

4．評価

　1回目の理由づけと2回目の理由づけを比べる中で，理由づけの質の高まり（コールバーグの発達段階の上昇）で評価を行う。ここでは判断の変更は問題としない。

5．授業の実際

（1）書き込みカードへの記入

　資料を読み，葛藤状況の共通理解を行った後，事前に行った第1回判断理由づけをもとに作成した「書き込みカード」（図17-2-1）に意見を書き込んだ。これにより，自分とは違う他者の考えに気付き，モラルディスカッションへの準備を行うとともに，発言が苦手な児童の意見表明の場とすることができる。この授業では，門を開けるべき・開けるべきでないの両方に，「お父さんに王様の言うことを聞くように言われたから。」「王様が作ったきまりだから。」という同じ理由があるのが特徴的であった。

（2）モラルディスカッション1・2

　立場を明確にするため赤白帽子をかぶって授業を始め，友だちの意見を聞いて判断を変更した場合は，帽子をかぶり直してもよいこととした。ここでは，自由に意見を述べ合った。ディスカッションの始めは，「お父さんに王様の言うことを聞くように

門を開けるべき		門を開けるべきではない	
理由	意見や質問	理由	意見や質問
①お父さんに王様の言う 　ことを聞くように言わ 　れたから		①お父さんに王様の言う 　ことを聞くように言わ 　れたから	
②王様がその門へ向かう 　ように言って，おとも 　が開けるように言って 　いるから		②もし敵がその門を開け 　るのを見ていたら，ま 　たせめられるから	
③王様がひどい熱で，急 　いでお城に入らないと 　命にかかわるから		③もし王様じゃなかった 　ら，たいへんなことに 　なるから	
④王様が作った決まりだ 　から		④王様が作った決まりだ 　から	

図17-2-1　書き込みカード

言われたから。」について意見が集まった。

C「王様が戦いの時しか開けてはいけないというきまりを作ったのだから，開けてはいけ
　ないというのは王様が言っていることです。」
C「でも今，王様が開けるように言っているので，開けるべきだと思います。」
C「門の前で言っていません。」
C「お父さんも，そのまたお父さんも，正しいことをしっかり守れと言ったんだと思いま
　す。」
T「正しいこととは？」
C「門のきまりを守ることだと思います。」
C「でも，王様が熱でたいへんだから，やっぱり開けないといけないと思います。」

　この後ディスカッションの論点は，「王様がひどい熱で，急いでお城に入らないと
命にかかわるから。」に移っていった。ここでは，次のような話し合いが行われた。

T「王様の命が大切というけど，もし王様が死んだらどうなるの？」
C「この国が平和ではなくなると思います。」
T「どうして？」
C「王様がいるからこの国は平和だからです。」
T「平和でなくなるとどうなるの？」
C「誰も住めなくなる。」
C「敵にまた攻められてこの国がなくなる。」
T「そうだね。たいへんなことになるね。開けるべきでない人どう？」
C「でも，王様じゃなかったらたいへんなことになります。」
T「どうなると思う？」
C「敵だったら，お城にいる人がさらわれてしまいます。」
C「敵に攻められてお城がこわされてしまいます。」
C「みんな殺されてしまいます。」

　このようなディスカッションが続いた後，最後に，「王様が作ったきまりだから。」
に論点を絞った。

T「だからこの門のきまりは大事なんだね。では，王様だからといって，この門のきまり

第3部　学習指導案を創る

◆ 板書計画

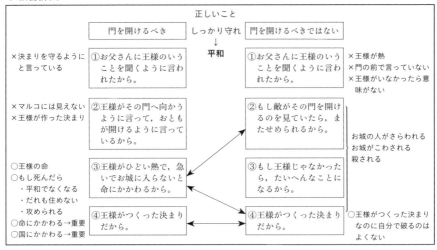

を破っていいの？」
C「大切なきまりだから，破るのはよくないと思います。」
C「王様が自分で作ったきまりを自分で破るのはよくないと思います。」
C「でも今は，王様がたいへんだから，こんな場合は仕方ないと思います。」

この後，さらにディスカッションは続いた。

(3) 2回目の判断理由づけと授業評価

　授業の最後に2回目の判断理由づけを行った（図17-2-2）。1回目と2回目の結果は表17-2-1の通りである。段階上昇の内訳は，段階1→2が4人，段階2→3が5人，段階1→3が5人であった。逆に，段階3→2が2人，段階3→1が1人の下降もあった。これは，段階上位者は，下位の思考も使えるため，記述の上で，下降となったものである。段階同定は，価値分析表（表17-2-2）に照らして行った。なお，本授業のねらいは道徳的思考を高めることであったが，授業で思考の高まりが見えた児童の道徳的思考が完全に高まったものではない。また，1時間の授業ですべての児童の思考が高まるものでもない。このような経験を繰り返すことで，徐々に道徳的思考の発達を促していくことになる。

表 17-2-1　理由づけの変容

	1回目（授業前）	2回目（授業後）
段階1	11人	3人
段階2	15人	14人
段階3	7人	16人

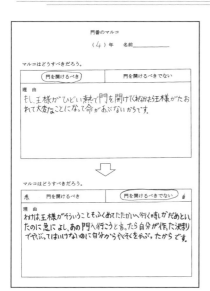

図 17-2-2　授業前後の判断理由づけカードの実際

授業の様子

表 17-2-2　価値分析表

門を開けるべき	門を開けるべきでない
［段階1　罰回避と従順志向，他律的な道徳性］	
・お父さんから王様の言うことをよく聞くように言われているから。 ・開けないと王様におこられるから。	・王様の決めた決まりだから。 ・戦いに出るときしか門は開けてはならないと，せんぱいに言われたから。
［段階2　個人主義，道具的な道徳性］	
・王様の言うとおりにしないと，門番の仕事がなくなる。 ・王様が困っているのならほうびがもらえる。	・王様の言うことをよく聞いたとほめられる。 ・王様であるというのがうそで，敵だったら殺されるかもしれない。
［段階3　良い子と対人的規範の道徳性］	
・王様が病気だというのはこの国にとって一大事であり，何より人の命に関わることだから。 ・家来として王様の命令に従うのは当然である。	・門番として，お城を守ることはお父さんやせんぱいの期待にこたえることだ。 ・王様であるから，なおさら自分が決めた決まりを守らなければならない。

第3部　学習指導案を創る

◆ オリジナルストーリー

「門番のマルコ」

　　むかしある国に，マルコという門番がいました。門番は，王様のおしろを守ることが仕事です。マルコの家は，むかしから王様につかえてきました。お父さんも，おじいさんも，そのまたおじいさんも，むかし，王様のけらいだったのです。マルコが門番になった時，お父さんが言いました。

　　「いいかい，マルコ。王様がいるから，この国の人は，平和にくらせるんだよ。王様の言うことをよく聞いて，りっぱにはたらいておくれ。」

　　「はい，わかりました。王様のために，いっしょうけんめいはたらきます。」

　　いよいよ今日からマルコの門番の仕事が始まるという日，せんぱいの門番が言いました。

　　「門番という仕事は，おしろを守る一番大切な仕事なんだ。とくに君が番をする門は，戦いに行くとき以外は，決して開けてはならないというきまりがある。ずっと前，敵にだまされてこの門を開けてしまい，となりの国のへいたいにせめられたことがあった。それで，王様がこのきまりを作られたのだ。だから絶対，この門を開けてはいけないよ。」

　　そして，マルコの門番の仕事が始まりました。

　　ある時王様は，大勢のおともを連れて，かりに出かけました。かりが始まると，王様は，次々とえもののしかを，ゆみやでしとめていきました。ところがかりがすすむにつれ，王様のようすがおかしくなってきました。

　　「王様，どうされましたか。お顔の色がよくないようですが。」

　　「うむ，どうも気分がすぐれんのじゃ。」

　　よく見ると，王様は体中あせだらけです。王様のひたいに手をあてたおともはびっくり。王様はひどい熱があったのです。

　　「これはいけません。急いでおしろへもどりましょう。」

　　おともと王様は，おしろへと急ぎました。

　　「王様，戦いに行く時にしか開けてはならない門へ向かってもよろしいですか。あの門がおしろへの近道なのです。」

　　「うむ，あの門から入ることにしよう。あの門へ向かってくれ。」

　　王様を乗せた馬車とおともは，いつもは使わないマルコのいる門へ向かいました。そして門に着きました。

　　「門を開けろ。」

　　おともは，大声でどなりました。

　　マルコは，言いました。

　　「それはできません。この門は，戦いに出るための門なのです。それ以外は開けてはならないというきまりになっています。これは，王様の作られたきまりです。」

　　おともは，言いました。

　　「何を言っておる。王様がおられるのだ。王様は，ひどい熱でいっこくも早くおしろへ入らねばならぬのじゃ。すぐに開けろ。」

　　王様が熱だという言葉を聞いて，マルコは，「王様の言うことを聞いて，りっぱにはたらいておくれ。」というお父さんの言葉を思い出しました。しかし，この門のきまりは，王様が作られたおしろを守るための大切なきまりなのです。

　　マルコは，門を開けるべきでしょうか。開けるべきではないでしょうか。

第18章

小学校高学年の指導案

❶ 無料通話アプリの書き込みを考えてみよう
　　≫ 情報モラル
❷ 自分が選んだ道を進む
　　≫ D-(22)：よりよく生きる喜び
❸ 心の健康
　　≫ A-(6)：真理の探究
❹「なってみる」活動を通して体験的に理解を深める道徳授業
　　≫ B-(11)：相互理解，寛容

第 3 部　学習指導案を創る

---

❶ 無料通話アプリの書き込みを考えてみよう（情報モラル）

指導案の概要

①実施時期：5 月頃

②対象：小学 4 年生〜中学 3 年生

③教材名：無料通話アプリのメッセージについて考えよう（自作教材：竹内和雄）

指導案の詳細

1.　主題設定の理由

(1) ねらいとする価値について

　スマホ所持率は小 6 で約 5 割である。子どもたちにとってインターネット使用は当たり前のことになってきている。便利な一方，トラブル多い。特に LINE 等，無料通話アプリでのやりとりは文字だけのコミュニケーションであるため，勘違い等からのいさかいが頻繁に起きている。そこで，この授業を通して，子どもたちがこれらの課題を認識し，対応方法を考えるきっかけを提供したいと考えている。

(2) 児童の実態について

　インターネット使用を頻繁に繰り返しているので，インターネット上の知識や経験は大人以上に豊富な場合も多い。しかし，トラブル対応経験は乏しく，一度もめると解決が難しく，大きな問題になってしまう。特に，LINE 等，無料通話アプリでのコミュニケーションでは，文字だけの対応であるので，表情が見えないこともあり，勘違い等からケンカになることも多い。

(3) 本時の教材の概要

　本時の教材は，実際のトラブルを教材化したものである。

　友達（A 子）から，お土産に「クマのぬいぐるみ」をもらって大喜びの花子は，早速クラスの女子 16 人で作る無料通話アプリのグループに，お礼のつもりで書き込む。「このぬいぐるみ，とてもかわいい！」と言うつもりだったが，「このぬいぐるみ　かわいくない」と「？」をつけ忘れて投稿してしまった。これを見た A 子は，自分があげたぬいぐるみを悪く言われたと勘違いして激怒し，花子以外の 15 人で別グループを作って，花子を仲間外れにしてしまう。状況がわかっている B 子や他の子たちも，ややこしいことに巻き込まれたくないので，何もできずにいる。

184

2. 本時のねらい

　LINE での勘違いからの行き違いを考えることを通して，インターネットでのトラブルに冷静に対応できる子どもを育てる。

3. 本時の展開

	学習活動	指導上の留意点
導入 [5分]	○これから見せるものを持っていますか？ （ガラケー，スマホ，携帯ゲーム機を順番に示す） ○今後これらのものをみんなも持つ可能性があるので，今は持っていないとしても今日は全員で学びます。 （無料通話アプリについて簡単に説明する）	• クラスを見渡し反応を見る • 持っていない人に配慮する
展開 [40分]	ワークシートを配布し，物語を確認する。 スマホの画面を全体で共有する。 ○「既読15」と全員読んだはずなのに，誰からも返事がきません。何があったのでしょうか。 • かわいくないと否定されたから • 急にみんな忙しくなったから • この話題が終わったから ○このあと，怒ったA子はどうしたでしょうか。 • 別のグループを作った • A子に直接文句を言った • 他の子に「花子はひどい」と言った ●あなたがB子なら，どう書きますか？ それぞれが書き込みに込めた想いを発表する。 •「私はかわいいと思う」 •「？書き忘れてるよ」 ●トラブルが起きないための標語を考えましょう。 （できれば五七五等，簡潔に）	• 「話題を急に変えた」という意見も許容する • 勘違いを理解させる • 「退会させた」を先に拾い，「別グループを作る」意味を確認 • 個人で考え，班でまとめる考え 　→画用紙に書いて黒板に貼る 例）ちょっと待て　投稿前に　立ち止まろう • 想像力が必要
まとめ [5分]	児童生徒が考えた標語から，以下の点について話をする。 ○思いやりの必要性 • 書き込む側　・読む側 ○傍観者の重要性 • 自分では気付けない。まわりの人がどう動くか。	• 何もしないことが実はトラブルを大きくする

4. 評価

　○B子の立場を踏まえて，各班や各個人の考えがA子に配慮しつつ，花子の立場を守れているか。

第3部　学習指導案を創る

5. 授業のポイント

(1) 大学生の出前授業

　この授業は，大学生が学校に出向いて，出前授業したものを元にしている。子どもたちに自分の問題として考えさせるために，大学生はスマホ等にまつわる自分の軽い失敗談を最初に話すようにしている。教員が授業する場合，この方法は難しいかもしれないが，実際に私たちの身の回りではスマホに関連するトラブルが数多く起きており，そのようなトラブルについて話すこと自体は恥ずかしいことではないという雰囲気を作る必要はある。

(2) 誰かを悪人にしてしまわない

　教師が，「LINE ＝悪」という認識を示してしまうと，子どもたちは教師の意に沿った発言に終始してしまう。あるいは最初から教師の話を聞かないかもしれない。自由に発言できる雰囲気が重要である。「勘違いしたA子が悪い」「紛らわしい書き方をした花子が悪い」「仲裁しないB子が悪い」等の発言もあまりよくない。誰かが悪いのではなく，誰も取り立てて悪くないのにトラブルが起きてしまうのが，この種の問題の難しいところだと認識させることが情報モラルを扱う際のスタートラインである。各々が少しずつ配慮したらトラブルが起きないことを認識させる。

(3) 思いやりの気持ち，傍観者について

　メッセージを送るとき，「相手がどう読むか，ちょっと考えてみる」，あるいはメッセージを読むとき，「怒る前に相手の状況を想像してみる」等，思いやりの気持ちを前面に出す。また，何もしていないB子が実は重要な存在で，周囲の人の働きかけが重要だと示す。「いじめはダメ」という認識を超えて，どうすることが全体にとって一番良いか考えさせることが必要である。

(4) 標語を作る意味

　最後に標語を作ることで，自分の問題だけでなく，クラス全体にどう訴えるかを考えることが可能になり，自分たちの行動を客観視できるようにするために実施する。さらに，できた標語を教室に掲示しておくと，折に触れ目にすることができるので効果が持続できる。

第18章　小学校高学年の指導案

◆ ワークシート

年　　組　　番　氏名　　　　　　　　　　

　花子は，A子に，お土産にクマのぬいぐるみをもらいました。かわいいので，無料通話アプリでお礼のつもりで書き込みました。全員読んだのに，だれからも返事が来ないし，次の日学校に行ったら，全員から無視されてしまいました。

1）どうして花子はみんなから無視されたのでしょうか。

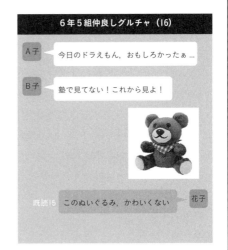

2）花子を助けるために，あなたがB子なら，このあと，どういう言葉を書き込みますか？

3）こういうトラブルが起きないように標語を考えましょう。
　（七五調等，みんなに伝わりやすい言葉で）

187

第 3 部　学習指導案を創る

---

❷ 自分が選んだ道を進む（D-(22)：よりよく生きる喜び）

指導案の概要

①実施時期：10 月頃
②対象：小学 5 年生
③教材名：小川笙船（私たちの道徳高学年）　エピソードファイル

指導案の詳細

1. 主題設定の理由

(1) ねらいとする価値について

　本時の中心となる内容項目は「D-(22)：よりよく生きる喜び」である。小川笙船の生き方を支えた思いに迫ることで，人物の生き方について多面的に考えることできる。

　さらに，小川笙船の生き方における「D-(22)：よりよく生きる喜び」は，「C-(13)：公正，公平，社会正義」や「D-(19)：生命の尊重」などの諸価値と関連して成立していると考えられる。教材本文だけでなく，エピソードファイルの取り組みや展開の工夫を通して，これらの諸価値を中心となる内容項目とを関連させることで，児童が多角的に考えることが可能となる。

(2) 児童の実態について

　本時の学習にあたって，児童は「エピソードファイル」というプリントを用いた事前学習に取り組んだ。これは，「年表」や「エピソード」で構成したプリント集である。この事前学習で，人物の生涯を概観することによって，児童は人物の生き方に対するイメージを抱くとともに，一人の人間の生き方に内在する諸価値に触れ，「私はこの人のこの生き方に強く共感する」というこだわりをもって学習に臨むことができる。

(3) 本時の教材の概要

　本題材では，小石川養生所の初代肝煎職である小川笙船の生き方を取り上げる。病気の人たちが誰でも安心して診察をしてもらえる病院の計画を作り，実際に運営するだけでなく，自らも患者を診察し，さらには若い医師たちを育てる役割も担った小川笙船の生き方について，多面的・多角的に考えることのできる教材である。

2. 本時のねらい

　小石川養生所の設立と運営のために活動した小川笙船の生き方に迫る話し合い活動

188

第18章　小学校高学年の指導案

を通して，よりよい生き方を求めた小川笙船の生き方について多面的・多角的に考え，自らもよりよく生きようとする道徳的実践意欲を育てる。

3. 本時の展開

	学習活動（主な発問と児童の反応）	指導上の留意点
導入 [5分]	感想交流による問題の焦点化・共通化 ○小川笙船の生き方に対して，どんな感想をもったか。 ・身寄りや金もない人にも手厚く診療をほどこしたことがすごい。 ・小石川養生所で，多くの患者の診察だけでなく，若い医者たちへの指導もしていたのはとてもたいへんだっただろう。 ・小川笙船が小石川養生所を作ることを将軍に訴えたのはどうしてだろう？	感想交流を通して，小川笙船の病人に真摯に応対する姿や小石川養生所での笙船の仕事ぶりなどに感想や問題意識をもつ児童が多いと考えられるので，問題をその部分に焦点化していきたい。
展開 [35分]	問題の追究 ○町医者として十分に豊かな暮らしができるにもかかわらず，なぜ，笙船は小石川養生所の設立を訴えたのだろう。彼の行動を支えた思いに迫ろう。 ・当時の江戸には，身寄りのない人や医者にかかる金もない人がいた。医者として，そういった人たちを見捨てることができなかったのだと思う。 ・江戸の町の大きな課題だった医療についての問題を，小石川養生所を作ることで解決できると考えたのだと思う。 ・お金がないことで，救うことのできる命が失われるのはおかしいと考えたのだと思う。小石川養生所があれば，貧しい人の命も救うことができる。	小川笙船の使命感や責任感を支えていたものについて，「社会参加や目標達成」という「役割・責任」をより深める視点だけでなく，「真理・創意進取」「生命尊重」「公正・公平」など多様な視点から考えることで，話し合いを深めることができるようにする。
まとめ [5分]	価値の主体化 ○小川笙船の生き方の中で，「すごい」「まねしてみたい」と思ったところはどこだろう。そして，それは自分の生活のどんな場面で活かすことができるだろう。 ・小川笙船の「みんなのために自分の責任を果たす生き方」がすごい。自分は学級の係の仕事でみんなのために頑張ることができると思う。	（評）小川笙船の使命感や責任感を支えていたものについて，「社会参加や目標達成」や，「真理・創意進取」「生命尊重」など多様な視点から考えることができたか。（発言，ワークシートへの記録）

4. 板書と授業の概要

　エピソードファイルと教材文から，小川笙船の生き方についての感想を交流した。

　児童が小川笙船の人生を概観し，いろいろなエピソードから感じたことを発表する中で，「医者として，裕福な患者を診るだけで十分生活できるのに，なぜ，小石川療養所の設立を訴えたのか」ということに疑問が集約された。そこで，この疑問を中心発問とし，自分の考えをワークシートに記入した上で，より多様な意見に触れるために，

189

互いの考えを自由交流した。

　人物教材を扱う学習では，複数の内容項目を関連づけて扱う指導によって，児童生徒の多様な考え方を引き出すことができる。その際に，挿絵や写真を中心にして，児童生徒の考えを類別してまとめることで，自分の立場や考えを明確にするとともに，複数の内容項目がどのように関連づけられるのかが視覚的に捉えやすくなる。

　本時の学習では，小川笙船のよりよく生きようとする在り方を支えた思いとして，「生命の尊重」や「公正・公平」「社会のために役立ちたい」という思いや「医師としてのプライド」など，児童が多面的・多角的にそれぞれの考えを交流していた。

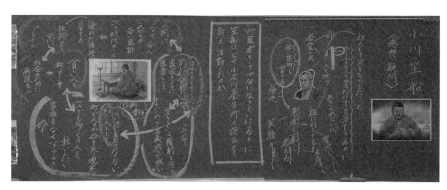

板書の様子

第 18 章　小学校高学年の指導案

◆ ワークシート

（テーマ）
人としての生きる喜びとは？
教材名『小川笙船』

名前（　　　　　　　　　　　　）

小川笙船の生き方のなかで，「すごい！」「まねしてみたい！」と思ったの
はどんなことですか？

小川笙船の，

生き方がすごい！　まねしてみたい！

その，すごいと思った生き方は，自分の生活のなかのどんな場面で活かす
ことができそうですか？

第 3 部　学習指導案を創る

$$\boxed{\text{❸ 心の健康（A-(6)：真理の探究）}}$$

指導案の概要

①実施時期：1 月頃
②対象：小学 5 年生
③教材名：哲学で WOW（対"話を"）「悲しみを消せるか，消せないか」

指導案の詳細

1. 主題設定の理由

(1) ねらいとする価値について

　哲学対話を通して，自分の考えや自明と思い込んでいることを問い，異なる考えや感じ方に接しながら多面的・多角的に探究する。そして，よりよく生きるための考えを深めていく。物事の本質を見極めようとする知的で体験的な学習である哲学対話を楽しむことによって，異なる意見や立場を尊重しながら，科学的な探究心の基盤となる，「疑問を探究し続けたい」という道徳的実践意欲と態度を育てる。

(2) 児童の実態について

　高学年になり，考えや意見の似ている者同士が近づき，そうでない者を遠ざけようとする行動が見られることがある。うわべだけで同調したり，うわさに流されたりすることもある。一方，思春期を迎えて，感情が不安定になり，キレて問題を起こしてしまう児童もいる。批判やネガティブ発言を連発し，勝つことにこだわり，周りから距離を置かれてしまう発達障害傾向のある児童もいる。また，間違えることが不安で発言をためらう児童も多い。

(3) 本時の教材の概要

　「悲しみを消せるか消せないか」という問いをきっかけに，悲しみとの向き合い方について自らの内面を見つめ，経験を発表し，聞き合い，問い続ける。児童が語る多様な状況，そして多様な考え方や感じ方そのものを教材として，多面的・多角的に考え，判断し，表現しながら，悲しみの意味や価値まで，考えを深めていけるようにしたい。正解のない問いは間違えることに不安を感じる児童の発言を促し，相互理解を深めることもできる。

　この問いは，現代的な課題である心の健康教育とつながる。保健体育で扱われる内容「心って何？」「不安や悩みをどう解消するか？」を，道徳科の哲学対話と関連づけ

192

第18章　小学校高学年の指導案

て指導することで関心や意欲を高め，考えを深め，よりよい生き方を探究できると考える。

2．本時のねらい

哲学対話で，自己を見つめ，探究的な議論を楽しむことを通して，異なる意見や立場を尊重しながら，疑問を探究し続けたいという道徳的実践意欲と態度を高める。

3．本時の展開

2時間授業を学習活動1〜4と5〜7に分けてそれぞれ1時間ずつ実施する。

	学習活動	指導上の留意点
導入〔10分〕	1．活動，ねらいとする価値への興味・関心を高める。 ・問いを想像。←「喜怒哀楽」を板書後，「哀」を消す。 ・対話の問い「悲しみを消せるか，消せないか」を知る。 ・ビデオクリップ「Qワードおぼえうた」*を視聴する。 ・「哲学対話のルール」を確認する。 　①質問で深めよう！ 　②経験を聞き合おう！ 　③何を言ってもOK！ 　④誠実に！（真剣，からかわない等） 　⑤言いたくないことは言わなくてOK！ 　⑥分からなくなってもOK！（発言を「パス」してもOK） 　⑦広がり，つながり，深まりを楽しもう！	・事前に輪になって座る。 ・Qワード*（質問スキル）カードを床に並べ参照できるようにする。 ・視聴前に「問いの探究に役立つQワードを確認する」という視聴目的の理解を図る。 ・道徳的価値とのつながりを意識して，対話ルールを尊重しながら価値を育てるようにする。 ・ルールを掲示し，常に意識して活用できるようにする。
1時間目〔道徳科〕 展開1〔30分〕	2．対話を始め，全員が順番に自分の考えを発表する。 ・消せる。楽しいことを考えればできる。 　　　　　　　　　　　　　　　　　　考えの全員発表 ・消せない。悲しみが深いとき，自分は消せなかったから。 ・消せない。ストレスを感じやすい人はいるから。　　↓ 3．板書された様々な考えを見ながら，Qワードを参考にして質問を考えて発表する。 　　　　　　　　　　　　　　　　　　質問のブレスト 〇例えば？　〇なんで悲しくなる？ 〇家族って何？ 〇深い悲しみと深くない悲しみの違いは？ 〇悲しいときに本当にできる？ 〇悲しみが消えるってどういうこと？	・様々な考えを聞き合うことで，多面的・多角的に考えさせる。 ・立場に分けて児童の考えを板書することで比較しやすくする。 ・質問を黄チョークで板書し，問いと探究の大切さを強調する。 ・黒板のQワードに下線を引き，質問スキルの活用を促す。 ・発達障害傾向のある児童などが発する批判的，個性的な考えや質問のよさに言及し，探究に生かすようにする。

193

	4. 質問が集中した考えを明確にして，これから，深めていきたい質問を選ぶ。 　　　　　　　　　　　　　　　　　 議論の焦点化 ◎悲しいときに**本当**にできる？→楽しいことを考える ◎悲しみが消えるって**どういうこと**？→楽しいことを考える ◎**なんで**悲しくなる？→深い悲しみがある	・黒板では，質問が集中した考え，深めたい質問に黄チョークで○をつけ，議論の焦点をわかりやすくする。
展開2〔30分〕 2時間目（総合）	5. 選んだ質問の答えを探究し，問い続けながら考えを広げて，つなげて，深めていく。 　　　　　　　　　　　　　　　　　 質問による探究 ◎**なんで**家族がなくなると悲しくなる？ ◎**もし**どんなときでも悲しくならなかったら，どうなる？ ◎悲しむのは**本当**によくない？ ◎**そもそも**，悲しみを消す必要はある？	・必要に応じて，隣の人とのペア対話を行い，話し合ったことを発表させることで，自分の考えを表現する機会を増やす。 ・考えを深める質問がなかなか出ないときは教師が発問する。
まとめ〔10分〕	6. 対話をして気付いたこと，学んだこと，新しい疑問などを順に発表する。 　　　　　　　　　　　　　　　　　 振り返り ・「心って何？」という新しい疑問が出てきた。 7. 授業から学んだことをワークシートに書き込む。	・対話の中で自分の考えが深まった発言や質問に着目させる。 ・家族と対話をする宿題を出し，家庭でも相互理解の機会を設ける。

*参照：学校放送番組（NHK for School）「Q〜こどものための哲学」

4．評価

　発言，話し合いの様子，ワークシート，作文，作品**の説明等から，

　○道徳的価値について，自分と重ね合わせて深く考えているか。

　○問いや異なる考えを生かして，多面的・多角的に考えているか。

　○対話に参加することで，よりよい自分の生き方についての考えを深めているか。

**図画工作科「心のもよう」で，心を絵に表した作品

5．授業のポイント

（1）授業を行う上での留意点

- **授業時間の確保**：哲学対話の授業は2〜3時間が一般的である。問いに関する多様な意見交流を超えて，考えを探究し深めていくには2時間以上が必要である。総合や学活，各教科との関連的指導を工夫し，道徳科以外の時間を哲学対話にあてたい。

- **問いの設定**：哲学対話では通常，初めの問いの設定を参加者が行う。今回は健康教育のテーマに関連づけて，時間的な制約に配慮しながら，教師が問いを設定した。

- **対話を手助けする小道具**：手作りの「コミュニティボール」は，その持ち手が話し手であることを示し，周りが最後まで話を聞くことを促すなどの点で対話に役立つ。

代用品として，話し手が替わる際の受け渡しが効率的である柔らかいボールをお勧めしたい。

- **事前指導**：哲学対話の進め方，対話のルール，Qワード等の質問スキルは事前に指導しておきたい。教室にこれらに関する掲示物があるとスキル習得への意欲も高まる。

- **哲学対話のルール**：「本時の展開」で紹介した7つのルールを参考にされたい。

  特に，ルール③「何を言ってもOK！」が重要。よりよく生きるための考えをみんなで探究していく上で，批判も，ネガティブ感情も，「非常識」発言もOK。ただし，ルール④「誠実に！」ふざけたり，からかったり，相手を否定したりはしない。これらを強調すると同時に，教師自らも，児童が安心して本音で話せる環境作りに責任をもって取り組みたい。勝つことへのこだわりが強い発達障害傾向のある児童に対しては，対話の目的は議論に勝つことでも，合意することでもなく，質問で考えを深めていくことであると何度も確認していきたい。

- **考えを深める質問**：哲学対話を実践すると，児童の考えが思うように深まっていかないことがある。質問スキルの育成は問題を打開する糸口となる。Qワードとして「例えば？」「比べると？」「なんで？」「他の考えは？」「反対は？」「もし～だったら？」「そもそも？」「立場をかえたら？」が紹介されている。特に，前提を疑う「そもそも？」質問に注目したい。「（悲しみを消そうとしているけど）そもそも，悲しむことはよくないこと？（善悪）」「そもそも，悲しみを消したいの？（願望）」「そもそも，悲しみを消す必要がないのでは？（必要感）」こうした問いによる探究は，ネガティブ感情を前向きに捉え，受容していこうとする新しいものの見方を生み出していく上で役立つだろう。

- **ファシリテーション**：哲学対話では，対話のルール，質問スキル，「コミュニティボール」などを使って，話し合いへの参加を促し，話の流れを整理しながら，協働で考えを広げたり，つなげたり，深めたりするファシリテーションが求められる。まず，児童とともに探究を楽しむ姿勢を身につけたい。児童の力を信じて，じっと待ったり，児童の問いを大切にして流れに身を任せたりすることで，予想をはるかに超えた深い学びが生まれることがある。また，少数意見や的外れに思われる意見，異なる意見を生かすと，多面的・多角的な見方が広がり，学びが深まっていく。

- **他教科との関連的指導の工夫**：「悲しみを消せるか，消せないか」という問いを探究していくと，「悲しみって何？」「感情／心って何？」という疑問が湧いてくるかもしれない。哲学対話で培われる探究心は，体育科「心の健康」の授業への学習意欲を高めていくだろう。この授業で学ぶこと，「心は感情・社会性・思考力などが関わり合って成り立っている」「心も発達する」という科学的な知識が新たな問い

を生み，さらなる探究が続いていくことを期待したい。こうした体験の積み重ねが「真理を大切にした科学的な探究心」を育むことにつながっていくと考える。

(2) 学校放送番組「Q～こどものための哲学」の活用

小学3～6年生の総合の番組として位置づけられているが，道徳的価値との関連づけを明確にしていくことで道徳科にも活用できる。児童が初めての哲学対話の授業をイメージするために15分番組すべてを視聴してもよいかもしれない。また，1～2分のビデオクリップを用いて興味・関心を高めたり，考えを広げたりするために使うこともできる。特に，哲学対話の進め方やQワードに関する歌はお薦めである。

◆ **Qワードおぼえ歌（1分25秒）**学校放送番組（NHK for School）「Q～こどものための哲学」より許可を得て掲載

> 例えば？ 比べると？ QQQQQ Qワード。君の疑問を ほり下げてみよう。なんで？ 理由を探ってみる。他の考えは？ いろんな考えを出してみる。反対は？ あえて逆で考える。もし～だったら？ 仮説を立ててみる。そもそも？ 前提から疑ってみる。立場を変えたら？ 誰かの気持ちになってみる。例えば？ 具体的に挙げてみる。比べると？ 違いはどこか探ってみる。なんで？ 他の考えは？ 反対は？ もし～だったら？ そもそも？ 立場を変えたら？ 例えば？ 比べると？ QQQQQ Qワード。君の答えを ほり当ててみよう。

◆ **板書計画**

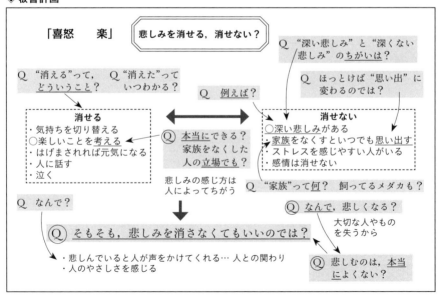

◆ ワークシート

ワークシート：哲学で WOW
問い「悲しみを消せるか，消せないか」

日付　　／　　名前（　　　　　　　　　　）

対話をして気づいたこと，学んだこと，新しい疑問などを自由に書こう。
（絵，図，漢字１字，名言，詩，俳句などを書きたして表現できたら WOW！）

宿題用ワークシート：家族と哲学で WOW
問い「　　　　　　　　　　　　」

日付　　／　　名前（　　　　　　　　　　）

対話をした後，１か２のどちらかを選んで自由にふり返ろう。

1. 自分が気づいたこと，学んだことを書こう。

2. 家族に感想を聞いてまとめよう。

第3部　学習指導案を創る

6. 実際の対話の様子

対話の流れ	教師の視点

考えの全員発表

C1：私は悲しみを消せない。自分が人に嫌なことをされ
　　て悲しんでいるときに，友達にはげまされたけど，
　　その出来事は今でも思い出してしまうから。

C2：悲しみは消せない。前に飼っていた犬が死んじゃっ
　　て何回でも思い出してくるから。

> 悲しみに関する経験を，自分の心と
> 向き合って，語り，聴き合うことは
> 相互理解，心の健康を促す行為だと
> 考えた。

C3：悲しみは消せない。理由は消したいと思っても，深
　　い悲しみはそう簡単に消えるものではないから。

C4：友達とけんかをしても，仲直りをしても，悲しみは
　　心に残る。

C5：消せない。人間は機械じゃないので簡単に消せない。

C6：悲しみを消せる。心の中で楽しいこと，違うことを
　　考えれば悲しみは飛んでいくから。　…中略…

> 「消せない」派が圧倒的に多い。少
> 数の「消せる」派の考えを大切にし
> て議論を深めたいと考えた。

質問のブレスト

C7：C6 に質問で，すごく悲しいときに<u>本当に</u>楽しいこと
　　を考えられるの？　家族をなくした人<u>の立場でも</u>？

T：いろんな人の立場で考える大切な質問ですね。

C8：C3 に質問で，「深い悲しみ」って何？

> 「思いやり」につながる「〜の立場
> でも？」という C7 の質問を価値づ
> けようとした。

C1：C6 に質問で，<u>もし</u>楽しいことを考えても，悲しみを
　　消せなかっ<u>たら</u>，<u>他</u>にどんなやり方で悲しみを消せ
　　るの？

C9：私も C6 に質問。楽しいことを考えて悲しみが飛ぶ
　　なら，その悲しみは深くない。<u>もし</u>深かっ<u>たら</u>，ど
　　うする？　…中略…

> C6 の意見は多くの質問を生み，議
> 論を活発にした。異なる意見を尊重
> する態度と感謝の心を表現し，多面
> 的・多角的な見方を広げようとした。

議論の焦点化

T：C6 さんのみんなと違う意見に質問が集中！　C6 さ
　　ん，考えを深めるきっかけを作ってくれてありがと
　　う。では，探究を進めますが，C6 さんの考えに対す
　　る質問の答えは C6 さんだけでなく，みんなで考え
　　て深めていきましょう。

> 「消せない」派の考えが繰り返され
> て，対話が停滞していた。児童の深
> まる質問を期待して待ちながらも，
> 前提を問い，本質にせまる発問をす
> る心の準備をした。

質問による探究　…中略…

C9：悲しみは人の感情だから，相談しても，方法を教え
　　てくれてそれを実行しても簡単に消せない。

C10：別に消したくなければ，消さなくていいんじゃない？

C11：だから，消したいんじゃん！

T：なるほど，今とっても大事なことを言ったんだよ。
　　悲しみを消せるか，消せないか，話し合ってきたけど，
　　「<u>そもそも</u>，悲しみを消したくない人もいるかもしれ
　　ない？　それに，悲しみを消す必要はないかも？」
　　という問いだよね。

> C10 の疑問が，考えを深める重要
> な問いであると判断し，問いが流れ
> ていかないように，価値づけて再度
> 問いかけた。

C11：C10 に質問，<u>なんで</u>，消さなくていいんですか？

C10：別に理由なんてないし。

T：理由を考えられる人，いる？

C12：私も C10 さんに賛成で，悲しみを無理に消そうとし
　　ないで，自然に任せた方がいいと思う。

> 理由がない意見も尊重し，みんなで
> 理由を考えるように問い返した。

198

第 18 章　小学校高学年の指導案

C11：ぼくも、「悲しみを消さなくてもいい」っていうように、逆にポジティブに考えるのっていいと思う。

T：　例えば、どういう考え方？　ポジティブって！

C11：悲しみをそんなに考えずに……それ……悲しみを踏み台って言うか……バネにしてやる……

T：　なんか深まってきた。ありがとう。他の理由、あるかな？

C13：私も、悲しみがあれば、その人が悲しんでいるから、優しい言葉をかけたり、なぐさめてあげたりできる。人の間でそういうものが見られるから、悲しみは大切。

テンポよく議論を進められるように、ここでは意味の明確化を児童に任せるのではなく、教師が行うという判断をした。

C10 の考えの明確な理由は出ていないが、Q ワード「他の考えは？」を応用して理由を引き出そうとした。

第 3 部　学習指導案を創る

---

❹ 「なってみる」活動を通して体験的に理解を深める道徳授業
　（B-(11)：相互理解，寛容）

指導案の概要

　①実施時期：12 月頃

　②対象：小学 6 年生

　③教材名：「銀のしょく台」（東京書籍「新しい道徳」6 年）

指導案の詳細

1.　主題設定の理由

(1) ねらいとする価値について

　ミリエル司教の行いやジャン・バルジャンの心情について話し合う活動を通して，相手を許すことの難しさや素晴らしさに気付き，他者の過ちや失敗を広い心で受け止めようとする道徳的心情を育てる。

(2) 児童の実態について

　自分と異なる意見や立場を受け入れようという姿勢が育っているが，いざ自分に他者の過失の結果が降りかかった時には寛容さを保てない児童も多い。「過ちや失敗に対しては，罰を与えるべきだ」「失敗は叱られて反省することが大事だ」という考えを強くもつ児童もおり，自分が責められたり叱られたりした経験から他者の過失に対して攻撃的な態度をとる場面も見受けられる。

(3) 本時の教材の概要

　貧しい農家に生まれ，早くに両親をなくしたジャン・バルジャンは，姉とその子どもたちのために一切れのパンを盗んだことをきっかけに 19 年間も投獄されていた。服役を終えても行く先々で冷たい扱いを受け，社会への憎悪と人間不信に満ちたジャンをミリエル司教は温かく迎え入れるが，ジャンは銀の食器を盗んで逃げてしまう。憲兵に捕まり連行されて来たジャンに対し，司教は怒るどころか食器はあげたものだと言い，さらに銀の燭台を手渡す。この出来事をきっかけにジャンはこれまでの人生を懺悔し，正直な人間として生きていこうと決意する決定的な場面である。司教の行動の背景にある宗教的情操にまで共感することは難しいが，司教の謙虚で他者に寄り添う生き方の尊さを感じ，過失を起こしてしまった他者との関わり方について考える機会としたい。

200

2. 本時のねらい

　ミリエル司教の行いやジャン・バルジャンの心情について話し合う活動を通して，相手を許すことの難しさや素晴らしさに気付き，他者の過ちや失敗を広い心で受け止めようとする道徳的心情を育てる。

3. 本時の展開

	学習活動	主な発問 予想される児童生徒の反応	指導上の留意点	資料・評価等
導入 [15分]	1. 燭台の役割について考える。	○ろうそくに灯を灯すのは，どんなときですか。 ・誕生日 ・クリスマス	・燭台は祈りを捧げる際に使われる大切なものであることを確かめる。	燭台 ろうそく マッチ
	2. 資料前半（冒頭～銀の食器を盗む場面）を読み，教師の劇を見て，バルジャンの行動や背景を確認する。	○今の場面を見て，ジャンや司教さんはどんな人だと感じましたか。 ・ジャンは生きるのに必死。 ・司教さんは心が広い人。	・劇を見た後で，児童からジャンの印象を引き出す。その際，ジャンが盗みを働く背景についても想像できるようにする。	教材文 挿絵
展開 [25分]	3. 銀の燭台を手渡される場面を再現する。	○司教に「さあ，あなたに差し上げた燭台をお持ちなさい」と言われたとき，ジャンは心の中でどんなことを考えていましたか。	・児童全員がジャン役となって燭台を受け取る動作をすることで，ジャンの心情を想像しやすくする。	付箋 模造紙
	4. 銀の燭台を渡した時の司教の思いを想像し，付箋に書く。	○燭台を差し出した後，司教はどのような声をかけたのでしょうか。	・ジャンになってみる活動をした後で司教の思いを想像することにより，燭台に込められた思いをより深く考えられるようにする。	
	5. ペアで，銀の燭台を渡す場面を再現する。	○燭台を渡す場面をペアで演じてみましょう。 ・これを使って正直に生きていきなさい。	・付箋を見合ったりペアで相談したりすることで，自分以外の意見を取り入れられるようにする。	
	6. 人間ものさしを使って，司教の行動に共感できるか意見を交流する。	◎あなたは，司教さんの行動に共感できますか。「人間ものさし」で共感の度合いを表してみましょう。	・役から離れ，自分として共感できるかを尋ねることで，自己を振り返ることができるようにする。	
まとめ [5分]	7. 自分の考えを司教への手紙に綴る。	○司教さんへの手紙に考えたことを書いてみましょう。	・手紙形式を使うことで，司教と対話しながら考えられるようにする。	便箋風 ワークシート

第3部　学習指導案を創る

4. 評価
　　〇道徳的価値を自分自身と関わらせて考えようとしているか。（ワークシート）
　　〇友達の意見を踏まえて多面的・多角的な見方を広げているか。（ロールプレイ）

5. 授業のポイント
　今回の授業では，深く考え，議論するための方法として演劇的手法を活用した。演劇的手法とは，全身の感覚や想像力を使った表現活動である。上演を目的としたり，上手に演じたりするためのものではなく，「誰か・何かになってみる，状況や立場に身を置いてみることを通して体験的に学ぶ学び方」を指す。今回は，次の2つの手法を主に活用した。

- **ロールプレイ**：自分ではない他の人，ものを演じ，その立場に身を置いてみることで，その人ならどう言ったり，感じたりするだろうかを想像する。実際にその人がやるように動いてみるとどのようにものが見え，どのような気持ちがするのかを体験する。
- **人間ものさし**：教室の空間に見えないものさしがあると想定し，そのものさし上を移動する。お題に対する自分の考えを数値化して示すことで，友達の考えとの相違に気付けるようにする。

　児童は，ロールプレイによってジャン・バルジャンとミリエル司教になってみることで，銀の燭台を渡されたときのバルジャンの驚きや感動，司教の思いを多面的・多角的に想像していったようであった。同時に，"なってみる"ことで課題を自分事として捉え，自我関与が自然に起こっていたことも演劇的手法の持ち味が活かされた結果といえよう。

　さて，授業前半のロールプレイでは，ジャンや司教の思いにいっぱい寄り添い，心情を想像していた児童であったが，「人間ものさし」の活動で「司教の行動に共感できるか」を問うと，それまでとは異なる意見が飛び出した。教室の端と端を結ぶ"見えない"ものさし上を共感の度合で移動すると，教室の廊下側には，「司教の行動には共感できない！」「罪を許せば犯罪を犯す人が増えるかも」という意見の児童が数人。真ん中には「素晴らしいとは思うけど，私にはできない」「本当に，これでいいのかな？」という迷う児童がずらり。運動場側には「とても共感できる」「こういう行動が増えれば，世界が幸せになる」という意見の児童がこれまた数人いた。自分の立場を選択・決定し，空間を動くことによって立場を身をもって示したことで，教室全体

202

第18章 小学校高学年の指導案

の思考はますます揺れ動いていった。司教の行動に心打たれるけれども，簡単には共感できると言い難い。共感することが，自分の価値観や行動規範とぶつかりあい，悩む……司教の行為の尊さを感じつつ，その行為の難しさを自分事として考えれば考えるほど，もやもやとしてしまうようであった。この身に迫る悩みこそ，生き方を考える道徳の教材としてこの物語がもつ値打ちだともいえるだろう。こうした葛藤ゆえか，最後の手紙は，本当にそこにいる司教さんに宛てて書いたかのような，思いを吐露する書きぶりであった。

◆ 板書計画

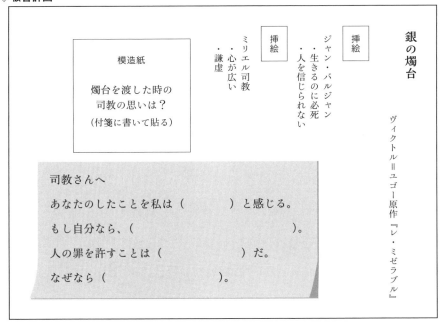

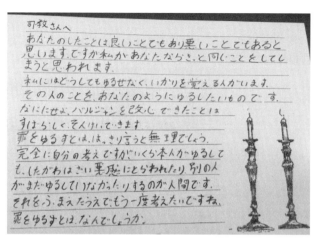

授業後に書いた手紙（司教さんへの手紙）

授業の様子
（司教がバルジャンを
迎え入れる場面）

授業で使用したツール
（手作りの小道具）

中学校の指導案

❶ 命を大切にする，とは
　≫ D-(19)：生命の尊重

❷ All for One, One for All
　≫ C-(15)：集団生活の充実
　≫ A-(3)：向上心，個性の尊重
　≫ B-(8)：友情，信頼
　≫ C-(10)：遵法精神，公徳心

❸ 守りたいもの
　≫ C-(10)：遵法精神，公徳心

❹ 国際理解，国際貢献
　≫ C-(16)：我が国の伝統と文化の尊重
　≫ C-(18)：国際理解，国際貢献

❺ 仲間になるためには何が必要か
　≫ B-(8) 友情，信頼

第3部　学習指導案を創る

---

❶ 命を大切にする，とは（D-(19)：生命の尊重）

指導案の概要

①実施時期：10月頃

②対象：中学1年生

③教材名：「国境なき医師団　貫戸朋子」（「中学道徳とびだそう未来へ2」教育出版）

指導案の詳細

1. 主題設定の理由

(1) ねらいとする価値について

　生命の連続性や有限性も含めて，その尊さについて生徒は理解している。かけがえのない生命を尊重することにも疑念がない。一方で，生命について表面的な理解に留まり，深く考える機会が十分であるとは言い難いのも事実である。人間の生命の有限さやかけがえのなさに心を揺り動かされる教材と出会い，生命について多面的・多角的に考え，多様な価値観に触れる経験を通して，自他の生命の大切さを深く自覚し，尊重する態度を育みたい。

(2) 生徒の実態について

　本学級では入学当初より自由な話し合い活動を教科や道徳の授業で行い，気軽に意見交換できる雰囲気作りに注力してきた。道徳の時間を好む生徒が多く，多くの級友と意見を交換したり自分自身について記述する活動にも抵抗がない。これまでの道徳授業を通じて，先人との命の連続性の上に，今の私たちの命があることについて考えてきた。命の有限性を身近に経験した者とそうでない者がおり，経験の差はあるものの，「今を生きていることへの感謝」や「生命を大切にしたい」という気持ちは育まれている。しかしながら，生命の尊厳や質といった葛藤を生むテーマに触れる機会はなかった。「生命を大切にするとはどういうことか」という本質的な問いに向き合い，表面的ではなく，生命に対しての考えをさらに深めさせたい。

(3) 本時の教材の概要

　貫戸朋子さんは日本初の「国境なき医師団」登録医である。紛争地帯の限られた医療物資の中で，「一人ひとりの生命を尊重すること」と「より多くの命を救うこと」との間で葛藤した医師の判断を，生徒が自分事として捉え，悩み迷う中で，命を大切に

206

しようとするときに大事なことは何かについて本気で考えることができる力のある教材であると考える。

2. 本時のねらい

医師の生き方を支えた思いは何かという話し合いを通して，自他の生命の大切さを深く自覚し，尊重するような道徳的実践意欲と態度を養う。

3. 本時の展開

「共に生きる」をテーマとし，道徳・教科・総合学習の横断的な7時間扱いの単元を計画した。社会科でのヨーロッパの単元では「国境なき医師団」を取り上げ，紛争地帯における医療のルール等ついて学び，教材を事前に読んだ。

	○学習活動 ・発問	指導上の留意点
導入 [10分]	○貫戸さんの「国境なき医師団」での活動を再確認する。 ○貫戸さんの動画を視聴し，貫戸さんの葛藤を再確認する	・社会科での学びを，道徳科での学びにつなげることができるようにする。 ※NHK ティーチャーズライブラリー事務局より DVD を借用。
展開 [35分]	・貫戸さんの判断に，賛成か，反対か。そのように考えるのはなぜか。 ・貫戸さんが5秒数えて酸素を切ったのは，どのような思いからだったのか。 ・<u>紛争地帯での医療活動のルールに従って酸素を切ったにもかかわらず，自分の判断の良し悪しについて今でも貫戸さんが結論を出せずにいるのはなぜか。</u>	・自由に立ち歩き，席が離れている友人とも意見を交換する。 ・前の話合いと違う友人で構成された4人グループで話し合い，多様な意見に触れる。 ・個別にワークシートに記入した後で，4人グループで話し合う。
まとめ [5分]	○貫戸さんの生き方を通して学んだこと，それをこれからの自分の，どんな場面でどのように生かしていきたいか，についてまとめる。	・単元を通した1枚ポートフォリオに考えを記入することで，自己の成長を振り返ることができるようにする。

4. 評価

貫戸さんの生き方を手がかりにして，生命の大切さについて自分なりの根拠をもって考え，他の意見から，考えを深めたり広げたりすることができたか。

5. 授業のポイント

まず板書の下線部を埋める形で，社会科での学びを振り返った。

貫戸さんの判断に「賛成」か「反対」か，ワークシートを活用して判断理由を記入

した。この授業では賛成反対だけで議論をさせるのではなく，自分の立場を明らかにした後の話し合いによって，生命についての考え方を深めることにポイントを置きたい。自分の立場を名札マグネットで明らかにした後，話し合いを行った。「反対」は1名であったが，最後までどちらを選んだらよいのか悩んでいる生徒が多かった。反対を選んだ1名は「その子の目の前に自分がいたら，酸素を切ることができない。酸素を切ることはその子を見捨てることになる。」と述べながら落涙する姿も見られた。その発言をもとに「酸素を切ることは命を見捨てることになるのか」という発問を全体に切り返し，「その子」「母」「順番を待つ人」と多様な立場からの意見が続いた。「生命を大切にするとはどういうことか」という本時のテーマに対しては，1つの命と多くの命はどちらも大事であるということ，命について一生懸命考えることが生命を大切にすることではないか，目の前の命を大切にしたい，という意見が出た。板書は，生徒の意見の羅列にならないように，意見と意見をつなげるようにウェブ状に記入している。

　ワークシートについては，本時のためのシート1枚（次頁参照）と，「共に生きる」の単元7時間分を記録する「ワンペーパーポートフォリオ（OPP）」の2種類を使用した。（OPP については愛知県教育委員会のサイト「モラル BOX」http://www2. schoolweb.ne.jp/swas/index.php?id=2340010 を参照のこと）

6. ワークシートの実際

　授業全体の振り返りについては，OPP に記入するようにした。右の生徒は本時のテーマ「生命を大切にする，とは」に対する振り返りとして，以下のように記述していた。

　「戦争・紛争で死んでしまった人のことを，心のどこかでは意識しながら，一刻一刻を大切に生きるべきだと思う。命のために自分にできることは何かを考える。」

　他の生徒の振り返りをいくつか紹介する。

　「極論を言ってしまえば生きているということは，誰かの犠牲の上に成り立つものだから，もらった命は大切にして，犠牲になった命に感謝して，その命の分まで生きることだと思った。」

　「生命は時にどうにもならないもので，その時は究極の選択をしなくてはならないときもある。みんなが当たり前に生活できることが，生命を大切にすることと関係すると思う。目の前にある命を大切に。（どちらの命が大事，ということではない）一生懸命考え続けていくこと。」

第19章　中学校の指導案

◆ ワークシートの実際

道徳授業の記録　10月30日　教材【　国境なき医師団　貫戸朋子　】

> 1年5組　　番　氏名

◆貫戸さんが「酸素を切る」と判断したことに、賛成？反対？〇を付けよう。

賛　　成	反　　対
（〇）	

そのように考えた理由は？

1つの酸素ボンベで、重体の子供1人を助けるより、
1つの酸素ボンベで大勢の人を助けた方が多くの命が助かるから。

ぎせいが出るのはしょうがないことだから、
切って良かったと思う。

命を手がける職業の人なら、1度は迷うことだと思う。

◆貫戸さんが、今も「自分の判断がよかったのか、悪かったのか」（　　　）を
出せずにいるのはなぜなのだろう。

「もしかしたら」に迷わされてるとキリが無いから。
ルールもあるし酸素ボンベは切るけど、やっぱり後悔や
罪悪感は残る。可能性は信じれないし、切ってなかった
場合の結果は分からない。
判断が良かったのか悪かったは、貫戸さんだけじゃなくて
私たちにも分からないと思う。

メモ

209

第3部　学習指導案を創る

◆ 板書計画

第18回　道徳の時間　国境なき医師団・貫戸朋子

- 旧ユーゴスラビアの地図
- 貫戸さんの判断に賛成【理由】
- 貫戸さんの判断に反対【理由】
- 5秒数えて酸素を切ったのは、どのような思いから？
- 酸素を切る＝紛争地帯でのルール　貫戸さんはなぜ、今も悩む？
- 貫戸さんの写真

板書の様子①

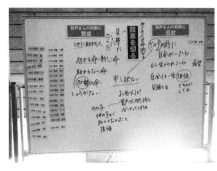

板書の様子②

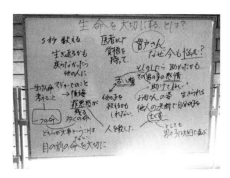

板書の様子③

第19章　中学校の指導案

> ❷ All for One, One for All（C-(15)：集団生活の充実　A-(3)：向上心，
> 個性の尊重　B-(8)：友情，信頼　C-(10)：遵法精神，公徳心）

指導案の概要

①実施時期：6月頃

②対象：中学3年生

③教材名：決勝戦（作：畑　耕二／出典：荒木, 1990）

指導案の詳細

1.　主題設定の理由

(1)　ねらいとする価値について

　中学生の時期は，学級，学校，地域社会など様々な集団の中で，人との関わりを通して人間的な成長を遂げる時期である。このような時期の生徒が，伸び伸びと自らの良さを発揮できるような集団の在り方について多面的に考えることは大切である。本主題では，集団生活の充実，向上心，友情・信頼，遵法精神等の道徳的内容の間で起こる葛藤を取り扱い，物事を多面的に考えて議論する学習を通して，道徳的な判断力，心情，実践意欲と態度を育くむ。

(2)　生徒の実態について

　4月の学級会で話し合い，「All for One, One for All」という学級目標を決めた。生徒たちは，この目標を常に意識して活動することにより，学級における役割と責任を自覚して活動できるようになってきた。また，互いの個性を認め合う雰囲気の中で，自分の考えや立場に固執することなく，人への思いやりの心をもって行動することができるようになってきた。

(3)　本時の教材の概要

　授業で使用する資料は，学年行事のサッカー大会の決勝戦が場面となっている。クラスの優勝がかかったゲームの終盤で，主人公の浩二は，あらかじめクラスで決めたルールに基づいて健太に選手交代するか，サッカーの得意な自分がゲームに出続けるかという道徳的な葛藤場面に立たされる。

　授業では，主人公の立場で判断し，その理由づけについて討論を行う。また，健太やクラスの友達に役割取得させたり，判断がもたらす結果について考えさせたりして，より高次の道徳的な考え方に気付かせていく。

211

第3部　学習指導案を創る

2. 本時のねらい

○浩二に役割取得する中で道徳的葛藤を経験し，判断・理由づけすることができる。

○主人公はどうすべきかについての討論を通して，自分とは異なる考え方に気付き，様々な視点で考え，集団生活の充実，向上心，友情・信頼，思いやり，ルールの尊重，公正等についての道徳的な判断力を高める。

3. 本時の展開

	学習活動	主な発問と予想される生徒の反応	教師の支援と評価
導入 [5分]	1. 資料を読み，浩二の心の葛藤を確認する。	・登場人物はどのような人たちで，どのような関係にありますか。 　浩二，健太，次郎，クラスのみんな ・浩二はどんなことで迷っているのですか。 　○交代しない　　○交代する	・事前に資料を読み，登場人物の確認，葛藤状況の理解，論点の把握は行っている。ここでは，資料を再度読んで，それらを確認する。
展開 [40分]	2. 1回目の判断・理由づけを行う。	浩二はどうすべきですか 　A　交代すべきではない 　B　交代すべき	・浩二の立場で考えさせ，ワークシートと掲示用のものに判断・理由づけを書かせる。
	3. 2つの判断を両端に位置づけた直線上に各自の掲示用のワークシートを貼る。	【自由な討論】 ・理由づけの類似点と相違点は何か。 ・それぞれが判断の拠りどころとしている道徳的内容は何か。 ・議論すべき論点は何か。 【焦点化された論点についての討論】	・2つの判断を両端に位置づけた直線を板書し，各自の判断の強さに合わせた直線の位置にワークシートを貼らせる。 ・グループで自由に討論をさせる中で，自分の考え方と他者の考え方の類似点，相違点を
	4. グループで判断と理由づけについて討論をする。	・健太はどう思っているか。 ・クラスのみんなはどう思っているか。 ・交代したら／しなかったら，健太やクラスのみんなはどう思うか。	把握させ，論点を整理させる。 ・学級全体で討論をさせる中で，相互に質問させたり，教師が徐々に論点を整理して提示したりして討論を進めていく。
	5. 学級全体で判断と理由づけについて討論をする。	・交代したら／しなかったら，試合はどのような結果になると思うか。また，その結果について，健太やクラスのみんなはどう思うか。 ・クラスで決めたルールを守らなくてもよいか。 ・クラスが優勝を逃すことになってもよいか。 ・健太／クラスのみんなへの信頼・友情を大切にするにはどうすべきか。	・浩二以外の立場で考えさせる役割取得を促す発問をする。 ・行為の結果が及ぼす影響について考えさせる発問をする。 ・判断や判断の強さに変化が生じたら，黒板のワークシートの位置を随時移動させる。
まとめ [5分]	6. 2回目の判断・理由づけを行う。	浩二はどうすべきですか A　交代すべきではない B　交代すべき	・1回目の判断にとらわれないで，自由に判断・理由づけをさせる。

212

4．評価

本時のねらいに照らし合わせ，判断・理由づけの記述内容，討論における発言内容等をコールバーグの道徳性発達段階（表 19-2-1　価値分析表）に照らし合わせて分析するなどして，次の3つの視点で評価を行う。

〇主人公（浩二）の立場で考え，判断・理由づけをすることができたか。
〇討論を通して，道徳的な考え方を高めることができたか。
〇討論に意欲的に参加することができたか。

表 19-2-1　価値分析表

健太に交代すべき	浩二が出場し続けるべき
［段階1　罰回避と従順指向，他律的な道徳性］	
・ルールは守るべきである。 ・みんなで決めたルールを破るとクラスのみんなから非難される。	・みんなで優勝を目指して頑張ってきた。 ・優勝するために頑張って練習してきたクラスのみんなから責められる。
［段階2　個人主義，道具的な道徳性］	
・みんなで決めたルールを守れば，友達から信頼されよい関係が作れる。 ・交代すれば，健太はうれしく思うだろうし，健太との仲も一層よくなる。	・自分が出場し続けて優勝すれば，クラスのみんなが喜び，自分にとってよいことがある。 ・学年のルールには違反しないし，クラスの優勝を目指すことは健太もわかってくれる。
［段階3　良い子と対人的規範の道徳性］	
・みんなで決めたルールは守るべきであり，それはクラスの優勝よりも優先されるべきである。 ・健太に交代しても優勝できないとは限らない。これまで頑張ってきた健太を信じることもキャプテンとしての役割だ。	・クラスで優勝を目指して頑張ってきたから，浩二が出場し続けることをみんなも望んでいる。 ・クラスの優勝を目指すのはキャプテンの大切な役割であり，健太もそれをわかってくれる。

◆ **板書計画**

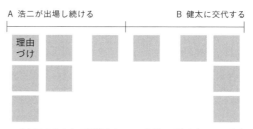

第 3 部　学習指導案を創る

◆ オリジナルストーリー

「決勝戦」（モラルジレンマ資料）

「やったあ！　同点だ。同点だ。」
　運動場から大きな声が聞こえてきます。今日は，３年生全体で行ってきたサッカー大会の決勝戦です。各クラスで２チームずつを編成し，これまでトーナメント戦を行ってきました。浩二たちのクラスでは，浩二がキャプテンを務めるチームがこの決勝戦に勝ち進みました。
　そして，今まさに，サッカーの得意な浩二のシュートが決まり同点になったのです。クラスのみんなが大喜びです。

　浩二たちのチームは，初めはあまり強くありませんでした。けれども，「みんなで頑張って優勝しよう！」を合言葉にして，キャプテンの浩二が中心となり，休み時間や放課後に毎日練習したり，クラスのもう１つのチームと練習試合をしたりして，クラス全体で優勝を目指して一生懸命に頑張ってきました。浩二たちのクラスは，これまで，体育祭や合唱コンクール，学年行事などでいつも惜しいところで優勝を逃してきました。それだけに，みんなの「優勝したい」という思いはとても強いものでした。卒業を間近にひかえ，これが最後のチャンスだということをみんながわかっていました。

　浩二と同じチームの健太も，そのようなクラスの雰囲気の中で，一生懸命に練習してきました。健太は運動があまり得意ではありませんでした。サッカーの練習でも最初の頃は，思ったところにボールがいかなかったり，空振りしたりすることもありました。しかし，クラスでの練習を通して，技術的な上達ぶりは目覚ましく，精神面でも大きく成長してきました。初めの頃はボールを怖がっていたのに，数日前からは体ごとボールにぶつかっていくファイトも見られるようになっていました。

「よし，いけるぞ。」
　相手のシュートがゴールから外れ，ボールがコートの外に出ました。ボールが外に出るのはこれで３回目。選手交代です。
　サッカー大会が始まる前，各チームのキャプテンが集まって試合のルールについて話し合いました。その中で，試合は 11 人で行うが，全員が試合に出られるようにするために選手を交代することとし，交代の方法は各クラスで決めることになりました。浩二のクラスでは，みんなで相談して，あらかじめ順番を決めておき，ボールが３回コートの外に出るたびに一人ずつ交代することにしました。

　その時，「残り３分」という審判の大きな声が聞こえました。
　みんなの目つきが変わりました。得点は２対２の同点。一番大切な場面での選手交代です。
「次の交代は誰だ？」クラスのみんなが口々につぶやきました。
「浩二君が外に出て，健太君が試合に出る番だよ。」誰からともなく声が聞こえました。
　クラスのみんなで決めたことなので，浩二は外に出なければなりません。
　浩二が，「健太君，交代だよ。」と言おうとすると，ゴールキーパーの次郎が走ってきて言いました。
「浩二君，今，交代したらだめだよ。いくら健太君が上手になったからといっても，キャプテンの浩二君が抜けたら負けてしまうよ。健太君もさっきまで出ていたんだから，学年のルール上は問題ない。みんなで優勝を目指して頑張ってきたんじゃないか。健太君だってわかってくれるよ。」
「どうしよう。」そう思った浩二は，健太やクラスの仲間の方に目をやり，立ちつくしてしまいました。（改作）

第 19 章　中学校の指導案

◆ ワークシート 1

組　　番　名前（　　　　　　　　　　）

【1 回目の判断・理由づけ】

あなたの意見は，どちらですか。

　浩二は，

　　　A　交代すべきではない

　　　B　交代すべき

その理由

【2 回目の判断・理由づけ】

みんなの意見を聞いて，あなたの意見は，どちらですか。

　浩二は，

　　　A　交代すべきではない

　　　B　交代すべき

その理由

215

◆ ワークシート２（黒板貼付用）

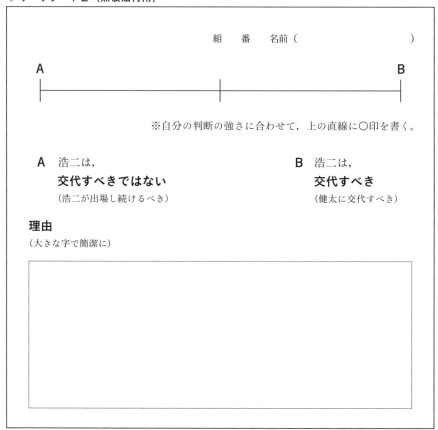

板書の様子

第 19 章　中学校の指導案

❸ 守りたいもの（C-(10)：遵法精神，公徳心）

指導案の概要

　①実施時期：11 月頃

　②対象：中学 3 年生

　③教材名：二通の手紙（文部科学省「私たちの道徳　中学校」）

指導案の詳細

1.　主題設定の理由

(1)　ねらいとする価値について

　一時の同情や好意に流されて法やきまりを破ることは，人々の安全や満足を守るために作られた法やきまりに込められた趣旨を台なしにするばかりでなく，結果として，自分の思いを裏切る取り返しのつかない事態を引き起こしてしまう。しかし，だからといってただ単にきまりだから守るというのではなく，法やきまりの意義を正しく理解し，それを尊重することで，責任ある行動を実現しようとする態度を養っていきたい。

(2)　生徒の実態について

　本学級の生徒は，法やきまりに従えばそれでよいと考え，「ルールだから守る」と，法やきまりを他律的に捉えている者が多い。まず，法やきまりは自分自身や他者の生活や権利を守るためにあり，それを遵守することの大切さについて自覚を促すことが求められる。そして，法やきまりを守ることが，「自分を裏切らない」という自尊心につながり，目の前の相手の心情に思いを巡らせる思いやりの心にも関連していることを理解させたい。

(3)　本時の教材の概要

　退職後も動物園で働くことを生きがいにしていた元さんが，幼い姉弟に懇願され，園のきまりを破って入園させてしまう。姉弟が閉門時刻になっても現れず，園内をあげて捜索することになる。2 人は無事に発見され，姉弟の母親から御礼の手紙が届いた。だが，喜びもつかの間，園からは元さんに懲戒処分の通告が届いた。

　2 通の手紙を見比べて，晴れ晴れとした顔で自ら職を辞し，新たな出発をしようとする元さんの姿から，きまりを守ることの意義に迫ることのできる教材である。

217

第3部　学習指導案を創る

2. 本時のねらい

　元さんがこの年になって初めて考えさせられたことは何かを考えることを通して，きまりを守ることが自分の思いや人々の安全，幸せを守ることにつながることを理解し，法やきまりの趣旨を正しく理解した上で，それらを自ら尊重していこうとする態度を養う。

3. 本時の展開

	学習活動（発問と予想される子どもの意識）	指導上の留意点
導入 [2分]	1. 本時のテーマを知る。 ○今日は，「何を守るために，きまりを守るのか」というテーマについて考えていきましょう。	● ねらいとする価値への方向づけを行う。
展開 [43分]	2. 教材「二通の手紙」を聞き，話し合う。 ○元さんはなぜ規則違反だと知りながら，2人を中に入れてしまったのでしょうか。 ・子どもたちに何とか動物を見せてあげたい。 ・子どもたちを喜ばせたい。　・誕生日は特別 ◎元さんがこの年になって初めて考えさせられたことは何だろう。 ・子どもたちの笑顔と自分の誇りを守ることが自分の生き方。そのために，きまりを守っていこう。	● 教材を読み，概要を捉えさせる。 ● これらの思いが1通目の手紙に表れることをおさえる。 ● 2通目の手紙が来たことで初めて考えさせられたことを考えさせる。
まとめ [5分]	3. 本時の授業を振り返る。 ○今日の学習で学んだことを発表しましょう。 ・元さんが自分の思いも子どもたちの思いも守ることを新しい出発にしたということがわかった。	● 本時のテーマについて，改めて考えさせ，発表させる。

4. 評価

　○友達の意見を聞き，元さんがこの年になって初めて考えさせられたことは何かを多面的・多角的に考えることができたか。

　○きまりを守ることが自分の思いや他者の思いを守ることにつながるということを，自分事として考えることができたか。

5. 授業の進め方

　最初に，「きまりを守ることはなぜ大切か」と尋ねた。様々な意見が出てくる中，「大切な何かを守るために，きまりがある」と言った生徒の言葉を借りて，「何を守るために，きまりを守るのか」という学習テーマを設定した。

(1) 元さんはなぜ規則違反だと知りながら、2人を中に入れてしまったのだろう

　近くの人と相談する時間を設けてから順に聞いていった。それぞれの意見に「元さんに共感できる？」「自分もそうする？」などと問い返しながら、元さんに自我関与させていった。生きがいを棒に振ってまで、情にほだされる元さんに「心の変化があったのでは」「新しい人生を見つけたのでは」等の意見が出た。

(2) 元さんがこの年になって初めて考えさせられたことは何だろう

　母親から「お礼の手紙」を受け取るも、「懲戒処分の通告」が来たこと、そして「二通の手紙」のお陰で新たな出発ができそうと言っていることを確認し、「何を考えて、新たな出発ができそうと思えたのか」と聞いた。「初めて」と「二通」をポイントとした。元さんほどの人が初めて考えるというのはよほどのことであり、どちらか1通ではないことをおさえた。生徒たちは悩みに悩んだが、ある生徒が「自分の生き方を考えさせられた」と言った。つけ足しや質問を重ねていくと、「自分が何を大事にしたいか考えたと思う」と言った。そこでさらに、「元さんは何を大事にしたかったのか」全員で考えることにした。

　振り返りで「自分の夢や幸せ、自分を応援してくれる人の思いをどう守っていくかが僕のこれからの課題だと思いました」と語った生徒がいた。今後の人生に大きなエールとして拍手が送られた。

授業の様子

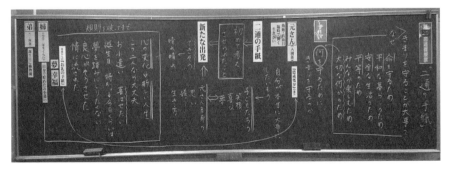

板書の様子

第3部　学習指導案を創る

◆ 授業の振り返り

11／16（金）「二通の手紙」　名前 _____

授業を振り返って、新たに気づいたこと、学んだこと、疑問に思ったことなどを書こう。

私は 時に 幸せについて 深く考えることができました。きまりを守ることが 幸せなのか

きまりを守り 夢を 与えることが 幸せなのか、正直 うまく言えなくて、すっきりしませんでした。

私が このような 立場になったとき、どんな 対応をするのかは 分かりませんが、今回

行っていただいた 授業のように、決して 後悔のない 判断をしたいです。

私は 　　さんの 子どもにとっても 元さんにとっても 幸せになるような 判断をしたという

意見に とても 共感しました。今も どういうふうにまとめたらよいのか 分かりませんが、

そうやって、自分の 生き方を 見つけていければなと思います。

難しかったです。それでも 楽しかったです。ありがとうございました。

11／16（金）「二通の手紙」　名前 _____

授業を振り返って、新たに気づいたこと、学んだこと、疑問に思ったことなどを書こう。

　　さんの 妻が亡くなったことで 元さんに 心の 変化が あった という

意見が 良いと 思いました。私は きまりを 守った方が 良いと 思いますが、

この意見で 元さんの 気持ちが 少し 分かったような 気が しました。

元さんの 2人の 子供を 喜ばせて あげたいという 良心は この 心の 変化の

影響も あったのかなと 思います。でも、今の 私はやはり きまりを 守る

ことが 大事だと 思います。自分の 良心と きまりを 守ること、どちらの 方を

優先するべきなのか 分かりませんが 私も 元さんの ように 自分自身の

生き方を 見つけたいと 思います。

第 19 章　中学校の指導案

❹ 国際理解，国際貢献（C-(16)：我が国の伝統と文化の尊重
　　C-(18)：国際理解，国際貢献）

①実施時期：11 月頃

②対象：中学 3 年生

③教材名：「王女様の来校」（自作教材：松尾廣文）

1.　主題設定の理由

(1) ねらいとする価値について

　東京オリンピック・パラリンピック 2020 を間近に控え 21 世紀で活躍する中学生に，国際社会で主体的に対応できる国際性を身につけさせることは，大切なことである。それは単に語学を習わせるという次元に留まることなく，世界の中の日本人であることを自覚し，他国のもつ文化や人々の考え方の違いを尊重し，その良さを積極的に学ぶともに，日本人としてのアイデンティティをもち，世界に発信できる資質・能力をもつことが求められている。国際理解の意義を生徒一人ひとりに考えさせることを通して，国際平和と人類の幸福に貢献する意欲を喚起させることが可能になると考える。

(2) 生徒の実態について

　グローバル化が進展する世界と向き合うことが求められる生徒たちには，自国と世界の歴史や文化を広い視野で考え，思想や思考の多様性を理解し，地球規模の諸課題や地域課題を解決し，持続可能な社会の担い手となる資質・能力を身につけることが必要である。

　松尾（2007）が，「山田さんのジレンマ」（コールバーグの例話「ハインツのジレンマ」の邦訳）で測定した中学生のコールバーグの道徳性発達段階では，段階 2（第 2 段階　個人主義，道具的な道徳性）の生徒が多く見られた。中学生のもつ道徳性の多くは，自己中心的な階層に留まり，自他の尊重，多様性を理解する，道徳性発達段階 3，4 への移行を促すことが，国際理解・国際貢献の意識形成を行う上での課題である。

(3) 本時の資料の概要

　環境活動に造詣の深いR国の王女様が，来日の際，T中学訪問を希望された。

　自分たちで調べたR国のことを発表して，現地の学校とのこれからの交流をプレゼンするというユネスコ委員長の浩の案と日本の文化・伝統を王女様に伝えたいという生徒会長芳子の案が対立をするのであった。

221

第3部 学習指導案を創る

2. 本時のねらい

世界の中の日本人としての自覚をもち，他国を尊重し，国際理解・国際交流を進め，世界の平和と人類の発展に寄与することの大切さについて考える。

3. 本時の展開

（1）授業前の準備

〇本時で用いる判断・理由づけカードの作成。

（2）本時

配時	内容	留意事項
導入 ［5分］	外国からの賓客が学校に来るとしたら，どんな気持ちになるだろう。	・東京オリ・パラ誘致活動では，「おもてなし」というキーワードが作成されたことも紹介する。
展開 ［40分］	資料を読み，葛藤状況を共通理解する。 ・ユネスコ委員会長浩，生徒会長芳子の主張は何か。 ・実行委員長陽一の悩みは何か。 ・「判断・理由付けカード」に陽一は，浩，芳子どちらの意見を受け入れるべきかの判断を下し，その理由を記入する。 〇賛成・反対意見を自由に言おう。（モラルディスカッション1） ◎論点を絞って話し合う。（モラルディスカッション2） ・外国へ行くとしたら，何を準備することが大切と考えるだろう。 ・外国からのお客をもてなすとしたら何が最高のもてなしになるだろう。 ・国際交流を行う上で，大切な点を話し合ってみよう。	・浩の主張は，他国の理解を，芳子の主張は，自国の文化・伝統の重要性を主張していることを理解させる。 ・初発の理由づけを「書き込みカード」に記入し，班で意見交換させ他者の考えに気付かせる。 ・意見を述べあい，論点を明らかにする。 ・外国に行く場合は，その国の言語を調べ，簡単に下調べをする等，相手を知ることが重要になる。その反面，外国からのお客には，自国の食べ物や名所を紹介することも重要なおもてなしであることを理解させる。
まとめ ［5分］	・陽一はどう判断すべきだろう。	・最終の「判断理由づけカード」への記入を行う。

4. 評価

浩，芳子の主張を吟味し，実行委員長陽一の判断・理由づけを考えさせることを通して，自国の文化に対する誇りや他国の良さ，多様性に対する理解が，国際理解，国際貢献に結びつくことを考えさせることができたか。

5. 授業の実際

(1) 判断・理由づけの記入

　資料を読み，葛藤状況の共通理解を行った後，ワークシートに判断・理由づけを書き込み，班で意見を交換する。これにより，自分とは違う他者の判断，理由づけに気付き，モラルディスカッションへと移行する。なお，芳子，浩の両方の案を行うという考えに対しては，時間的制約があるという物語の中の設定に沿い，いずれか一方という判断を行わせるようにする。

(2) モラルディスカッションの例

S「外国から来るお客さん，それも王女様なのだから，失礼がないようにすべきだと思う。」

S「如何にR国との友好を図っているかを知ってもらうためにも，相手国に対して私たちが調べたことを発表する方が，良い。その方が王女様も喜ぶ。」

S「国際交流で大事な点は，相手国に対する敬愛の念を如何に伝えるかだと思う。そういう意味で，相手国の国旗を掲揚したり，国歌を演奏することも国家の間では行われている。」

S「自分の国の良さを知らせることも大事だと思うが，限られた時間なので，浩の案のように相手の国に対するリスペクトを表現する方が友好親善には大事だ。」

T「芳子さんの考えに賛成の人から反論はどうですか。」

S「芳子の言う通り，外国の方は，日本を知りたいと思うので，自分の国の良さをお伝えすることでが，おもてなしでは大事ではないか。」

S「日本文化だと，柔道や剣道，茶道や書道，たくさん紹介するものがあると思う。」

S「日本の伝統文化をお伝えすることが，王女様の貴重な思い出となる。」

S「王女様の国でも，マスコミ等の報道を通して，日本に対する親しみが生ずるのではないか。」

S「でも，日本文化といっても，みんなが，茶道をできるわけでもない。」

S「自分の国に対する興味が減っているところに，日本の現実がある。」

T「互いに芳子さん，浩君双方，それぞれの良さについても吟味をして，陽一君の判断・理由づけを考えてみましょう。」

（3）価値分析表

R国について調べたことを発表	自国の伝統・文化を発表
[段階1　罰回避と従順志向，他律的な道徳性]	
• ユネスコ委員会浩に従わないと，問題やトラブルが起きる。	• 生徒会長芳子の意見を聞かないと，問題やトラブルが起きる。
[段階2　個人主義，道具的な道徳性]	
• R国のことを調べた方が王女様の機嫌がよくなり，関係がよくなる。	• 自国の文化をお教えした方が，王女様の勉強にもなり，関係も良くなる。
[段階3　良い子と対人的規範の道徳性]	
• 今回は，ユネスコスクールとしての訪問であり，ユネスコ委員会の会長浩の言うことに従うべきである。 • 他国のことを知る姿勢が大切。	• 生徒を代表するのが生徒会長である。校内で意見が対立したときは，会長芳子の意見に従うべき。 • 自国の文化に誇りをもつべき。
[段階4　社会システムと良心の道徳性]	
• 他国との信頼関係を築き，信用を得るには，他国の良さ，多様性を理解することが重要である。	• 他国と付き合うには，自国のアイデンティティをもつことが必要である。それがないと，対等の信頼関係は構築できない。

◆ オリジナルストーリー

「王女様の来校」（ジレンマ資料／書き下ろし）

　放課後の生徒会室。校庭からは，野球部の掛け声が聞こえてくる。
　先ほどから，芳子と浩の声が大きく響いている。周囲を取り巻く生徒たちも，2人の論戦に口を挟むことをはばかられるように，聞き入っている。
　そんな中，間に入った陽一は，双方を見つめながら，困惑した表情を浮かべている。
　「だから，もうそんなに時間がないのだから，ここは，実行委員長の陽一君に判断してもらいましょう。」
　芳子の甲高い声に引きずられるように，生徒会のメンバーが陽一を見つめる。
　「ちょっと待ってよ。まだ，僕の話の続きがあるんだけれど。」
　その浩の声に，ユネスコ委員会のメンバーが一斉に頷いた。
　「R国は，地中海に面した自然豊かな国だ。そのR国のことについて，日本の僕たちが調べたことをお話をして，現地の学校とのこれからの交流をお話するのが，一番王女様が喜ばれることだと思うんだ。」
　ユネスコ委員会の会長，浩のお話を聞いて，生徒会長の芳子が口を挟む。
　「そのことも生徒会がR国とこれからの交流を図って行く上で大切だと思うわ。でも，日本に初めていらした王女様に日本の伝統や文化をお伝えすることも大事だと思うわ。私たち生徒会では，そんな提案を沢山考えてきたのよ。」
　芳子の言葉に今度は，浩が反論をする。
　「といっても，僕たちに割り振られた時間は，10分なんだから，何でもできるわけないだろ。」
　再び，話し合いは，膠着状態。野球部のキャッチボールの音が響いてきた。
　R国の王女様が，T中学校へ視察に来ることが発表されたのは，先週のことであった。ユネスコスクールとして活動を始めたばかりのこの学校が，R国の学校と環境学習で手紙のやりとりをしていることを受け，環境活動に造詣の深い王女様が，来日の際，T中学訪問を希望されたというのだ。

学校に王女様がいらっしゃるというので，体育館でＴ中学の環境学習を発表することになった。

海辺に近いＴ中学では，海岸や公園の清掃活動，教室のグリーンカーテンや最寄り駅での花壇整備等，様々な活動を繰り広げている。

王女様歓迎のためにこれらの様々な活動を体育館では，プレゼンする。全部で40分の歓迎会の中で，校長先生や生徒会の挨拶，合唱披露も含めて，30分は必要という計算になった。

「王女様からのご挨拶を入れて，残り数分をどうするかを，実行委員会で至急検討してほしい。」

担当の先生から，依頼を受けた実行委員長の陽一は，生徒会とユネスコ委員会を呼んでアイディアを練っていたのだ。

しかし，双方の考えは，先ほどのように対立している。

「他国の方，それも国を代表する王女様がいらっしゃるのよ。私たちに近いご年齢だし，是非，日本の伝統文化，書道や柔道，茶道をお見せすることで，交流は深まると思うの。」生徒会長芳子の主張に，ユネスコ委員長の浩は，Ｒ国の歴史や文化を調べた内容を発表し，今後のＲ国の小学生との交流を提案することこそ，交流が深まる方法であると主張しているのだ。

「両方やるというのはどうかな。」

双方を立てた陽一実行委員長の提案に，すかさず芳子が口を挟む。

「駄目よ。王女様は，その後，すぐに別の訪問先へ向かう予定があるのよ。残り時間は数分。どちらか１つに決める必要があるの！」

「校長先生も王女様に挨拶をするとき，握手とともに，片膝をつく挨拶をする練習をするって聞いたよ。やはり，Ｒ国のことを調べて，現地の学校との交流を深めることをアピールすることが大切だと思うよ。」

「そんなこと，後でもできるでしょ。王女様が帰られた後でも。」

「そうじゃないよ。王女様に我々が調べたＲ国のことを話すことこそ，わが校とＲ国の学校との国際交流の元になると考えるんだ。他国との交流は，相手を認めることから始めるべきなんだ。」

「でも，王女様がいらっしゃる時間は短いの。校長先生だって，日本語でお話しをされて，後は通訳の方が訳すと先生が言ってたわ。日本人として，伝統や文化をお教えすることこそ，必要なおもてなしだと思うけど。」

双方の主張は，なかなか終わりそうもない。

「そろそろ，実行委員長，決めてくれよ。」

浩の声に，ここは合わせるように，芳子も続けた。

「そうよ，どちらかに決めて！ 準備にかからなければ，来週の訪問に，お互い間に合わないんだから。」

生徒会室に差し込む夕日も，影を長く引くようになっていた。

２人に見つめられた実行委員長陽一はどちらの主張を採用すべきか，悩むのであった。

陽一は，浩と芳子のどちらの意見を採用すべきだろうか。

◆ワークシート

判断・理由付け表　最後

今日の話し合いをもとに、最後にもう一度考えましょう。

実行委員長陽一は、ユネスコ委員長浩と生徒会長芳子のどちらの意見を採用するべきだろうか。それは、なぜですか。

自分の考えが当てはまる方の（ ）に○をつけ、理由をまとめよう。

```
（ ）浩の意見を採用すべき。
（ ）芳子の意見を採用すべき。
```

理由

参考になると思うことをメモしておこう。
友だちや先生との話し合って感じたこと、考えたことで、今日の判断を下す上で

王女様の来校	年　組	名前

判断・理由付け表　最初

実行委員長陽一は、ユネスコ委員長浩と生徒会長芳子のどちらの意見を採用するべきだろうか。それは、なぜですか。

自分の考えが当てはまる方の（ ）に○をつけ、理由をまとめよう。

```
（ ）浩の意見を採用すべき。
（ ）芳子の意見を採用すべき。
```

理由

第 19 章　中学校の指導案

❺ 仲間になるためには何が必要か（B-(8) 友情，信頼）

指導案の概要

①実施時期：6 月頃
②対象：中学 1 年生
③準備物：教員集団の写真

指導案の詳細

1. 主題設定の理由

(1) ねらいとする価値について

　中学生には，クラス・学年・学校・部活動など，所属する集団が多数存在する。本来，集団の中に価値観の違いや，得意・不得意が違う人が集まるからこそ，お互いに学び合うことができ，良い集団になっていくことができる。しかし，中学生は気の合う友達とは協力できても，そうでない人と協力することを苦手とする生徒が多い。「友達」と「仲間」を混同してしまいがちな中学 1 年生の時期だからこそ，「仲間作り」の在り方を考えるきっかけとする。

(2) 生徒の実態について

　中学 1 年生の段階では，「友達」には思いやりをもって接することを心がけられても，「仲間」である同級生の中で，気の合わない人とは関係を築くことが難しく，ひどい場合だと排除してしまうこともある。

　そこで，「友達」と「仲間」の違いを考え，クラス・学年・部活動など自らの意思とは関係なく集まった人達と，良い仲間になるためには何が必要かを考えることで，集団の中で自分が果たすべき責任について考えるきっかけとしたい。

(3) 本時の教材の概要

　導入部分で仲間と友達の違いを個人で考えた後，ファーストアンサーである仲間になるためには何が必要かを考える。また，良い仲間になっていくためには，自己分析と他者理解が必要なため，自分の長所と短所を考えることと，班の仲間の長所を考えることを時間内に取り入れる。

　自分が思う自分と，他人から見た自分。自分から見た仲間と，他人から見た仲間。様々な見え方があることに気付き，良い仲間になるためには何が必要かを考える材料としたい。

227

第3部　学習指導案を創る

2．本時のねらい

「友達」と「仲間」の違いを考え，仲間になるためには何が必要かを思考し，議論を深めることを通して，仲間の多様性を受け入れ，お互いに高め合える人間関係を構築しようとする道徳的実践意欲と態度を育てる。

3．本時の展開

	学習活動
導入 [10分]	【個人で考える】 ①「友達」と「仲間」の違いを考える。 ②仲間になるためには何が必要かを考える。 ③辞書に書かれている友達と仲間の違いを提示。 ④自己分析と他者理解を深めるため，自分の長所・短所，班の仲間の良いところを考える。
展開 [30分]	【班で発表】 ①自分の長所・短所，班の仲間の良いところを発表する。 【班で議論】 ②それぞれの意見を聞き，「仲間になるためには何が必要か？」をグループで話し合う。 ③多様性を受け入れることの重要性に気付き，より深い議論になるよう，議論の中盤に学年の教員団の写真を見せ，性格がバラバラな教員集団がどうやって良い仲間になっていこうとしているかを考えさせる。 【個人活動】 ④ここまでの議論を参考に，仲間になるためには何が必要かについて，自分の考えをまとめる。
まとめ [10分]	①自分の意思とは関係なく集まった集団の中で，自分が果たすべき責任と役割について考えさせる。 ②仲間と本当の仲間になるために，自分自身が今後どう行動していくべきか，日常と繋げて考えるよう投げかける。

4．評価

ワークシートにある4つの柱で自己評価をする。

5．授業のポイント

生徒が主体的に考え，議論する道徳になることを目指し，知の探究的な学習を用いて道徳の授業を実施している。知の探求的な学習では，知識を得ることを目的としているのではなく，知識そのものを批判的に捉え，様々な角度から検証していくことを目的とする。

そのため，授業で最も大切にしているのは，「議論」である。議論をするためには，自分の意見を一人ひとりがもち，自由に質問し合える環境を作らなければならない。そこで，①問いに対する答えを個人で考える，②意見を共有する，③意見の共有を整

理し議論をする，④再度，問いに対する答えを個人で考える，という流れで毎回の授業を実施している。以下，授業内で注意しているポイントに関して説明する。

（1）授業内でのルール作り

様々な答えが考えられる問いに対して自分の考えを深めていくためには，多角的・多面的に考えることが必要になってくる。そのため，本時では個人で深く考えた意見を班で共有し，自分とは違う意見と出合うことで思考を深めることを大切にしている。

しかし，他者と違う意見を述べることに抵抗がある生徒も多いため，安心して自分の意見を述べられる雰囲気作りをするために，ある一定のルールを作成しておくことが必要となる。

そこで，授業の冒頭で①人の話を最後まで聞く，②相手の意見を否定しない，③相手の意見に対して必ず質問をするという3つのルールを提示することからスタートする。

（2）深く考えるために質問を繰り返す

班で議論をする際に大切にしたいのは，「質問を繰り返す」ことである。班の仲間の意見に対し，疑問をさらに重ねていくことで思考は深まる。そこで，より議論が進みやすくなるために議論を見える化することを意識しなければならない。まずはファーストアンサーを付箋に書き，A2用紙に貼りつける。その意見に対する質問や答えを付箋に書き，整理をしながらA2用紙にまとめていく作業を繰り返すことで議論が深まりやすくなる。

このように，議論と質問や意見の整理を同時に進めていくことが，最後にもう1度自分の考えを再構築する際に役立つ。

（3）教材の工夫

知の探究的な道徳学習では，読み物資料をあえて教材として使用しないようにしている。読み物資料は読むために時間を割く必要があるため，多角的・多面的に議論を深めるための議論の時間を十分に取れなくなる可能性があるからである。

また，読み物資料を用いないもう1つの理由は，作者やその教材を用いた教師側の思いを生徒が必要以上に受け取ってしまい，自由な議論を展開できなくなる可能性があるからである。

そこで重要になってくるのが「問い」である。授業の中心発問を考える際に意識していることは，答えが1つにならない問いを設定することである。問いによっては，答えが1つしかなく議論を深めることができなくなってしまうからである。中学生が考えやすい実社会にある身近な問いになることを意識しながら，学年団で相談しながらその時の学年の課題や行事を意識して「問い」を決めるようにしている。

第3部　学習指導案を創る

(4) 問いをあたため続ける

　まとめの時間に新たな問いを投げかけて終わることで、ファイナルアンサーが出た後も自分事として捉え、問いに対する答えを探し続けることをねらいとしている。教員が答えを言って終わるのではなく、あえて新しい視点や考え方を提示して終わることで、生徒の中に新たなモヤモヤが生じる。そのモヤモヤを意識しながら日常生活を送ることに、大きな意味があると考えている。

(5) 教員の役割

　生徒は、教員がどのような答えを求めているかがわかっているため、正解を探そうとする。そこで大切なのが教員の発問や声かけである。あくまでもファシリテーターに徹し、生徒の意見を引き出し、まとめていく役割を担うことが重要となる。

◆ ワークシート

「仲間になるためには何が必要か」

1年＿＿＿組＿＿＿番　名前＿＿＿＿＿＿＿＿＿

①「自分で」一生懸命考える

Q1. 友だちと仲間の違いは何ですか？
A1.

ファーストアンサー

私が考える「仲間になるために必要なこと」は、
です。

Q2. 最強のチームをつくるためには，自分のこと，そして仲間のことを知ることが必要です。
自分の長所と短所，班の仲間の「良い所」を考えましょう。

私	長所	短所

班の仲間	良い所

②発表（「人の」意見に耳を傾ける）

名前	良い所	短所

③ファーストアンサーを参考にしながら，「仲間になるためには何が必要か」をグループで
話し合いましょう。また，グループで出た意見をメモしておきましょう。意見をまとめる
必要はありません。
○考えを更に深められる質問をしましょう！1人1回は質問すること！
●ファイナルアンサー

私が考える「仲間になるために必要なこと」は
です。

④本日の気づきと疑問

⑤自己評価をしましょう。
(1)「自分で」一生懸命考えられた …（　4　・　3　・　2　・　1　）
(2)「人の意見」に耳を傾けられた …（　4　・　3　・　2　・　1　）
(3)考えを深める「質問」ができた …（　4　・　3　・　2　・　1　）
(4)相手の意見を受け入れ，自分の考えを「深め」られた …（　4　・　3　・　2　・　1　）

特別支援学校・高等学校の指導案

❶ 自分や友達のいいところを知ろう
　▶▶ A-(4)：個性の伸長
　▶▶ B-(10)：相互理解，寛容

❷ 職業選択と金融の働き
　▶▶ 現代的な課題

第 20 章　特別支援学校・高等学校の指導案

> ❶ 自分や友達のいいところを知ろう
> 　（A-(4)：個性の伸長　B-(10)：相互理解，寛容）

指導案の概要

①実施時期：10 月頃

②対象：特別支援学校中学部 2 年

③教材名：「いいね！」プロジェクト〜自分や友達のいいところを知ろう〜（授業者：六車加代・那須佳奈子）

指導案の詳細

1. 主題設定の理由

(1) ねらいとする価値について

　特別支援学校中学部の指導の重点の 1 つに「自分の気持ちをはっきりと伝え，自分のことは自分でしようとする習慣を身につけることができる」というものがある。本学級の生徒の中には，友達の様子やその様子を見て自分が思ったことを表現できる生徒が在籍しているが，特に友達がルールを破ったときや態度が悪かったときなど，ネガティブな側面を捉えて指摘することが多い。そこで今回は，中学部の指導の重点の 1 つの「自分の気持ちをはっきり伝える」という部分に焦点を当てながら，自分や友達のいいところに気付き，「いいね！」と思うポイントを友達に伝えるという経験を積むことができたらと考え，本主題を設定した。

(2) 生徒の実態について

　本授業を行った学級は，中学部 2 年生の男 3 人，女 3 人の学級である。生徒全員発語があるが，知的障がいがあり，本校小学部から進学している。そして，自閉症スペクトラムやダウン症など他の障害も併せてもつ生徒もいる。意思の表出に関しては，教師が提示したいくつかの選択肢の中から選んで答えることができる生徒から，簡単な質問であれば，質問の意図を捉えて自分の言葉で答えることができる生徒が在籍する。また，文字の理解についても実態差が大きく，特定の平仮名であれば読める生徒から小学 2 年生程度の漢字が読み書きできる生徒まで在籍する。そこで，本学級でこの単元に取り組むにあたり，知的障害があるため学年相当の学習は難しく，また，実態差が大きいことから，目標については，生活年齢の中学校の「特別の教科 道徳」の目標ではなく，主に下学年の小学校 1・2 年生，小学校 3・4 年生の目標に向けて取

233

第3部　学習指導案を創る

り組むことにした。

（3）本時の教材の概要

　学級の生徒達の学校生活の様子について，写真やイラストを通して，自分や友達の
いいところを見つけてどういう様子が「いいね！」と思ったか掲示物にまとめる。「特
別の教科　道徳」の単元として取り組んだが，美術的な要素も含み，計3時間を使っ
て取り組んだ。

【単元計画】

　第1次第1時（本時）：「いいね！」を探そう，第2時：写真やイラストと付箋を貼
ろう，第3時：「いいね！」のツリーを完成させよう。

2．本時のねらい

　イラストや写真をもとに，学校生活における自分や友達の「いいね！」に気付いて，
自分の気付いた「いいね！」を具体的に友達に伝えようとする道徳的実践意欲と態度
を育てる。

3．本時の展開（第1時）

	学習活動（主な発問と生徒の反応）	指導上の留意点
導入 ［7分］	単元の概要を知る。 ○中学部2年生になってから，半年間でどのようなことに取り組んだか，パワーポイントを見ましょう。 ○何をしていますか。 　•運動会のダンス 　•音楽祭の太鼓の練習	•「いいね！」とするポイントは，自分や友達が頑張っていることや，長所となることであることを確認する。 •日常生活を行事・学習・暮らしの場面ごとに写真を提示する。
展開 ［35分］	自分や友達の「いいね！」を付箋に書く。 **自分や友達の「いいね！」を付箋に書こう！** ◎自分はどんなことを頑張っていますか。 　•笑顔で太鼓を打った 　•運動 ◎友達は，どんないいところがありますか。 　•○○さんは，掃除を頑張っている	•自分で言葉を考えて書くことが難しい生徒は，選んだイラストをもとに教師が具体的な質問をし，言葉を一緒に考えながら手本を準備する。 •生徒が書く内容に悩んでいる場合は，最初に見たパワーポイントをもとに，教師とやりとりしながら，書く内容を決める。
まとめ ［8分］	本時の振り返りをする。 ○自分が一番いいねと思ったことはどのようなことですか。 　•運動 　•太鼓	•生徒が自分や友達についてたくさんの「いいね！」を挙げることができたことを称揚し，生徒が自信をもつことができるようにする。

234

次時の学習について知る。 〇「いいね！」プロジェクトでは，次の時間はどのようなことを勉強しますか。 　●貼る 　●作る	● 計画表を提示する。 ● 次時は今日書いた「いいね！」のポイントをイラストや写真と一緒にまとめることを伝える。

4. 評価

　〇自分の頑張りについて，イラストや写真を手掛かりに付箋に書くことができたか。

　〇友達のいいところについて，イラストや写真を手掛かりに付箋に書くことができたか。

5. この題材のストーリーについて

　普段から毎回の授業の終盤に「振り返り」の時間がある。生徒は振り返りの場面で，一人ひとりがその時間の学習で頑張ったことや，自分が制作した作品の好きなところなどを発表している。さらに，下校前の帰りの会では，帰りの会の司会をする日直の生徒がホワイトボードの当日の時間割を見て，時間割のカードや感情の気持ちのカードを話型に貼り「音楽は楽しかったです」のように発表している。生徒の実態によっては，さらに，話型を使った発表後，「どのようなことが楽しかったですか？」のように教師が追加の質問をすることがある。

　今回の題材では，「いいね！」をキーワードにし，写真やイラストといった視覚的な手掛かりをもとに，生徒達が普段の学校生活における自分や友達のいいところに注目するようにした。生徒の実態によっては，友達の様子を捉えるのは難しくても，自分が頑張ったことであれば，複数の選択肢の中から選んで答えることができる生徒もいるため，「いいね！」の定義の中には，友達のいいところだけでなく，自分が頑張ったことも含めた。

　本授業を取り組んだのが，10月下旬～11月上旬ということで，中学部2年生の折り返し地点であり，今回見つけた自分や友達のいいところを日常生活で意識することができるようにし，「いいねプロジェクト2」として年度末頃にも取り組むことで，中学部の最高学年である3年生に向けて，自分や友達のいいところをさらに気付くことができるようにすることで，生徒それぞれが成長することができたと考えている。

6. 授業のポイント

(1) イラストや写真の提示

　本学級の実態として，視覚的な手掛かりが有効であるため，生徒が自分や友達のい

いところを考えて付箋に書くためのヒントとした。今回私が準備したものはイラストが多かったが、生徒が自分で考えて書いた付箋は、写真を手掛かりにした方がより具体的に「いいね！」と思うポイントについて書くことができていた。

(2) イラストや写真の活用

本学級の生徒は、平仮名の理解が不十分な生徒も在籍している。そこで、平仮名が読めなくても意味合いが伝わるようにイラストや写真をつけることで、どの生徒にとっても理解しやすいようにした。

(3) 季節と関連づけて掲示物としてまとめる

本学級の生徒は、美術科の授業で季節に応じた掲示物を制作している。今回は、時期として10月下旬から11月上旬の学習であったことから、クリスマスにちなんで、クリスマスツリーにオーナメントを飾るように掲示物に仕上げた。また、「いいね」を書いた紙の大きさも考慮し、クリスマスツリーいっぱいに貼ることができるように大きさも調整することで、生徒たちは視覚的にもより達成感をもって取り組むことができた。

今回は、筆者が思った以上に生徒がたくさんの「いいね！」を見つけることができており、クリスマスツリーが見えないくらい貼ることができた。視覚的にたくさんあるということがわかった反面、クリスマスツリーとしては捉えづらく、二回りほど大きなツリーにしておけばよかった。

授業で使用したツール①

第20章　特別支援学校・高等学校の指導案

◆ 単元計画

第1時	**「いいね！」を探そう** イラストや写真を手掛かりに付箋に書いた。文字の理解が不十分な生徒は、付箋とイラストを一緒に貼るようにした。
第2時	**写真やイラストと付箋を貼ろう** 第1時で書いた付箋と写真やイラストを組み合わせて、オーナメントに見立てた台紙に貼った。
第3時	**「いいね！」のツリーを完成させよう** 第2時で作成したオーナメントを生徒が順番にツリーに見立てた大きな模造紙に貼って完成させた。また、作成したツリーはいつも目にすることができるように教室後方に掲示した。

授業で使用したツール②

授業で使用したツール③

237

第3部　学習指導案を創る

---

❷ 職業選択と金融の働き（現代的な課題）

指導案の概要

　①実施時期：7月頃

　②対象：高校2年生

　③教材名：「勤労と金融リテラシー：それぞれの大切さとその意義」（自作教材：藤
　　澤文）

指導案の詳細

1. 主題設定の理由

(1) ねらいとする価値について

　高度情報化，少子化，国際化が進み，人生が100年といわれる現代社会において，
かつてと同様なライフプランを想定し，人生を生き抜くことは困難であると考えられ
る。100年の人生を生き抜くにはいくつかの要素から検討する必要があると思われる
が，本授業では，特に，これまでに学んできている勤労に加えて，新たな視点として
金融リテラシーを加えて双方の意義とバランスについて考える。

(2) 生徒の実態について

　生徒はそれぞれが進路に関する目標や希望をもち生活をしている。特に2年生の夏
休みは進路（就職・進学）について考えたり，その準備をしたりすることができる時
期である。その一方で，生徒たちは進路が見えなくなったり，やりたいことが必ずし
も仕事につながるわけではないことに気が付いたり，あるいはお金を稼ぐことそのも
のの意義について考えたりしている。そこで，夏休み前であるこの時期に，就業を含
めた進路について考えると同時に，金融の仕組みについても考える。

(3) 本時の資料の概要

　「1時間1000円のアルバイトを1年間続けることにより100万円を稼いだ」とい
う勤労を重視するストーリーと「web上で1秒（ワンクリック）で株を売買すること
により100万円を稼いだ」という金融リテラシーを重視するストーリーを用いて，勤
労の大切さと金融リテラシーの必要性の双方の考え方に触れる。

2. 本時のねらい

　重視する点が異なる2つのストーリーを通して，生徒同士が議論することにより，

238

第 20 章　特別支援学校・高等学校の指導案

人生 100 年時代を生きることができる多様な視野を育む。

3. 本時の展開

			指導上の注意
導入 [5分]		○みなさんはお小遣いをもらってますか？ ○お金を稼ぐと何ができますか？ ・納税　・自己実現　・ほしい物が買える ・社会貢献 ○どうすればお金を稼ぐことができますか？ ・就職　・会社を興す ・資金調達　・YouTube	・クラスを見渡し、反応を見る。 ・身近な質問を重ねることにより、話しやすくしたり、議論しやすくしたりする雰囲気を作る。
展開 [35分]		○「1000円／時間のアルバイトを1年間続けて100万円を稼いだ人」と「1秒で株を売買し100万円を稼いだ人」がいます。 ○さて、この2人をどう思いますか。 株（よいところ／よくないところ） ・浮いた時間をほか（勉強）に充当可能 ・株（金融の仕組み）を学んだ成果だ ・大損する ・金融の仕組みを生かした結果 ・お金の大切さがわからなくなる アルバイト（よいところ／よくないところ） ・好きな仕事をしてお金が得られる ・お金の重みがわかる ・額に汗するのは大事 ・同じ金額を得るのに時間がかかる	・最初は個別にワークシートに思いつく限り書かせる（10分）。 【考える】 ・板書を四等分し、2つの稼ぎ方と良いと思うところ、良くないと思うところの欄を設ける。（黒板の真ん中（②に該当）は空けておく） ・様々な意見を拾えるようにする（10分）。 【考える・知識を増やす】 ・グループ内で意見を出し合い、さまざまな考えに触れさせる（15分）。 【考え議論する】
まとめ [10分]		◎お金があるからできること、お金に換えられない大切なことがあるようですね。今後どのようにお金と付き合いますか？	日本の社会経済状況を説明し、納税を含めた生涯にわたるお金との付き合い方を示唆する。 自分の考えをワークシートにまとめる。

4. 評価

　○お金の大切さとその稼ぎ方の多様性を学び、人生の選択肢を増やせたか。

5. 授業のポイント

　お金の重要性や価値については十分に理解している発達年齢である。同時に、401K（日本での確定拠出年金）以降、金融の自由化が進み、老後を含めて人生に必要なお金を自分たちで用意していかなくてはならないように時代は変化してきている。また、多くの人にとって学校卒業後に定職に就くことや定年まで1つの仕事を続ける

ことが一般的ではなくなった現在，金融の自由化とは別に考えても金融の仕組みを知り，必要なお金について自分でどのような選択肢をとることができるかを知っておくことは必要不可欠である。また，いずれの方法にせよ，収入を得ることは納税につながり，国民の義務を果たしていることになる。一方，金融の仕組みを生かしてお金を稼ぐことを学ぶことは１つの選択肢として知っておく必要があるが，その道を選択した場合，別の問題を抱える場合もある。それらを踏まえて，お金の重要性，額に汗して稼ぐお金，金融の仕組みを生かして得るお金，自動的に得られるお金とは代えられない就労の意義，お金があるからこそできる社会貢献など，お金があるからこそできることとお金に換えられない大切なこと双方の意義と役割について学ぶ。

◈ **板書計画**

株：メリット
・浮いた時間でほかのことができる
・株を学んだ成果（対価）
・金融の仕組みや経済の動きを考えた成果だ

アルバイト：メリット
・好きな仕事でお金が得られる
・お金の重みがわかる
・額に汗するのは大事なこと

①さて，お金を稼ぐ上で大切なことは何だろうか？
②（さまざまな意見が出たのちに書く）

株：デメリット
・大損するかも
・お金の大切さがわからなくなるかもしれない

アルバイト：デメリット
・同額のお金を得るのに時間がかかる

◆ ワークシート

第　　回　道徳授業　　　　年　　組　　番　名前

○お金を稼ぐと何ができますか？

○どうすればお金を稼ぐことができますか？

アルバイト （よいところ／よくないところ）	株（金融商品） （よいところ／よくないところ）

○お金があるからできることとお金に換えられないことの双方を考えた上で，大切だと思うことを書いてみよう。

○自分の意見を伝えることができた：**できなかった・ややできた・できた**

○相手の意見を聞くことができた：**できなかった・ややできた・できた**

○自分と異なる意見について議論することができた：**できなかった・ややできた・できた**

○議論する中で，新しい価値に気づいた：**できなかった・ややできた・できた**

付録　学習指導要領解説　内容項目一覧

	小学校第1学年及び第2学年 (19)	小学校第3学年及び第4学年 (20)
A　主として自分自身に関すること		
善悪の判断, 自律, 自由と責任	(1) よいことと悪いこととの区別をし,よいと思うことを進んで行うこと。	(1) 正しいと判断したことは,自信をもって行うこと。
正直, 誠実	(2) うそをついたりごまかしをしたりしないで,素直に伸び伸びと生活すること。	(2) 過ちは素直に改め,正直に明るい心で生活すること。
節度, 節制	(3) 健康や安全に気を付け,物や金銭を大切にし,身の回りを整え,わがままをしないで,規則正しい生活をすること。	(3) 自分でできることは自分でやり,安全に気を付け,よく考えて行動し,節度のある生活をすること。
個性の伸長	(4) 自分の特徴に気付くこと。	(4) 自分の特徴に気付き,長所を伸ばすこと。
希望と勇気, 努力と強い意志	(5) 自分のやるべき勉強や仕事をしっかりと行うこと。	(5) 自分でやろうと決めた目標に向かって,強い意志をもち,粘り強くやり抜くこと。
真理の探究		
B　主として人との関わりに関すること		
親切, 思いやり	(6) 身近にいる人に温かい心で接し,親切にすること。	(6) 相手のことを思いやり,進んで親切にすること。
感謝	(7) 家族など日頃世話になっている人々に感謝すること。	(7) 家族など生活を支えてくれている人々や現在の生活を築いてくれた高齢者に,尊敬と感謝の気持ちをもって接すること。
礼儀	(8) 気持ちのよい挨拶,言葉遣い,動作などに心掛けて,明るく接すること。	(8) 礼儀の大切さを知り,誰に対しても真心をもって接すること。
友情, 信頼	(9) 友達と仲よくし,助け合うこと。	(9) 友達と互いに理解し,信頼し,助け合うこと。
相互理解, 寛容		(10) 自分の考えや意見を相手に伝えるとともに,相手のことを理解し,自分と異なる意見も大切にすること。
C　主として集団や社会との関わりに関すること		
規則の尊重	(10) 約束やきまりを守り,みんなが使う物を大切にすること。	(11) 約束や社会のきまりの意義を理解し,それらを守ること。
公正, 公平, 社会正義	(11) 自分の好き嫌いにとらわれないで接すること。	(12) 誰に対しても分け隔てをせず,公正,公平な態度で接すること。
勤労, 公共の精神	(12) 働くことのよさを知り,みんなのために働くこと。	(13) 働くことの大切さを知り,進んでみんなのために働くこと。
家族愛, 家庭生活の充実	(13) 父母,祖父母を敬愛し,進んで家の手伝いなどをして,家族の役に立つこと。	(14) 父母,祖父母を敬愛し,家族みんなで協力し合って楽しい家庭をつくること。
よりよい学校生活, 集団生活の充実	(14) 先生を敬愛し,学校の人々に親しんで,学級や学校の生活を楽しくすること。	(15) 先生や学校の人々を敬愛し,みんなで協力し合って楽しい学級や学校をつくること。
伝統と文化の尊重,国や郷土を愛する態度	(15) 我が国や郷土の文化と生活に親しみ,愛着をもつこと。	(16) 我が国や郷土の伝統と文化を大切にし,国や郷土を愛する心をもつこと。
国際理解, 国際親善	(16) 他国の人々や文化に親しむこと。	(17) 他国の人々や文化に親しみ,関心をもつこと。
D　主として生命や自然,崇高なものとの関わりに関すること		
生命の尊さ	(17) 生きることのすばらしさを知り,生命を大切にすること。	(18) 生命の尊さを知り,生命あるものを大切にすること。
自然愛護	(18) 身近な自然に親しみ,動植物に優しい心で接すること。	(19) 自然のすばらしさや不思議さを感じ取り,自然や動植物を大切にすること。
感動, 畏敬の念	(19) 美しいものに触れ,すがすがしい心をもつこと。	(20) 美しいものや気高いものに感動する心をもつこと。
よりよく生きる喜び		

小学校第5学年及び第6学年 (22)	中学校 (22)	
A　主として自分自身に関すること		
(1) 自由を大切にし，自律的に判断し，責任のある行動をすること。	(1) 自律の精神を重んじ，自主的に考え，判断し，誠実に実行してその結果に責任をもつこと。	自主，自律，自由と責任
(2) 誠実に，明るい心で生活すること。		
(3) 安全に気を付けることや，生活習慣の大切さについて理解し，自分の生活を見直し，節度を守り節制に心掛けること。	(2) 望ましい生活習慣を身に付け，心身の健康の増進を図り，節度を守り節制に心掛け，安全で調和のある生活をすること。	節度，節制
(4) 自分の特徴を知って，短所を改め長所を伸ばすこと。	(3) 自己を見つめ，自己の向上を図るとともに，個性を伸ばして充実した生き方を追求すること。	向上心，個性の伸長
(5) より高い目標を立て，希望と勇気をもち，困難があってもくじけずに努力して物事をやり抜くこと。	(4) より高い目標を設定し，その達成を目指し，希望と勇気をもち，困難や失敗を乗り越えて着実にやり遂げること。	希望と勇気，克己と強い意志
(6) 真理を大切にし，物事を探究しようとする心をもつこと。	(5) 真実を大切にし，真理を探究して新しいものを生み出そうと努めること。	真理の探究，創造
B　主として人との関わりに関すること		
(7) 誰に対しても思いやりの心をもち，相手の立場に立って親切にすること。	(6) 思いやりの心をもって人と接するとともに，家族などの支えや多くの人々の善意により日々の生活や現在の自分があることに感謝し，進んでそれに応え，人間愛の精神を深めること。	思いやり，感謝
(8) 日々の生活が家族や過去からの多くの人々の支え合いや助け合いで成り立っていることに感謝し，それに応えること。		
(9) 時と場をわきまえて，礼儀正しく真心をもって接すること。	(7) 礼儀の意義を理解し，時と場に応じた適切な言動をとること。	礼儀
(10) 友達と互いに信頼し，学び合って友情を深め，異性についても理解しながら，人間関係を築いていくこと。	(8) 友情の尊さを理解して心から信頼できる友達をもち，互いに励まし合い，高め合うとともに，異性についての理解を深め，悩みや葛藤も経験しながら人間関係を深めていくこと。	友情，信頼
(11) 自分の考えや意見を相手に伝えるとともに，謙虚な心をもち，広い心で自分と異なる意見や立場を尊重すること。	(9) 自分の考えや意見を相手に伝えるとともに，それぞれの個性や立場を尊重し，いろいろなものの見方や考え方があることを理解し，寛容の心をもって謙虚に他に学び，自らを高めていくこと。	相互理解，寛容
C　主として集団や社会との関わりに関すること		
(12) 法やきまりの意義を理解した上で進んでそれらを守り，自他の権利を大切にし，義務を果たすこと。	(10) 法やきまりの意義を理解し，それらを進んで守るとともに，そのよりよい在り方について考え，自他の権利を大切にし，義務を果たして，規律ある安定した社会の実現に努めること。	遵法精神，公徳心
(13) 誰に対しても差別をすることや偏見をもつことなく，公正，公平な態度で接し，正義の実現に努めること。	(11) 正義と公正を重んじ，誰に対しても公平に接し，差別や偏見のない社会の実現に努めること。	公正，公平，社会正義
(14) 働くことや社会に奉仕することの充実感を味わうとともに，その意義を理解し，公共のために役に立つことをすること。	(12) 社会参画の意識と社会連帯の自覚を高め，公共の精神をもってよりよい社会の実現に努めること。	社会参画，公共の精神
	(13) 勤労の尊さや意義を理解し，将来の生き方について考えを深め，勤労を通じて社会に貢献すること。	勤労
(15) 父母，祖父母を敬愛し，家族の幸せを求めて，進んで役に立つことをすること。	(14) 父母，祖父母を敬愛し，家族の一員としての自覚をもって充実した家庭生活を築くこと。	家族愛，家庭生活の充実
(16) 先生や学校の人々を敬愛し，みんなで協力し合ってよりよい学級や学校をつくるとともに，様々な集団の中での自分の役割を自覚して集団生活の充実に努めること。	(15) 教師や学校の人々を敬愛し，学級や学校の一員としての自覚をもち，協力し合ってよりよい校風をつくるとともに，様々な集団の意義や集団の中での自分の役割と責任を自覚して集団生活の充実に努めること。	よりよい学校生活，集団生活の充実
(17) 我が国や郷土の伝統と文化を大切にし，先人の努力を知り，国や郷土を愛する心をもつこと。	(16) 郷土の伝統と文化を大切にし，社会に尽くした先人や高齢者に尊敬の念を深め，地域社会の一員としての自覚をもって郷土を愛し，進んで郷土の発展に努めること。	郷土の伝統と文化の尊重，郷土を愛する態度
	(17) 優れた伝統の継承と新しい文化の創造に貢献するとともに，日本人としての自覚をもって国を愛し，国家及び社会の形成者として，その発展に努めること。	我が国の伝統と文化の尊重，国を愛する態度
(18) 他国の人々や文化について理解し，日本人としての自覚をもって国際親善に努めること。	(18) 世界の中の日本人としての自覚をもち，他国を尊重し，国際的視野に立って，世界の平和と人類の発展に寄与すること。	国際理解，国際貢献
D　主として生命や自然，崇高なものとの関わりに関すること		
(19) 生命が多くの生命のつながりの中にあるかけがえのないものであることを理解し，生命を尊重すること。	(19) 生命の尊さについて，その連続性や有限性なども含めて理解し，かけがえのない生命を尊重すること。	生命の尊さ
(20) 自然の偉大さを知り，自然環境を大切にすること。	(20) 自然の崇高さを知り，自然環境を大切にすることの意義を理解し，進んで自然の愛護に努めること。	自然愛護
(21) 美しいものや気高いものに感動する心や人間の力を超えたものに対する畏敬の念をもつこと。	(21) 美しいものや気高いものに感動する心をもち，人間の力を超えたものに対する畏敬の念を深めること。	感動，畏敬の念
(22) よりよく生きようとする人間の強さや気高さを理解し，人間として生きる喜びを感じること。	(22) 人間には自らの弱さや醜さを克服する強さや気高く生きようとする心があることを理解し，人間として生きることに喜びを見いだすこと。	よりよく生きる喜び

文　献

◆巻頭言

荒木紀幸（編）（1988）．道徳教育はこうすればおもしろい―コールバーグ理論とその実践―　北大路書房

荒木紀幸（編）（1997）．続 道徳教育はこうすればおもしろい―コールバーグ理論の発展とモラルジレンマ授業―　北大路書房

荒木紀幸（2015）．兵庫教育大学方式によるモラルジレンマ授業の研究―コールバーグ理論に基づくモラルジレンマ授業と道徳性の発達に及ぼす効果について―　道徳性発達研究, *9*(1), 1-30.

荒木紀幸（2019）．道徳性発達研究会が開発した「モラルジレンマ教材」を用いた授業はどのような成果をもたらしたか？―研究３．ネット上で報告されたモラルジレンマ教材「ぜったいひみつ」を用いた授業について―　道徳性発達研究, *13*(1), 89-99.

道徳に係わる評価等の在り方に関する専門家会議（2016）．「特別の教科 道徳」の指導方法・評価法について（報告）

道徳性発達研究会・荒木紀幸（2010）．道徳性発達研究会が開発したモラルジレンマ資料　道徳性発達研究, *5*(1), 1-19.

畑　耕二・荒木紀幸（2019）．道徳性発達研究会が開発した「モラルジレンマ教材」を用いた授業はどのような成果をもたらしたか？―研究１．畑耕二原案 モラルジレンマ教材「ぜったいひみつ」を用いた授業について―　道徳性発達研究, *13*(1), 67-77.

文部科学省（2017a）．小学校学習指導要領（平成 29 年告示）解説　特別の教科 道徳編

文部科学省（2017b）．中学校学習指導要領（平成 29 年告示）解説　特別の教科 道徳編

鈴木　憲・荒木紀幸（2019）．道徳性発達研究会が開発した「モラルジレンマ教材」を用いた授業はどのような成果をもたらしたか？―研究２．鈴木憲による「ぜったいひみつ」の授業について―　道徳性発達研究, *13*(1), 78-88.

◆第１章

中央教育審議会（2008）．幼稚園，小学校，中学校，高等学校及び特別支援学校の学習指導要領等の改善について（答申）

中央教育審議会（2014）．道徳に係る教育課程の改善等について（答申）

中央教育審議会（2016）．幼稚園，小学校，中学校，高等学校及び特別支援学校の学習指導要領等の改善及び必要な方策等について（答申）

中央教育審議会初等中等教育分科会教育課程部会（2007）．教育課程部会におけるこれまでの審議のまとめ

道徳教育に係る評価等の在り方に関する専門家会議（2016）．「特別の教科 道徳」の指導方法・評価等について（報告）

道徳教育の充実に関する懇談会（2013）．今後の道徳教育の改善・充実方策について（報告）

教育再生実行会議（2013）．いじめの問題等への対応について（第一次提言）

教育再生会議（2007）．社会総がかりで教育再生を・第二次報告―公教育再生に向けた更なる一歩と「教育新時代」のための基盤の再構築―

文部科学省（2014）．育成すべき資質・能力を踏まえた教育目標・内容と評価の在り方に関する検討会―論点整理―

文部科学省（2017a）．小学校学習指導要領（平成 29 年告示）

文部科学省（2017b）．小学校学習指導要領（平成 29 年告示）解説　総則編

文部科学省（2017c）．小学校学習指導要領（平成 29 年告示）解説　特別の教科　道徳編

文部科学省（2017d）．中学校学習指導要領（平成 29 年告示）解説　特別の教科　道徳編

OECD（2018）．*The future of education and skills: Education 2030.* https://www.oecd.org/education/2030/E2030%20Position%20Paper%20Paper%20(05.04.2018).pdf

◆ 第 2 章

荒木寿友（2019）．コンピテンシーの育成と人格の形成―道徳のコンピテンシーから導かれる〈道徳性〉の再定義―　グループディダクティカ（編）深い学びを紡ぎだす　勁草書房

Asch, S. E.（1995）．Opinions and social pressure. In E. Aronson（Ed.）, *Readings about the social animal*（7th ed.）. Worth Publishers/W. H. Freeman and company.

Bloom, P.（2016）．*Against empathy: The case for rationale compassion.* Ecco.（高橋　洋（訳）（2018）．反共感論―社会はいかに判断を誤るか―　白揚社）

Boehm, C.（2012）．*Moral origins: The evolution of virtue, altruism, and shame.* Basic Books.（斉藤隆央（訳）（2014）．モラルの起源―道徳，良心，利他行動はどのように進化したのか―　白揚社）

Fadel, C., Bialik, M., & Trilling, B.（2015）．*Four-dimensional education: The competencies learners need to succeed.* Lightning Source Inc.（岸　学（監訳）（2016）．21 世紀の学習者と教育の 4 つの次元―知識，スキル，人間性，そしてメタ学習―　北大路書房）

Gilligan, C.（1982）．*In a different voice: Psychological theory and women's development.* Harvard University Press.（岩男寿美子（監訳）（1986）．もう一つの声―男女の道徳観のちがいと女性のアイデンティティ―　川島書店）

Greene, J.（2013）．*Moral tribes: Emotion, reason, and the gap between us and them.* The Penguin Press.（竹田　円（訳）（2015）．モラル・トライブズ―共存の道徳哲学へ（上・下）―　岩波書店）

Haidt, J.（2012）．*The righteous mind: Why good people are divided by politics and religion.* New York: Pantheon Books.（高橋　洋（訳）（2014）．社会はなぜ左と右にわかれるのか―対立を超えるための道徳心理学―　紀伊國屋書店）

Hersh, R. H., Paolitto, D. P., & Reimer, J.（1979）．*Promoting moral growth from Piaget to Kohlberg.* Longman.（荒木紀幸（監訳）（2004）．道徳性を発達させる授業のコツ―ピアジェとコールバーグの到達点―　北大路書房）

Kahneman, D.（2011）．*Thinking, fast and slow.* Farrar, Straus and Giroux.（村井章子（訳）（2014）．ファスト＆スロー―あなたの意思はどのように決まるか（上・下）―　早川書房）

岸　学（2016）．解説―本書が示す教育のあり方と新たな教育の動向―　岸　学（監訳）（2016）．21 世紀の学習者と教育の 4 つの次元―知識，スキル，人間性，そしてメタ学習―　北大路書房

Kohlberg, L.（1981）．*The philosophy of moral development: Moral stages and the idea of justice.* HarperCollins.

Loewenstein, G.（2005）．Hot-Cold empathy gaps and medical decision making. *Health Psychology, 24*(4), S49-S56.

文部科学省（2017a）．小学校学習指導要領（平成 29 年告示）解説　特別の教科　道徳編

文部科学省（2017b）．中学校学習指導要領（平成 29 年告示）解説　特別の教科　道徳編

Noddings, N.（1984）．*Caring: A feminine approach to ethics & moral education.* Berkeley: University of California Press.（立山善康・清水重樹・新　茂之・林　泰成・宮崎宏志（訳）（1997）．ケアリング―倫理と道徳の教育　女性の観点から―　晃洋書房）

OECD Education 2030　http://www.oecd.org/education/2030/（2018 年 11 月 10 日閲覧）

文　献

中央教育審議会（2016）．幼稚園，小学校，中学校，高等学校及び特別支援学校の学習指導要領等の改善及び必要な方策等について（答申）　補足資料

Wiggins, G., & McTighe, G.（2005）. *Understanding by design*. Association for Supervision and Curriculum Development.（西岡加名恵（訳）（2012）．理解をもたらすカリキュラム設計―「逆向き設計」の理論と方法―　日本標準）

◆ 第3章

荒木寿友（2018a）．これからの道徳教材の方向性―資質・能力を育成するための道徳教材開発―　道徳と教育，*336*，119-130.

荒木寿友（2018b）．道徳授業づくり実践講座（6）定番教材「雨のバス停留所で」を用いた道徳の授業づくり　https://www.meijitosho.co.jp/eduzine/q4um/?id=20181005（2019年5月13日閲覧）

江島賢一（2016）．日本道徳教育の歴史―近代から現代まで―　ミネルヴァ書房

走井洋一（2016）．徳目と道徳的価値　貝塚茂樹・関根明伸（編著）　道徳教育を学ぶための重要用語100（pp. 6-7）　教育出版

明治図書出版（2015）．特集：道徳授業のセオリーを検証する　道徳教育，2015年11月号

文部科学省（2017a）．小学校学習指導要領（平成29年告示）

文部科学省（2017b）．小学校学習指導要領（平成29年告示）解説　特別の教科　道徳編

文部科学省（2017c）．中学校学習指導要領（平成29年告示）解説　特別の教科　道徳編

永田繁雄（編）（2017）．「道徳科」評価の考え方・進め方―押さえておくべき知識から授業実践例・通知表文例まで―　教育開発研究所

◆ 第4章

荒木寿友（2017）．ゼロから学べる道徳科授業づくり　明治図書

荒木寿友（2018）．道徳教育における「問い」とは何か？―問いでわかる道徳授業づくり実践講座―　https://www.meijitosho.co.jp/eduzine/q4um/?id=20180304（2019年9月19日閲覧）

荒木紀幸（監修）道徳性発達研究会（編）（2012）．モラルジレンマ教材でする白熱討論の道徳授業　小学校編　明治図書

中央教育審議会（2014）．道徳に係る教育課程の改善等について（答申）

中央教育審議会（2015）．教育課程企画特別部会における論点整理　http://www.mext.go.jp/component/b_menu/shingi/toushin/__icsFiles/afieldfile/2015/12/11/1361110.pdf

道徳教育に係る評価等の在り方に関する専門家会議（2016）．「特別の教科 道徳」の指導方法・評価等について（報告）

Lind, G.（2016）. *How to teach morality: Promoting deliberation and discussion, reducing violence and deceit*. Logos Verlag Berlin.

永田繁雄（2014）．道徳授業の発問を変える「テーマ発問」とは　道徳教育，2014年8月号，4-6.

永田繁雄（2018）．「深い学び」はどのように生まれるか　道徳教育，2018年10月号，71-73.

文部科学省（2017a）．小学校学習指導要領（平成29年告示）

文部科学省（2017b）．小学校学習指導要領（平成29年告示）解説　特別の教科　道徳編

文部科学省（2017c）．中学校学習指導要領（平成29年告示）解説　特別の教科　道徳編

松下佳代・京都大学高等教育研究開発推進センター（編著）（2015）．ディープ・アクティブラーニング―大学授業を進化させるために―　勁草書房

吉田　誠・木原一彰（2018）．道徳科初めての授業づくり―ねらいの8類型による分析と探究―　大学教育出版

246

◆第 5 章

荒木寿友（2013）．学校における対話とコミュニティの形成―コールバーグのジャスト・コミュニティ実践― 三省堂

荒木紀幸（1997）．フェアネスマインド：小学生用道徳性発達検査―道徳性の診断と指導― 正進社

荒木紀幸（2002）．中学生版フェアネス・マインド（道徳性発達検査）による道徳性の診断と指導―中学生の心と生き方の調査― 正進社

荒木紀幸（2018a）．道徳教育のための評価法―連想法を使った教育評価の方法，連想マップについて― 道徳性発達研究，*11*，50-101.

荒木紀幸（2018b）．New フェアネスマインド―新訂小学生版（1997 年版改訂），新訂中学生版（2002 年版改訂）― トーヨーフィジカル

道徳教育に係る評価等の在り方に関する専門家会議（2016）．「特別の教科 道徳」の指導方法・評価等について（報告）

Haidt, J. (2012). *The righteous mind: Why good people are divided by politics and religion.* New York: Pantheon Books.（高橋 洋（訳）（2014）．社会はなぜ左と右にわかれるのか―対立を超えるための道徳心理学― 紀伊國屋書店）

Kahneman, D. (2011). *Thinking, fast and slow.* Farrar, Straus and Giroux.（村井章子（訳）（2014）．ファスト＆スロー―あなたの意思はどのように決まるか（上・下）― 早川書房）

Kohlberg, L. (1971). Stages of moral development as a basis for moral education. In C. M. Beck, B. S. Crittenden, & E. V. Sullivan (Eds.), *Moral education: Interdisciplinary approaches* (pp. 23-92). University of Toronto Press.

文部科学省（2008a）．小学校学習指導要領

文部科学省（2008b）．中学校学習指導要領

文部科学省（2017a）．小学校学習指導要領（平成 29 年告示）

文部科学省（2017b）．中学校学習指導要領（平成 29 年告示）

文部科学省（2017c）．小学校学習指導要領（平成 29 年告示）解説 特別の教科 道徳編

文部科学省（2017d）．中学校学習指導要領（平成 29 年告示）解説 特別の教科 道徳編

森 敏明・秋田喜代美（編集）（2000）．教育評価重用用語 300 の基礎知識 明治図書

田中耕治（2008）．教育評価 岩波書店

植田和也・荒木紀幸（2019）．道徳教育のための評価法（2）―連想法を用いた教育評価について― 道徳性発達研究，*13*(1)，35-41.

◆第 6 章

藤原孝章（2018）．マイノリティと道徳教育 世界，2018 年 11 月号，213-221.

堀之内優樹（2018）．日本国際理解教育学会第 28 回研究大会における公開授業（宮城教育大学 2018 年 6 月 13 日）

幸田 隆（2018）．小学校における哲学対話による多様性教育― ESD としての大きな可能性―日本国際理解教育学会第 28 回研究大会発表資料（宮城教育大学 2018 年 6 月 16 日）

文部科学省（2018）．幼稚園教育要領，小・中学校学習指導要領等の改訂のポイント http://www.mext.go.jp/component/a_menu/education/micro_detail/__icsFiles/afieldfile/2019/02/19/1384661_001.pdf（2018 年 11 月 12 日閲覧）

文部科学省（2017a）．小学校学習指導要領（平成 29 年告示）解説 特別の教科 道徳編

文部科学省（2017b）．中学校学習指導要領（平成 29 年告示）解説 特別の教科 道徳編

文　献

◆第 7 章

木村　聡（2015）．子どもたちの生活時間の構造―学校の時間に着目して―　第 2 回放課後の生活時間調査報告書　ベネッセ教育総合研究所

森田ゆり（2004）．新・子どもの虐待―生きる力が侵されるとき―　岩波書店

NHK（2013）．中学生・高校生の生活と意識調査 2012　NHK 放送文化研究所

岡本茂樹（2013）．反省させると犯罪者になります　新潮社

鑪　幹八郎（1990）．アイデンティティの心理学　講談社

寺崎里水（2015）．新しい"受験競争の時代"の到来―学習の量的拡大と質的変化―　第 5 回学習基本調査報告書　ベネッセ教育総合研究所

山本美紀（2012）．子どもの「生きづらさ」　学文社

◆第 8 章

Costello, B., Wachtel, J., & Wachtel, T. (2009). *The restorative practices handbook for teachers, disciplinarians and administrators*. Bethlehem, PA: International Institute for Restorative Practices.

Evans, K., & Vaandering, D. (2016). *The little book of restorative justice in education: Fostering responsibility, healing, and hope in schools*. New York: Good Books.

Evje, A., & Cushman, R. C. (2000). *A summary of the evaluations of six California victim offender reconciliation programs*. San Francisco, CA: Judicial Council of California, Administrative Office of the Courts.

Henry, R. (2009). *Building and restoring respectful relationships in schools: A guide to using restorative practice*. Oxon: Routledge.

細井洋子・西村春夫・樫村志郎・辰野文理（2006）．修復的司法の総合的研究　風間書房

Hopkins, B. (2004). *Just schools: A whole school approach to restorative justice*. London: Jessica Kingsley Publishers.

法務省ホームページ　http://www.moj.go.jp/housei/shihouhousei/index2.html（2019 年 9 月 27 日閲覧）

McCold, P. (2001). Primary restorative justice practices. In A. Morris & G. Maxwell(Eds.), *Restorative justice for juveniles: Conferencing, mediation and circles* (pp. 41-58). Oxford: Hart Publishing.

McCold, P. (2006). The recent history of restorative justice: Mediation, circles, and conferencing. In D. Sullivan & L. Tifft(Eds.), *Handbook of restorative justice* (pp. 23-51). New York: Routledge.

文部科学省（2014）．私たちの道徳　中学校　廣済堂あかつき

Morrison, B. (2007). *Restoring safe school communities: A whole school response to bullying, violence and alienation*. Australia: Federation Press.

Peachey, D. (1989). The Kitchener experiment. In M. Wright & B. Galaway(Eds.). *Mediation and criminal justice: Victims, offenders and community*. London: Sage.

Raye, B. E., & Roberts, A. W. (2007). Restorative processes. In G. Johnstone & D. W. Van Ness(Eds.), *Handbook of restorative justice* (pp. 211-227). Portland, OR: Willan Publishing.

宿谷晃弘（2006）．修復的正義・修復的司法の構想と法定刑の理論的位置について法律時報，*78*(3)．

Steckley, J. (2015). The Elmira case (Documentary film). Rosco Films/Community Justice Initiatives.

高橋則夫（2007）．対話による犯罪解決―修復的司法の展開―　成文堂

竹原幸太（2018）．教育と修復的正義―学校における修復の実践へ―　成文堂

Umbreit, M. (1994). *Victim meets offender: The impact of restorative justice and mediation*. Criminal

Justice Press.

Wachtel, T. (2013). Defining restorative. *International Institute for Restorative Practices*, 1-2.

Wachtel, T., & Mirsky, L. (Eds.)(2008). *Safer Saner Schools: Restorative practices in education*. Bethlehem, Pennsylvania: International Institute of Restorative Justice.

山辺恵理子 (2011). 子どもに「声を与える」こども環境としてのコミュニティの役割―イギリス・ハル市における修復的実践を題材に― こども環境学研究, *7*(2), 45-51.

山辺恵理子 (2011). 修復理論における「正義」概念―関係性の構築と修復に主眼を置いた教育実践をめぐる議論を手掛かりに― 東京大学大学院教育学研究科紀要, *51*, 63-70.

Zehr, H. (1990). *Changing lenses: A new focus for crime and justice* (3rd ed.). Scottdale and Waterloo: Herald Press. (西村春夫 (監訳) (2003). 修復的司法とは何か―応報から関係修復へ― 新泉社)

Zehr, H.(2015). *The little book of restorative justice: Revised and updated*. New York: Good Books.

Zehr, H., & Gohar, A. (2012). *The little book of restorative justice*. Intercourse, PA: Good Books. (森田ゆり (訳) (2008). 責任と癒し―修復的正義の実践ガイド― 築地書館)

◆ 第9章

荒木寿友 (2013). 学校における対話とコミュニティの形成―コールバーグのジャストコミュニティ実践― 三省堂

荒木寿友 (2016). ゼロから学べる道徳科授業づくり 明治図書

Araki, N. (2014). An application of Kohlberg's theory of moral dilemma discussion to the Japanese classroom and its effect on moral development of Japanese students. In L. Nucci, D. Narvaez, & T. Krettenauer (Eds.), *Handbook of moral and character education* (2nd ed., pp. 308-325). New York and London: Routledge.

荒木紀幸 (編) (2017a). 考える道徳を創る―小学校新モラルジレンマ教材と授業展開― 明治図書

荒木紀幸 (編) (2017b). 考える道徳を創る―中学校新モラルジレンマ教材と授業展開― 明治図書

Bayley, C. (2011). Does the defining issues test measure ethical judgment ability or political position? *Journal of Social Psychology*, *151*, 314-330.

Blatt, M., & Kohlberg, L. (1975). The effect of classroom moral discussion upon children's level of moral judgment. *Journal of Moral Education*, *4*, 129-161.

Bloom, P. (2016). *Against empathy: The case for rational compassion*. Ecco. (高橋 洋 (編) (2018). 反共感論―社会はいかに判断を誤るか― 白揚社)

Colby, A. (2008). Fostering the moral and civic development of college students. In L. Nucci & D. Narvaez (Eds.), *Handbook of moral and character education* (pp. 391-413). New York and London: Routledge.

Cushman, F., Young, L., & Greene, J. (2010). Multi-system moral psychology. In J. Dorris (Ed.), *The moral psychology handbook* (pp. 47-71). US: Oxford University Press.

Dahl, A., & Killen, M. (2018). Moral reasoning: Theory and research in developmental science. In S. Ghetti (Ed.), *Steven's handbook of experimental psychology and cognitive neuroscience* (4th ed., pp. 323-353). New York: Willy & Sons, Inc.

Decey, J., & Howard, L. H. (2014). A neurodevelopmental perspective on morality. *Handbook of moral development* (2nd ed., pp. 454-474). New York and London: Psychology Press.

DeGeorge, R. (1987). The status of business ethics: Past and future. *Journal of Business Ethics*, *6*, 201-211.

藤澤 文 (2013). 青年の規範の理解における討議の役割 ナカニシヤ出版

藤澤 文 (2018a). 高校生・大学生を対象としたモラルジレンマ課題を用いた討議の教育的効果の検

討 道徳性発達研究, *11*, 11-22.

藤澤 文 (2018b). 討論は道徳に関する社会的能力を変容するか？—討議とディベートの比較— 道徳性発達研究, *11*, 23-35.

藤澤 文 (2018c). 児童生徒の道徳性発達に関する研究—「考え議論する道徳」に向けた道徳教育プログラムの開発— 上廣倫理財団研究助成報告書（未公刊）

Fujisawa, A. (2018). An investigation into the continuity of the educational effects of deliberation in university students. *The Japanese Journal of Educational Practices on Moral Development, 12,* 8-16.

Geiger, K. M., & Turiel, E. (1983). Disruptive school behavior and concepts of social convention in early adolescence. *Journal of Educational Psychology*, *75*, 677-685.

Gilligan, C. (1982). *In a different voice: Psychological theory and women's development.* Harvard University Press. (岩男寿美子（監訳）(1986). もうひとつの声—男女の道徳観のちがいと女性のアイデンティティ— 川島書店)

Haidt, J. (2012). *The righteous mind: Why good people are divided by politics and religion.* New York: Pantheon Books. (高橋 洋（訳）(2014). 社会はなぜ左と右にわかれるのか—対立を超えるための道徳心理学— 紀伊國屋書店)

Hall, T., Meyer, A., & Rose, D. (2012). *Universal design for learning in the classroom: Practical applications.* Guilford Press. (バーンズ亀山静子（訳）(2018). UDL 学びのユニバーサルデザイン—クラス全員の学びを変える授業アプローチ— 東京館出版社)

Hattie, J. (2012). *Visible learning for teachers: Maximizing impact on learning.* Routledge. (原田信之（訳）(2017). 学習に何が最も効果的か—メタ分析による学習の可視化教師編— あいり出版)

Helwig, C. C. (2018). Introduction. In C. C. Helwig (Ed.), *New perspectives on moral development* (pp. 1-13). NY: Routledge.

Herington, C., & Weaven, S. (2008). Improving consistency for DIT results using cluster analysis. *Journal of Business Ethics*, *80*, 499-514.

本田志穂・石丸彩香・宇津宮沙紀・山根倫也・小田美優・坂本和久・大江慶寛・小林仁美・有馬多久充・木寺 碧・小杉考司 (2017). 日本人にとって道徳はどのようなものとしてとらえられているか—新しい道徳基盤尺度項目の開発を通じた検証— 山口大学教育学部論叢（第3部）, *66*, 95-106.

Ishida, C. (2006). How does scores of DIT and MJT differ? A critical assessment of the use of alternative moral development scales in studies of business ethics. *Journal of Business Ethics*, *67*, 63-74.

Kahneman, D. (2011). *Thinking, fast and slow.* Farrar, Straus and Giroux. (村井章子（訳）(2014). ファスト＆スロー—あなたの意志はどのように決まるか—（上・下） 早川書房)

金井良太 (2013). 脳に刻まれたモラルの起源 岩波書店

Kohlberg, L. (1971). From is to ought: How to commit the naturalistic fallacy and get away with it in the study of moral development. In T. Mischel (Ed.), *Cognitive development and epistemology.* New York: Academic Press. (永野重史（編）(1985). 道徳性の発達と教育 新曜社)

Lind, G. (2016). *How to teach morality: Promoting deliberation and discussion, reducing violence and deceit.* Berlin: Logos Verlag.

Lovisky, G. E., Trevino, L. K., & Jacobs, R. R. (2007). Assessing managers' ethical decision-making: An objective measure of managerial moral judgment. *Journal of Business Ethics*, *73*, 263-285.

内藤俊史 (1987). 道徳性と相互行為の発達—コールバーグとハーバーマス— 藤原保信・三島憲一・木前利秋（編） ハーバーマスと現代 (pp. 182-195) 新評論

中村秋生（2014）．組織における道徳的行動実現のための経営倫理教育―認知教育から行動教育として
　　の徳育教育へ―　千葉商大論叢, *51*, 41-59.

Narvaez, D. (2010). The emotional foundations of high moral intelligence. In B. Latzko & T. Malti
　　(Eds.), Children's moral emotions and moral cognition: Developmental and educational
　　perspectives. *New Directions for child and adolescent development*, *129*, 77-94.

Nucci, L. P. (2001). *Education in the moral domain*. UK: Cambridge University Press.

Nucci, L., & Powers, D. (2014). Social cognitive domain theory and moral education. In L. Nucci,
　　D. Narvaez, & T. Krettenauer (Eds.), *Handbook of moral and character education* (2nd ed., pp. 121-
　　139). New York and London: Routledge.

Nucci, L., Smetana, J., Araki, N., Nakaue, M., & Comer, J. (2013). Japanese adolescents' disclosure
　　and information management with parents. *Child Development*, *85*, 901-907.

OECD（2015）．*Skills for social progress: The power of social and emotional skills*. Paris: OECD
　　Publishing.（無藤　隆・秋田喜代美（監訳）(2018)．社会情動的スキル―学びに向かう力―　明石
　　書店）

Oser, F. K., Althof, W., & Higgins-D'Alessandro, A. (2008). The just community approach to moral
　　education system change or individual change? *Journal of Moral Education*, *37*, 395-415.

Oser, F., & Schläfli, A. (2010). The thin line phenomenon: Helping bank trainees from a social and
　　moral identity in their workplace. In G. Lind, H. A. Hartmann, & R. Wakenhut (Eds.), *Moral
　　judgments and social education* (pp. 155-172). New Brunswick and London: Transaction
　　Publishers.

Piaget, J. (1997). *The moral judgment of the child* (M. Gabain, Trans.). New York: Free Press.
　　(Original work published 1932)（大伴　茂（訳）(1957). 児童道徳判断の発達　臨床児童心理学
　　Ⅲ　同文書院）

Rest, J. (1986). *Development in judging moral issues*. University of Minnesota Press.

Rest, J., Narvaez, D., Bebeau, M., & Thoma, S. (1999). *Postconventional moral thinking: A neo
　　Kohlbergian approach*. London: Lawrence Erlbaum associates, Publishers.

櫻井育夫（2011）．Defining Issues Test を用いた道徳的判断の発達分析　教育心理学研究, *59*, 165-
　　167.

Selman, R. L. (2003). *Introduction the promotion of social awareness: Powerful lessons from the
　　partnership of developmental theory and classroom practice*. New York: Russell Sage Foundation.

Senland, A., & Higgins-D'Alessandro, A. (2013). Moral reasoning and empathy in adolescents with
　　autism spectrum disorder: Implications for moral education. *Journal of Moral Education*, *42*,
　　209-223.

Sets, J. E. (2016). Rationalist vs Intuitionist views on morality: A sociological perspective. In C.
　　Brand (Ed.), *Dual-process theories in moral psychology: Interdisciplinary approaches to theoretical,
　　empirical and practical considerations* (pp. 345-366). Germany: Springer.

首藤敏元（1992）．領域特殊理論―チュリエル―　日本道徳性心理学研究会（編）道徳性心理学―道
　　徳教育のための心理学―（pp. 133-144）北大路書房

高田一樹（2015）．成人のモラル教育―ジレンマを解く思考を教えるケースメソッド（経営倫理教育の
　　一手法として）―　有光興記・藤澤　文（編）モラルの心理学―理論・研究・道徳教育の実践―
　　（pp. 192-205）北大路書房

高松礼奈・高井次郎（2017）．邦訳版 Moral Expansiveness Scale (MES) の作成　対人社会心理学研
　　究, *17*, 93-102.

Turiel, E. (1983). *The development of social knowledge: Morality and convention*. UK: Cambridge

University Press.

Turiel, E. (1998). The development of morality. In N. Eisenberg (Ed.), W. Damon. (Series Ed.), *Handbook of child psychology: Vol. 3. Social, emotional, and personality development* (5th ed., pp. 863-932). New York: Wiley.

Turiel, E. (2002). *Culture of morality: Social development, context, conflict*. Cambridge, UK: Cambridge University Press.

梅津光弘（2002）．現代社会の倫理を考える〈3〉ビジネスの倫理学　丸善

宇佐美公生（2013）．道徳の自然主義的基盤についての検討のためのノート　岩手大学教育学部附属教育実践総合センター研究紀要, *12*, 1-14.

Weber, J., & McGiven, E. (2010). A new methodological approach for studying moral reasoning among managers in business ethics. *Journal of Business Ethics, 92*, 149-166.

Wong, H., & Wong, R. (2009). *First days of school: How to be an effective teacher*. Harry K. Wong Publications.（稲垣みどり（訳）（2017）．世界最高の学級経営―成果を上げる教師になるために―東洋館出版社）

Yamada, H. (2008). Japanese children's reasoning about conflicts with parents. *Social Development, 18*, 962-977.

山岸明子（1995）．道徳性の発達に関する実証的・理論的研究　風間書房

山岸明子（1998）．小・中学生における対人交渉方略の発達および適応感との関連―性差を中心に―教育心理学研究, *26*, 163-172.

◆ 第10章

アリストテレス　ニコマコス倫理学（上）　渡辺邦夫・立花幸司（訳）（2015）　光文社

アリストテレス　ニコマコス倫理学（下）　渡辺邦夫・立花幸司（訳）（2016）　光文社

Bai, Y., Maruskin, L. A., Chen, S., Gordon, A. M., Stellar, J. E., McNeil, G. D., Peng, K., & Keltner, D. (2017). Awe, the diminished self, and collective engagement: Universals and cultural variations in the small self. *Journal of Personality and Social Psychology, 113*, 185-209.

Barrett, L. F. (2017). *How emotions are made: The secret life of the brain*. New York: Houghton Mifflin Harcourt.

Cameron, C. D., Lindquist, K. A., & Gray, K. (2015). A constructionist review of morality and emotions: No evidence for specific links between moral content and discrete emotions. *Personality and Social Psychological Review, 19*, 1-24.

Campos, B., & Keltner, D. (2014). Shared and differentiating features of the positive emotion domain. In J. Gruber & J. T. Moskowitz (Eds.), *Positive emotion: Integrating the light sides and dark sides* (pp. 52-71). New York: Oxford University Press.

Cova, F., Deonna, J., & Sander, D. (2015). Introduction: Moral emotions. *Topoi, 34*, 397-400.

Ekman, P., & Cordaro, D. (2011). What is meant by calling emotions basic. *Emotion Review, 3*, 364-370.

遠藤利彦（2013）．「情の理」論―情動の合理性をめぐる心理学的考究―　東京大学出版会

Fredrickson, B. L. (2009). *Positivity: Groundbreaking research reveals how to embrace the hidden strength of positive emotions, overcome negativity, and thrive*. New York: Crown.（高橋由紀子（訳）（2010）．ポジティブな人だけがうまくいく3:1の法則　日本実業出版社）

Gordon, A. M., Stellar, J. E., Anderson, G. L., McNeil, G. D., Loew, D., & Keltner, D. (2017). The dark side of the sublime: Distinguishing a threat-based variant of awe. *Journal of Personality and Social Psychology, 113*, 310-328.

Haidt, J. (2003). The moral emotions. In R. J. Davidson, K. R. Scherer, & H. H. Goldsmith (Eds.), *Handbook of affective sciences* (pp. 852-870). Oxford: Oxford University Press.

Haidt, J. (2012). *The righteous mind: Why good people are divided by politics and religion.* New York: Pantheon Books. (高橋　洋（訳）(2014). 社会はなぜ左と右にわかれるのか―対立を超えるための道徳心理学―　紀伊國屋書店)

Keltner, D., & Haidt, J. (2003). Approaching awe, a moral, spiritual, and aesthetic emotion. *Cognition and Emotion, 17,* 297-314.

Keltner, D., Oatley, K., & Jenkins, J. M. (2013). *Understanding emotions* (3rd ed.). Hoboken, NJ: Wiley.

Kristjánsson, K. (2015). *Aristotelian character education.* New York: Routledge. (中山　理（監訳）堀内一史・宮下和大・江島顕一・竹中信介（訳）(2018). 子供を開花させるモラル教育―21世紀のアリストテレス的人格教育―　麗澤大学出版会)

Kristjánsson, K. (2018). *Virtuous emotions.* Oxford: Oxford University Press.

蔵永　瞳 (2015). 罪悪感・共感・感謝　有光興記・藤澤　文（編）モラルの心理学―理論・研究・道徳教育の実践―（pp. 47-62）北大路書房

文部科学省 (2017a). 小学校学習指導要領（平成29年告示）解説　特別の教科　道徳編

文部科学省 (2017b). 中学校学習指導要領（平成29年告示）解説　特別の教科　道徳編

Moors, A. (2009). Theories of emotion causation: A review. *Cognition and Emotion, 23,* 625-662.

Moors, A., Ellsworth, P. C., Scherer, K. R., & Frijda, N. H. (2013). Appraisal theories of emotion: State of the art and future development. *Emotion Review, 5,* 119-124.

武藤世良 (2014). 尊敬関連感情概念の構造―日本人大学生の場合―　心理学研究, *85,* 157-167.

武藤世良 (2016a). 特性尊敬関連感情尺度（青年期後期用）の作成の試み　心理学研究, *86,* 566-576.

武藤世良 (2016b). 現代日本人における尊敬関連感情の階層的意味構造　心理学研究, *87,* 95-101.

武藤世良 (2016c). 尊敬関連感情の行為傾向―大学生の感情エピソードに着目した検討―　心理学研究, *87,* 122-132.

武藤世良 (2017). 社会的・道徳的感情とその感情特性　国立教育政策研究所（編）非認知的（社会情緒的）能力の発達と科学的検討手法についての研究に関する報告書（pp. 130-149）国立教育政策研究所

武藤世良 (2018). 尊敬関連感情の心理学　ナカニシヤ出版

武藤世良 (2019). 感情の評価・知識・経験　内山伊知郎（監修）中村　真・武藤世良・大平英樹・樋口匡貴・石川隆行・榊原良太・有光興記・澤田匡人・湯川進太郎（編）感情心理学ハンドブック（pp. 100-141）北大路書房

中村　真 (2012). 学術用語としての感情概念の検討―心理学における表情研究を例に―　宇都宮大学国際学部研究論集, *33,* 33-45.

大平英樹 (2019). 感情科学の展開―内受容感覚の予測的符号化と感情経験の創発―　内山伊知郎（監修）中村　真・武藤世良・大平英樹・樋口匡貴・石川隆行・榊原良太・有光興記・澤田匡人・湯川進太郎（編）感情心理学ハンドブック（pp. 195-221）北大路書房

Pekrun, R., Goetz, T., Titz, W., & Perry, R. P. (2002). Academic emotions in students' self-regulated learning and achievement: A program of qualitative and quantitative research. *Educational Psychologist, 37,* 91-106.

Piff, P. K., Dietze, P., Feinberg, M., Stancato, D. M., & Keltner, D. (2015). Awe, the small self, and prosocial behavior. *Journal of Personality and Social Psychology, 108,* 883-899.

Russell, J. A. (2003). Core affect and the psychological construction of emotion. *Psychological Review, 110,* 145-172.

文　献

Shiota, M. N., & Kalat, J. W. (2018). *Emotion* (3rd ed.). New York: Oxford University Press.

Stellar, J. E., Gordon, A. M., Piff, P. K., Cordaro, D., Anderson, C. L., Bai, Y., Maruskin, L. A., & Keltner, D. (2017). Self-transcendent emotions and their social functions: Compassion, gratitude, and awe bind us to others through prosociality. *Emotion Review, 9*, 200-207.

◆第11章

Alexander, R. (1987). *The biology of moral systems*. New York: Aldine de Gruyter.

Bartlett, M. Y., & DeSteno, D. (2006). Gratitude and prosocial behavior. *Psychological Science, 17*, 319-325.

Bowles, S., & Gintis, H. (2011). *A cooperative species: Human reciprocity and its evolution*. New Jersey: Princeton University Press. (竹澤正哲・高橋伸幸・大槻　久・稲葉美里・波多野礼佳（訳）(2017). 協力する種　NTT出版)

Gigerenzer, G. (2010). Moral satisficing: Rethinking moral behavior as bounded rationality. *Topics in Cognitive Science*, 528-554.

Johnson, E. J., & Goldstein, D. G. (2003). Do defaults save lives? *Science, 302*, 1338-1339.

唐沢かおり (2018). なぜ心を読みすぎるのか─みきわめと対人関係の心理学─　東京大学出版会

Kato-Shimizu, M., Onishi, K., Kanazawa, T., & Hinobayashi, T. (2013). Preschool children's behavioral tendency toward social indirect reciprocity. *PLoS ONE, 8*(8), e70915.

Kurzban, R. (2011). *Why everyone (else) is a hypocrite: Evolution and the modular mind*. New Jersey: Princeton University Press. (高橋　洋（訳）(2014). だれもが偽善者になる本当の理由　柏書房)

Marean, C. W. (2015). The most invasive species of all. *Scientific American, 313*, 32-39. (史上最強の侵略種─ホモ・サピエンス─　日経サイエンス2016年1月号)

Nowak, M. A., & Sigmund, K. (1998). Evolution of indirect reciprocity by image scoring. *Nature, 393*, 573-577.

Oda, R., Naganawa, T., Yamauchi, S., Yamagata, N., & Matsumoto-Oda, A. (2009). Altruists are trusted based on non-verbal cues. *Biology Letters, 5*, 752-754.

Oda, R., Yamagata, N., Yabiku, Y., & Matsumoto-Oda, A. (2009). Altruism can be assessed correctly based on impression. *Human Nature, 20*, 331-341.

田中泉史 (2016). 道徳心理の進化と倫理　太田紘史（編著）　モラル・サイコロジー (pp. 73-118)　春秋社

Trivers, R. L. (1971). The evolution of reciprocal altruism. *Quarterly Review of Biology, 46*, 35-55.

Wedekind, C., & Milinski, M. (2000). Cooperation through image scoring in humans. *Science, 288*, 850.

Wilson, D. S. (2007). *Evolution for everyone: How Darwin's theory can change the way we think about our lives*. New York: Delacorte Press. (中尾ゆかり（訳）(2009). みんなの進化論　日本放送出版協会)

山岸俊男 (2002). 心でっかちな日本人─集団主義文化という幻想─　日本経済新聞社

◆第12章

安藤有美・新堂研一 (2013). 非行少年における視点取得能力向上プログラムの介入効果─視点取得能力と自己表現スタイルの選好との関連─　教心研, *61*, 181-192.

荒木紀幸・松尾廣文 (1992). 中学生版社会的視点取得検査の開発　兵庫教育大学研究紀要, *12*, 63-86.

Bailenson, J. (2018). *Experience on demand: What virtual reality is, how it works, and what it can do*. W. W. Norton & Company, Inc. (倉田幸信（訳）(2018). VRは脳をどう変えるか？─仮想現実の

254

心理学― 文藝春秋）

Bartol, C. R., & Bartol, A. M.（2005）．*Criminal behavior: A psychological approach*（7th ed.）．Peason Education.（横井幸久・田口真二（編訳）（2006）．犯罪心理学―行動科学のアプローチ― 北大路書房）

Davis, M. H.（1983）．Measuring individual differences in empathy: Evidence for a multi-dimensional approach. *Journal of Personality and Social Psychology*, *44*, 113-126.

渕上康幸（2008）．共感性と素行障害との関連 犯罪心理学研究, *46*, 15-23.

Fujisawa, A.（2016）．Is normative consciousness changing in Japanese adolescents?: Comparison 2003, 2009, and 2015. *The Japanese Journal of Educational Practices on Moral Development*, *10*, 98-108.

Fujisawa, A.（2019）．Developmental change of social capacity related to morality: Behavioral standards and multidimensional empathy of junior high school, high school and university students. *The Japanese Journal of Educational Practices on Moral Development*, *13*, 1-6.

藤澤 文・薊理津子・永房典之・菅原健介・佐々木 淳（2006）．公共場面での行動基準に関する研究（2）―大学生における行動基準尺度と道徳性の関連― 日本心理学会第 70 回大会論文集, *148*.

廣岡秀一・横矢祥代（2006）．小学生・中学生・高校生の規範意識と関連する要因の分析 三重大学教育学部研究紀要, *57*, 111-120.

Hoffman, M. L.（2000）．*Empathy and moral development*. Cambridge University Press.（菊池章夫・二宮克美（訳）（2001）．共感と道徳性の発達心理学―思いやりと正義のかかわりで― 川島書店）

本間優子・石川隆行・内山有美・荒木紀幸（2018）．これまでの役割取得能力（社会的視点取得能力）研究と，これからに向けて 道徳性発達研究, *12*, 49-53.

本間優子・長尾貴志・相賀啓太郎（2018）．少年院入所中の非行少年に対する道徳教育プログラムの効果の検証―役割取得能力と院内行動による検討― 日本道徳性発達実践学会第 18 回大会発表要旨集, 12-13.

笠原俊一（2019）．無意識な知覚をコントロールできたら，自分は自分をどのように認識するか ソニーコンピュータサイエンス研究所（編） 好奇心が未来をつくる―ソニー CSL 研究員が妄想する人類のこれから―（pp. 231-247） 祥伝社

警視庁（2018）．平成 30 年における少年非行，児童虐待及び子供の性被害の状況 https://www.npa.go.jp/news/release/2019/20190312001.html（2019 年 5 月 14 日閲覧）

河野荘子・岡本英生・近藤淳哉（2013）．青年犯罪者の共感性の特性 青年心理学研究, *25*, 1-11.

水田恵三（1999）．反社会的行動 中島義明・安藤清志・子安増生・坂野雄二・繁桝算男・立花政大・箱田裕司（編） 心理学事典（pp. 705） 有斐閣

永房典之（2013）．問題行動・非行 藤澤 文（編） 教職のための心理学（pp. 147-160） ナカニシヤ出版

永房典之・菅原健介・佐々木 淳・藤澤 文・薊理津子（2012）．厚生施設入所児の公衆場面における行動基準に関する研究 心理学研究, *83*, 472-480.

二宮克美・杉山佳菜子・山本ちか・高橋 彩（2014）．青年心理学研究の文献解題 後藤宗理・二宮克美・高木秀明・大野 久・白井利明・平石賢二・佐藤有耕・若松養亮（編） 新・青年心理学ハンドブック（pp. 665-676） 福村出版

越智啓太（2013）．犯罪 内田伸子・繁桝算男・杉山憲司（編） 最新心理学事典（pp. 629-631） 平凡社

Selman, R. L.（2003）．*Introduction the promotion of social awareness: Powerful lessons from the partnership of developmental theory and classroom practice*. New York: Russell Sage Foundation.

高橋征仁（2007）．非行観の発達的生成と時代的変容―類縁化アプローチによる縦断的データの分析―

山口大学文学会志，*57*，205-229.

登張真稲（2003）．青年期の共感性の発達多次元的視点による検討　発達心理学研究，*14*，136-148.

渡辺弥生（編）（2006）．VLF による思いやり育成プログラム　図書文化

渡辺弥生（2011）．絵本で育てる思いやり―発達理論に基づいた教育実践―　野間教育研究所紀要，*49*.

渡辺弥生（2013）．Voices Literature & Writing（VLW）　山崎勝之・戸田有一・渡辺弥生（編）　世界の学校予防教育―心身の健康と適応を守る各国の取り組み―（pp. 114-115）　金子書房

吉澤寛之（2015）．認知のゆがみの背景理論　吉澤寛之・大西彩子・G. ジニ・吉田俊和（編）　ゆがんだ認知が生み出す反社会的行動―その予防と改善の可能性―（pp. 9-20）　北大路書房

◆第 13 章

Ashton, M. C., & Lee, K.（2007）．Empirical, theoretical, and practical advantages of the HEXACO model of personality structure. *Personality and Social Psychology Review*, *11*, 150-166.

Caspi, A., Roberts, B. W., & Shiner, R. L.（2005）．Personality development: Stability and change. *Annual Review of Psychology*, *56*, 453-484.

Dollinger, S. J., & LaMartina, A. K.（1998）．A note on moral reasoning and the five-factor model. *Journal of Social Behavior & Personality*, *13*, 349-358.

Haidt, J.（2012）．*The righteous mind: Why good people are divided by politics and religion*. New York: Pantheon Books.（高橋　洋（訳）（2014）．社会はなぜ左と右にわかれるのか―対立を超えるための道徳心理学―　紀伊國屋書店）

Hilbig, B. E., Moshagen, M., & Zettler, I.（2015）．Truth will out: Linking personality, morality, and honesty through indirect questioning. *Social Psychological and Personality Science*, *6*, 140-147.

Hilbig, B. E., & Zettler, I.（2009）．Pillars of cooperation: Honesty-Humility, social value orientations, and economic behavior. *Journal of Research in Personality*, *43*, 516-519.

Hirsh, J. B., DeYoung, C. G., Xu, X., & Peterson, J. B.（2010）．Compassionate liberals and polite conservatives: Associations of agreeableness with political ideology and moral values. *Personality and Social Psychology Bulletin*, *36*, 655-664.

Hotchin, V., & West, K.（2018）．Openness and intellect differentially predict right-wing authoritarianism. *Personality and Individual Differences*, *124*, 117-123.

John, O. P., Naumann, L. P., & Soto, C. J.（2008）．Paradigm shift to the integrative Big Five trait taxonomy: History, measurement, and conceptual issues. In O. P. John, R. W. Robins, & L. A. Pervin（Eds.）, *Handbook of personality: Theory and research*（3rd ed., pp. 114-158）．New York: Guilford Press.

Jost, J. T., Glaser, J., Kruglanski, A. W., & Sulloway, F. J.（2003）．Political conservatism as motivated social cognition. *Psychological Bulletin*, *129*, 339-375.

Kawamoto, T., & Endo, T.（2015），Personality change in adolescence: Results from a Japanese sample. *Journal of Research in Personality*, *57*, 32-42.

Kawamoto, T., van der Linden, D., & Dunkel, C. S.（2017）．The General Factor of Personality（GFP）and moral foundations. *Personality and Individual Differences*, *119*, 78-82.

川本哲也・小塩真司・阿部晋吾・坪田祐基・平島太郎・伊藤大幸・谷　伊織（2015）．ビッグ・ファイブ・パーソナリティ特性の年齢差と性差―大規模横断調査による検討―　発達心理学研究，*26*，107-122.

国立教育政策研究所（2017）．非認知的（社会情緒的）能力の発達と科学的検討手法についての研究に関する報告書　国立教育政策研究所

Lewis, G. J., & Bates, T. C.（2011）．From left to right: How the personality system allows basic traits to influence politics via characteristic moral adaptations. *British Journal of Psychology*, *102*, 546-558.

Lodi-Smith, J., & Roberts, B. W. (2007). Social investment and personality: A meta-analysis of the relationship of personality traits to investment in work, family, religion, and volunteerism. *Personality and Social Psychology Review*, *11*, 68-86.

Ludeke, S. G., Bainbridge, T. F., Liu, J., Zhao, K., Smillie, L. D., & Zettler, I. (2019). Using the Big Five Aspect Scales to translate between the HEXACO and Big Five personality models. *Journal of Personality*. DOI: 10.1111/jopy.12453

Magnusson, D., & Stattin, H. (2006). The person in context: A holistic-interactionistic approach. In W. Damon & R. M. Lerner (Eds.), *Handbook of child psychology: Volume I. Theoretical models of human development* (6th ed., pp. 400-464). New York: Wiley

Matsuba, M. K., & Walker, L. J. (2004). Extraordinary moral commitment: Young adults involved in social organizations. *Journal of Personality*, *72*, 413-436.

Nettle, D. (2009). *Personality: What makes you the way you are*. Oxford: Oxford University Press. (竹内和世 (訳) (2009). パーソナリティを科学する―特性5因子であなたがわかる― 白揚社)

OECD (2015). *Skills for social progress: The power of social and emotional skills*. Paris: OECD Publishing. (無藤 隆・秋田喜代美 (監訳) (2018). 社会情動的スキル―学びに向かう力― 明石書店)

Roberts, B. W. (2009). Back to the future: Personality and assessment and personality development. *Journal of Research in Personality*, *43*, 137-145.

Roberts, B. W., & DelVecchio, W. F. (2000). The rank-order consistency of personality traits from childhood to old age: A quantitative review of longitudinal studies. *Psychological Bulletin*, *126*, 3-25.

Roberts, B. W., Luo, J., Briley, D. A., Chow, P. I., Su, R., & Hill, P. L. (2017). A systematic review of personality trait change through intervention. *Psychological Bulletin*, *143*, 117-141.

Roberts, B. W., Walton, K. E., & Viechtbauer, W. (2006). Patterns of mean-level change in personality traits across the life course: A meta-analysis of longitudinal studies. *Psychological Bulletin*, *132*, 1-25.

Soto, C. J. (2016). The little six personality dimensions from early childhood to early adulthood: Mean-level age and gender differences in parents' reports. *Journal of Personality*, *84*, 409-422.

Soto, C. J., & Tackett, J. L. (2015). Personality traits in childhood and adolescence: Structure, development, and outcomes. *Current Directions in Psychological Science*, *24*, 358-362.

Turkheimer, E., Pettersson, E., & Horn, E. E. (2014). A phenotypic null hypothesis for the genetics of personality. *Annual Review of Psychology*, *65*, 515-540.

Van den Akker, A. L., Deković, M., Asscher, J., & Prinzie, P. (2014). Mean-level personality development across childhood and adolescence: A temporary defiance of the maturity principle and bidirectional associations with parenting. *Journal of Personality and Social Psychology*, *107*, 736-750.

de Waal, F. B. M. (1996). *Good natured: The origins of right and wrong in humans and other animals*. Cambridge: Harvard University Press. (西田利貞・藤井留美 (訳) (1998). 利己的なサル, 他人を思いやるサル―モラルはなぜ生まれたのか― 草思社)

Zettler, I., & Hilbig, B. E. (2010). Honesty-humility and a person-situation interaction at work. *European Journal of Personality*, *24*, 569-582.

文　献

◆第 14 章

Bloom, P. (2013). *Just babies: The origins of good and evil*. New York: Crown.（竹田　円（訳）(2015).　ジャスト・ベイビー―赤ちゃんが教えてくれる善悪の起源―　NTT 出版）

Carlson, S. M., & Moses, L. J. (2001). Individual differences in inhibitory control and children's theory of mind. *Child Development*, *72*, 1032-1053.

Diamond, A., Kirkham, N., & Amso, D. (2002). Conditions under which young children can hold two rules in mind and inhibit a prepotent response. *Developmental Psychology*, *38*, 352-362.

藤澤　文 (2015).　道徳的判断　有光興記・藤澤　文（編）　モラルの心理学―理論・研究・道徳教育の実践―（pp. 2-37）　北大路書房

Greene, J. (2013). *Moral tribes: Emotion, reason, and the gap between us and them*. The Penguin Press.（竹田　円（訳）(2015).　モラル・トライブズ―共存の道徳哲学へ―（上）（下）―　岩波書店）

Haidt, J. (2001). The emotional dog and its rational tail: A social intuitionist approach to moral judgment. *Psychological Review*, *108*, 814-834.

Haidt, J. (2012). *The righteous mind: Why good people are divided by politics and religion*. New York: Pantheon Books.（高橋　洋（訳）(2014).　社会はなぜ左と右にわかれるのか―対立を超えるための道徳心理学―　紀伊國屋書店）

Hamlin, J. K. (2013). Failed attempts to help and harm: Intention versus outcome in preverbal infants' social evaluations. *Cognition*, *128*, 451-474.

Hamlin, J. K. (2014). Context-dependent social evaluation in 4.5-month-old human infants: The role of domain-general versus domain-specific processes in the development of social evaluation. *Frontiers in Psychology*, *5*, 614.

Hamlin, J. K., & Wynn, K. (2011). Young infants prefer prosocial to antisocial others. *Cognitive Development*, *26*, 30-39.

Hamlin, J. K., Wynn, K., & Bloom, P. (2007). Social evaluation by preverbal infants. *Nature*, *450*, 557-559.

長谷川真里 (2018).　子どもは善悪をどのように理解するのか？―道徳性発達の研究―　ちとせプレス

橋本祐子 (2011).　幼児の報酬分配に関する研究動向と課題―3 歳から 6 歳の分配行動を中心に―　エデュケア, *32*, 1-9.

Hayashi, H. (2007). Children's moral judgments of commission and omission based on their understanding of second-order mental states. *Japanese Psychological Research*, *49*, 261-274.

Hayashi, H. (2010). Young children's moral judgments of commission and omission related to the understanding of knowledge or ignorance. *Infant and Child Development*, *19*, 187-203.

林　創 (2016).　子どもの社会的な心の発達―コミュニケーションのめばえと深まり―　金子書房

Kanakogi, Y., Okumura, Y., Inoue, Y., Kitazaki, M., & Itakura, S. (2013). Rudimentary sympathy in preverbal Infants: Preference for others in distress. *PLoS ONE*, *8*, e65292.

Killen, M., Mulvey, K. L., Richardson, C., Jampol, N., & Woodward, A. (2011). The accidental transgressor: Morally-relevant theory of mind. *Cognition*, *119*, 197-215.

Knobe, J. (2005). Theory of mind and moral cognition: Exploring the connection. *Trends in Cognitive Sciences*, *9*, 357-359.

Kohlberg, L. (1969). Stage and sequence: the cognitive-developmental approach to socialization. In D. A. Goslin (Ed.), *Handbook of socialization theory and research* (pp. 347-480). Chicago: Rand McNally.

熊木悠人 (2016).　幼児期の分配行動の発達的基盤―動機の変化と実行機能の役割―　発達心理学研究, *27*, 167-179.

258

Lane, J. D., Wellman, H. N., Olson, S. L., LaBounty, J., & Kerr, D. C. R. (2010). Theory of mind and emotion understanding predict moral development in early childhood. *British Journal of Developmental Psychology*, *28*, 871-889.

Mischel, W. (2014). *The marshmallow test: Mastering self-control*. New York: Little, Brown and Company. (柴田裕之（訳）(2015). マシュマロ・テスト 早川書房)

Mischel, W., Ebbesen, E. B., & Raskoff Zeiss, A. (1972). Cognitive and attentional mechanisms in delay of gratification. *Journal of Personality and Social Psychology*, *21*, 204-218.

Miyake, A., Friedman, N. P., Emerson, M. J., Witzki, A. H., Howerter, A., & Wager, T. (2000). The unity and diversity of executive functions and their contributions to complex "frontal lobe" tasks: A latent variable analysis. *Cognitive Psychology*, *41*, 49-100.

森口佑介（2008）. 就学前期における実行機能の発達 心理学評論, *51*, 447-459.

Premack, D., & Woodruff, G. (1978). Does the chimpanzee have a theory of mind? *The Behavioral and Brain Sciences*, *1*, 515-526.

Sloane, S., Baillargeon, R., & Premack, D. (2012). Do infants have a sense of fairness? *Psychological Science*, *23*, 196-204.

Smetana, J. G., Jambon, M., Conry-Murray, C., & Sturge-Apple, M. L. (2012). Reciprocal associations between young children's developing moral judgments and theory of mind. *Developmental Psychology*, *48*, 1144-1155.

高木展郎（2017）. 特別の教科 道徳 高木展郎・三浦修一・白井達夫（著） 新学習指導要領がめざす これからの学校・これからの授業 小学館

Yuill, N. (1984). Young children's coordination of motive and outcome in judgments of satisfaction and morality. *British Journal of Developmental Psychology*, *2*, 73-81.

◆第15章

Allport, G. W. (1954). *The nature of prejudice*. Cambridge, Mass: Addison-Wesley.

藤野 博（2013）. 学齢期の高機能自閉症スペクトラム障害児に対する社会性の支援に関する研究動向 特殊教育学研究, *51*, 63-72.

原田直樹・松浦賢長（2010）. 学習面・行動面の困難を抱える不登校児童・生徒とその支援に関する研究 日本保健福祉学会誌, *16*, 13-22.

原田直樹・野見山晴香・三並めぐる・梶原由紀子・松浦賢長（2012）. 中学校における発達障害が疑われる生徒に対する生徒指導に関する研究 福岡県立大学看護学研究紀要, *10*, 1-12.

長谷川真里（2014a）. 信念の多様性についての子どもの理解―相対主義，寛容性，心の理論からの検討― 発達心理学研究, *25*(4), 345-355.

長谷川真里（2014b）. 他者の多様性への寛容―児童と青年における集団からの排除についての判断― 教育心理学研究, *62*(1), 13-23.

今枝史雄・楠 敬太・金森裕治（2013）. 通常の小・中学校における障害理解教育の実態に関する研究（第Ⅰ報）―実施状況及び教員の意識に関する調査を通して― 大阪教育大学紀要第Ⅳ部門教育科学, *61*, 63-76.

加賀美常美代（2012）. グローバル社会における多様性と偏見 加賀美常美代・横田雅弘・坪井 健・工藤和宏（編著） 多文化社会の偏見・差別―形成のメカニズムと低減のための教育―（pp. 12-36） 明石書店

栗田季佳（2015）. 見えない偏見の科学―心に潜む障害者への偏見を可視化する― 京都大学学術出版会

松永邦裕（2014）. 思春期における高機能広汎性発達障害といじめ―気づかれにくい異質性の理解とそ

の対応の課題— 福岡大学研究部論集B社会科学編, *7*, 9-13.

水野智美（編著）(2016). はじめよう！障害理解教育—子どもの発達段階に沿った指導計画と授業例— 図書文化

水野智美・徳田克己（2012). 道徳副読本における障害の扱われ方の変化— 2003 年度版と 2010 年度版とを比較して— 教材学研究, *23*, 273-280.

文部科学省（2012). 通常の学級に在籍する発達障害の可能性のある特別な教育的支援を必要とする児童生徒に関する調査結果について http://www.mext.go.jp/a_menu/shotou/tokubetu/material/__icsFiles/afieldfile/2012/12/10/1328729_01.pdf（2019 年 5 月 15 日閲覧）

文部科学省（2017a). 平成 29 年度学校基本調査 http://www.mext.go.jp/b_menu/toukei/chousa01/kihon/kekka/k_detail/1388914.htm（2019 年 5 月 14 日閲覧）

文部科学省（2017b).「日本語指導が必要な児童生徒の受入状況等に関する調査（平成 28 年度）」の結果について http://www.mext.go.jp/b_menu/houdou/29/06/1386753.htm（2019 年 5 月 14 日閲覧）

文部科学省（2018). 平成 29 年度通級による指導実施状況調査結果について http://www.mext.go.jp/a_menu/shotou/tokubetu/1402845.htm（2019 年 5 月 14 日閲覧）

岡田有司（2015). 発達障害生徒における学校不適応の理解と対応—特性論, 適合論, 構築論の視点から— 高千穂論叢, *50*(3), 29-47.

真城知己（2003). 障害理解教育の授業を考える 文理閣

多田早織・杉山登志郎・西沢めぐ美・辻井正次（1998). 高機能広汎性発達障害の児童・青年に対するいじめの臨床的検討 小児の精神と神経, *38*, 195-204.

武 勤・渡辺弘純・Crystal, D. S.・Killen, M.（2003). 人間の多様性への寛容—児童生徒の仲間集団への「受け入れ」に関する中日比較研究— 愛媛大学教育学部紀要第 I 部教育科学, *50*(1), 25-41.

徳田克己（2005). 障害理解と心のバリアフリー 徳田克己・水野智美（編著） 障害理解—心のバリアフリーの理論と実践—（pp. 2-10） 誠信書店

渡辺弘純・Crystal, D. S.・Killen, M.（2001). 人間の異質性への寛容—児童生徒の集団への「受け入れ」の発達に関する日米比較研究— 愛媛大学教育学部紀要第 I 部教育科学, *47*(2), 39-58.

◆第 16 章

松尾廣文（2007). 道徳教育 荒木紀幸（編） 教育心理学の最先端—自尊感情の育成と学校生活の充実—（pp. 203-218） あいり出版

荒木寿友（2017). ゼロから学べる道徳科授業づくり 明治図書

◆第 17 章

荒木紀幸（編）(1997). 続 道徳教育はこうすればおもしろい（p. 48-59） 北大路書房

藤井基貴（2018). ジレンマ授業 「防災読本」出版委員会・中井 仁（監修） 教師現場の防災読本 京都大学学術出版会

◆第 19 章

荒木紀幸（編）(1990). モラルジレンマ資料と授業展開—小学校編—（pp. 36-38, 93-96） 明治図書

文部科学省（2014). 私たちの道徳 中学校 廣済堂あかつき

人名索引

▶あ

アイゼンバーグ（Eisenberg, N.） 120
アッシュ（Asch, S. E.） 15
荒木寿友 19, 32, 101
荒木紀幸 57
アレグザンダー（Alexander, R.） 119
ウィギンズ（Wiggins, G.） 20, 39
ウィルソン（Wilson, D. S.） 116
植田和也 57
岡田有司 152
オルポート（Allport, G. W.） 150

▶か

カーネマン（Kahneman, D.） 14, 99
ガイガー（Geiger, K. M.） 96
岸 学 19
ギリガン（Gilligan, C.） 17
ギンタス（Gintis, H.） 117
クリスチャンソン（Kristjánsson, K.） 107,
110
グリーン（Green, J.） 15
クルツバン（Kurzban, R.） 121
幸田 隆 66
コールバーグ（Kohlberg, L.） 14, 55, 89,
92, 100, 101, 140, 176, 221

▶さ

櫻井育夫 94
ゼア（Zehr, H.） 84
セルマン（Selman, R. L.） 94

▶た

チュリエル（Turiel, E.） 95, 97

トリヴァース（Trivers, R.） 118

▶な

ヌッチ（Nucci, L.） 97
ノディングス（Noddings, N.） 17

▶は

ハイト（Haidt, J.） 14, 97, 98, 106, 134, 145
長谷川真里 150
ハムリン（Hamlin, J. K.） 141, 142
ピアジェ（Piajet, J.） 90
ヒギンズ（Higgins, A.） 101
ブラット（Blatt, M.） 100
ブルーム（Bloom, P.） 14, 99
ボウルズ（Bowles, S.） 117
堀之内優樹 65

▶ま

マクタイ（McTighe, G.） 20
松下佳代 37

▶や

山岸明子 93
山岸俊男 120
ヤマダ（Yamada, H.） 97

▶ら

リンド（Lind, G.） 17, 100
ローウェンスタイン（Loewenstein, G.） 21

▶わ

ワクテル（Wachtel, T.） 86

事項索引

▶あ
アノミー論　127

▶い
育成を目指す資質・能力の三つの柱　3
畏敬の念　109
「異己」理解・共生プロジェクト　64
畏怖　109

▶う
ウェビング　56

▶え
SDGs　30
Education2030　28
エピソードファイル　188
FGC　84
MJI（moral judgement interview）　93
MDD　100
エルマイラ事件（the Elmira case）　81
演劇的手法　202
援助／妨害パラダイム　142

▶お
OECD　28
OECD2030　3
The OECD Learning Compass　22, 28
大くくりなまとまり　52

▶か
ガイダンス（guidance）　71
学習指導案　43
学習状況　49
拡張―形成理論　112
拡張性尺度（moral expansiveness
　　scale: MES）　99
学力　3
カリキュラム・マネジメント　11
考え，議論する道徳　6, 7, 34, 36, 46, 60, 61,
　　69, 89, 102, 104, 111, 145-147, 157
考える道徳　37
慣習領域　96
間接互恵性　119

▶き
寛容（tolerance）　150

規範意識　126
Q～こどものための哲学　196
Qワード　195
教育再生実行会議　4
教育的タクト　157
教育の4つの次元　18
教育評価　47
教科書教材　31
共感　130
議論する道徳　37

▶け
ケア（care）　17
ケアリング　17
傾聴　52
KMDD（Konstantz moethod of dilemma
　　discussion）　100
言語連想法　56
現代的な課題　29, 30

▶こ
公正，公平，社会主義　85
構築論（social constructionism）　152
公平性　85
互恵的利他主義の理論　118
心の理論（theory of mind）　144, 147
個人内評価　53
個人領域　96
固定的な見方（ステレオタイプ）　154
コミュニティボール　194
コンセプトマップ（概念地図）　56
コンピテンシー　16

▶し
CCR（center for curriculum redesign）　18
自我関与　38
自己肯定感　35
自己否定感　74
自己評価　55
自己を見つめる　35
資質・能力　16

事項索引

持続可能な社会のための教育（education for sustainable development）　30
自治的活動　78
実行機能（executive function）　143
質の高い多様な指導方法　38
シティズンシップ教育　67, 101
視点取得　130
指導要録　50
シミュレーション説　121
社会情動的スキル　102
社会的コントロール理論　127
社会的直観主義　112
社会的能力　100
社会的領域理論　95
ジャストコミュニティアプローチ　101
修身　70
修復的実践（restorative practices）　84
修復的司法（restorative justice）　84
修復的正義　88
授業評価の「観点」　51
熟慮　7
主体的・対話的で深い学び　10, 37, 61
障害シミュレーション体験　154
障害理解教育　154
障害理解の発達段階　155
情動　105
情動エピソード　105
情動教育　112, 113
情動知性　112
情動特性　105
情報モラル　29, 30, 184
ジレンマくだき授業　172
ジレンマ授業　172

▶せ
生活教育　71
生活指導　70, 71
正義　85
生徒指導　71
制度と利他性の共進化　117
接触仮説　150

▶そ
測定　53
素材の教材化　32
Society5.0　29

▶た
体験的な学習　38
対人交渉方略　94

多面的・多角的　36
多様性　148

▶ち
知の探究的な学習　228
注意欠陥・多動性障害（ADHD）　75
中心発問　40
直観　14, 15, 95, 97-99, 140, 141, 143, 145-147

▶て
DIT: defining issues test　93
ディープ・アクティブラーニング　39
テーマ発問　40, 41
適合論（person environment fit）　152
DeSeCo（definition and selection of competencies）　3
哲学対話　66, 192, 195
デフォルト・ヒューリスティック　122

▶と
問いづくり　39
同情　142
道徳科の評価　48, 49
道徳基盤尺度（MFQ: moral foundation questionnaire）　99
道徳基盤理論　134
道徳教育に係る評価等の在り方に関する専門家会議　38, 48
道徳教育の充実に関する懇談会　5
道徳的コンピテンシーとしての〈道徳性〉　21
道徳性　9, 16, 19, 45, 104, 135
道徳性に係る成長の様子　49
道徳性の測定と評価　53
道徳性の発達　92
道徳性発達段階　93, 140, 176, 221
道徳的コンピテンシー　16, 21
道徳的自己　17
道徳的実践意欲と態度　104
道徳的情動（moral emotions）　105
道徳的（諸）価値　20, 24
道徳的心情　104
道徳的知識　20, 33
道徳的なコンピテンス　86, 88
道徳的判断力　104
道徳的理由づけ　92
道徳の時間　2
「道徳の時間」の評価　48
道徳領域　96

263

事項索引

特性論（individual characteristics）　152
特性論的アプローチ　132
特別活動　77
特別の教科である道徳　2
徳目主義　24
トロッコ問題　141

▶な

内面化アプローチ　92
内容項目　23
内容項目の4つの視点　26

▶に

二重過程モデル　99
人間ものさし　202
認知能力　138
認知のゆがみ　128
認知発達理論　92

▶の

ノーマリゼイション　154

▶は

パーソナリティ（性格）　132
パーソナリティ特性　134, 135
配列（シークエンス）　27
ハインツのジレンマ　140
場面発問　40
反社会的行動　124, 151

▶ひ

ビジネス倫理　101
ビッグファイブ（5因子モデル）　133, 134
非認知能力　102, 137
ヒューリスティック　122
漂流理論　127
昼／夜ストループ課題　144

▶ふ

ファシリテーション　195
ファシリテーター　230
VLF（voices of love and freedom）　129
VORM（victim offender reconciliation movement）　84
VORP（victim offender reconciliation program）　84
フェアネスマインド　53
複数レベル淘汰　116
文化的接触論　127

▶へ

HEXACO（ヘキサコ）　133
偏狭な利他主義　117
偏見　150

▶ほ

法教育　81
防災教育　170
防災道徳　172
ポートフォリオ評価　56
補助発問（切り返し・問い返し発問）　40, 41
本時のねらい　43

▶ま

マーブルゲーム　90
マシュマロ・テスト　144

▶み

見方・考え方　10, 157
三つの資質・能力　61

▶も

目標に基づいた評価（目標準拠型評価）　48
モラルジレンマ　42, 93, 100, 102, 103
モラルジレンマ授業　17
モラルジレンマ討論　89
モラルディスカッション　178
問題解決的な学習　38
問題行動　73

▶や

役割取得（role-taking）　16
役割取得能力　94

▶ら

ラベリング理論　127

▶り

理解すること　20
理論説　121

▶る

類型論的アプローチ　132

▶れ

連想マップ法　57

264

事項索引

▶ろ

ロールプレイ　202

▶わ

私たちの道徳　32, 87
ワンペーパーポートフォリオ（OPP）　208

あとがき

　今から15年くらい前になるでしょうか。暑い夏の東京で開催された日本発達心理学会国際ワークショップで荒木寿友先生と私は出会いました。荒木先生は教育学，私は心理学と専攻が異なり，なおかつ私は大学院に入学したばかりで右も左もわかりませんでしたが，道徳に関する話し合いにとても関心をもっているところが共通していました。そのため，その後も心理系の学会でご一緒させていただくことがありましたが，互いの専攻が異なることもあり，それ以降，交差することなくそれぞれの道を歩んでいました。

　それから10年。上廣倫理財団の研究成果報告会（本文中でも述べた通り，道徳に関連する様々な学問背景をもつ研究者が集まる会）で，私の研究発表を聞いてくださったある教育学研究者から「荒木さんを知っていますか？　あなたの研究テーマなら出会った方がいいと思いますよ」と声をかけられました。そこで，たいへんご無沙汰していることを申し訳なく思いながらもご連絡を差し上げたのが，荒木寿友先生と私の再会になります。

　このエピソードは荒木先生と私の間の出来事ですが，昨今の道徳（教育）を取り巻く状況をとてもよく反映しているのではないかと思います。

　かねてより道徳（教育）は学問ごとに分かれ，それぞれがもつ研究手法を用いて，それぞれの学問領域内ではわかり合える用語を用い，それぞれが研究知見を積み重ねてきました。知見を積み上げてきたこと，それ自体はとても素晴らしく，部分的にも社会に貢献してきたと思われます。しかし，逆にいうと，それぞれの学問領域内で道徳研究が完結していることにより，あるいは完結できたからこそ，学問横断的に道徳（教育）について議論するということを怠ってきたともいえそうです。しかしながら，本書で取り上げてきた通り，心理学というひとつの学問内だけを見ても，すでに，ひとりの研究者だけで道徳研究を網羅的に把握することは困難になってきています。また，これまでに当然だとされ，周知されてきた知見を揺るがす新しい知見も提唱されてきています。さらに，同じように道徳を取り扱う心理学研究者であっても，異なる角度から検討する人同士では，話の前提や使用する用語も異なります。ましてや，拠り所とする学問や立ち位置が異なれば，道徳の理解はどれほど異なるでしょうか（逆に小中高の先生方からは学校で心理学を教えるのによい時間として道徳の時間があげられています（『心理学って何だろうか？　四千人の調査から見える期待と現実』楠見孝編，誠信書房，2018年）。

あとがき

　おそらく今の時代は，道徳に関心をもつ人に対して，それぞれの異なる立場の人たちが同じ土俵に立ち，それぞれの立場から道徳（教育）について様々に「考え議論する」ときにたどり着いたといっているのではないでしょうか。異なる専攻でありながらも，互いに異なる道を歩みながらも，道徳に関心があったために再会できた私たちは，まさに，このタイミングだからこそ，再会できたのかもしれません。

　誰にとっても大切なものである，「どのように生きるか」を考えることが道徳だとすれば，今こそが，立ち位置や学問的背景などにとらわれずに，私たち一人ひとりが主体的に道徳（教育）について考え，議論していくときではないかと思います。本書がそのきっかけのひとつになることができれば，これ以上にうれしいことはありません。

　最後に，本書の刊行にあたり，これまで道徳を学んでくる中で，私を育ててくださいました先生方からたいへん興味深い最先端の内容の原稿をいただけましたことに，心より深く感謝申し上げます。そして，本書の企画から刊行まで，時には励まし，伴走してくださいました北大路書房の若森乾也さんに心より厚くお礼申し上げます。

子どものころに過ごした太陽の塔が見える町にて
藤澤　文

執筆者一覧

荒木　紀幸　　（兵庫教育大学名誉教授）　巻頭言

荒木　寿友　　（編者）　序文，1部リード，2章，3章，4章，5章

藤澤　文　　　（編者）　2部リード，9章，12章，16章❷，20章❷，あとがき

西野　真由美　（国立教育政策研究所）　1章

藤原　孝章　　（同志社女子大学現代社会学部）　6章

山岡　雅博　　（立命館大学大学院教職研究科）　7章

山辺　恵理子　（都留文科大学文学部）　8章

武藤　世良　　（お茶の水女子大学教学IR・教育開発・学修支援センター）　10章

小田　亮　　　（名古屋工業大学大学院工学研究科）　11章

川本　哲也　　（東京大学大学院教育学研究科附属学校教育高度化・効果検証センター）　13章

林　　創　　　（神戸大学大学院人間発達環境学研究科）　14章

岡田　有司　　（東北大学高度教養教育・学生支援機構）　15章

藤井　基貴　　（静岡大学教育学部）　3部リード，17章❶

上田　仁紀　　（滋賀県愛知郡愛荘町立愛知川小学校）　16章❶

久保田笑理　　（鎌倉女子大学児童学部）　16章❷

堀田　泰永　　（石川県羽咋市立瑞穂小学校）　17章❷

竹内　和雄　　（兵庫県立大学環境人間学部）　18章❶

木原　一彰　　（鳥取県鳥取市立世紀小学校）　18章❷

幸田　隆　　　（愛知県豊田市立東保見小学校）　18章❸

藤原　由香里　（京都府八幡市立美濃山小学校）　18章❹

星　　美由紀　（福島県郡山市立郡山第五中学校）　19章❶

鈴木　憲　　　（三重県伊勢市立五十鈴中学校）　19章❷

鈴木　賢一　　（愛知県あま市立七宝小学校）　19章❸

松尾　廣文　　（東京都大田区立大森第六中学校）　19章❹

髙野　阿草　　（立命館宇治中学校・高等学校）　19章❺

六車　加代　　（岡山県立岡山聾学校）　20章❶

（所属先は執筆当時）

編者紹介

荒木寿友（あらき・かずとも）

宮崎県生まれ

京都大学大学院教育学研究科博士課程修了　博士（教育学）

現在，立命館大学大学院教職研究科教授

▶ 主著・論文

　学校における対話とコミュニティの形成　三省堂　2013 年

　ゼロから学べる道徳科授業づくり　明治図書　2017 年

　シティズンシップの育成における対話と自己肯定感―「特別の教科 道徳」と国際理解教育
　　の相違を手がかりに―　日本国際理解教育学会「国際理解教育」22 号，59-70 頁，2017 年

　新しい教職教育講座　教育の方法と技術（共編）ミネルヴァ書房　2018 年

　これからの道徳教材の方向性―資質・能力を育成するための道徳教材開発―　日本道徳教
　　育学会「道徳と教育」62 号，119-130 頁，2018 年

　深い学びを紡ぎだす（共著）勁草書房　2019 年

　新しい教職教育講座　道徳教育（共編）ミネルヴァ書房　2019 年

　未来のための探究的道徳―「問い」にこだわり知を深める授業づくり―（編著）明治図書
　　2019 年

藤澤　文（ふじさわ・あや）

京都府生まれ

お茶の水女子大学人間文化研究科博士後期課程修了　博士（人文科学）

東京学芸大学総合的道徳教育プログラム推進本部特任講師を経て，

現在，鎌倉女子大学大学院児童学研究科准教授

国立国会図書館調査及び立法考査局『青少年をめぐる諸問題プロジェクト』，人事院国家公務
員採用総合職試験（人間科学）試験専門委員などに携わる。本書執筆時に，公益財団法人上
廣倫理財団，公益財団法人博報児童教育振興会から研究サポートを受ける。

▶ 主著・論文

　青年の規範の理解における討議の役割（単著）　ナカニシヤ出版　2013 年

　モラルの心理学―理論・研究・道徳教育の実践―（共編著）　北大路書房　2015 年

　道徳性と道徳教育　児童心理学の進歩 vol.54［2015 年版］，84–108 頁（依頼論文，共著）
　　金子書房　2015 年

　教師として考えつづけるための教育心理学―多角的な視点から学校の現実を考える―（共
　　著）ナカニシヤ出版　2018 年

　新しい教職教育講座　道徳教育（共著）ミネルヴァ書房　2019 年

道徳教育はこうすれば〈もっと〉おもしろい
未来を拓く教育学と心理学のコラボレーション
◆ ◆ ◆ ◆ ◆ ◆ ◆ ◆ ◆

2019 年 12 月 10 日　初版第 1 刷印刷　定価はカバーに表示
2019 年 12 月 20 日　初版第 1 刷発行　してあります。

編著者　　荒 木 寿 友

藤 澤　　文

発行所　　㈱北大路書房

〒 603-8303　京都市北区紫野十二坊町 12-8
電話　　（075）431-0361㈹
FAX　　（075）431-9393
振替　　01050-4-2083

装丁　　上瀬奈緒子（綴水社）

©2019　印刷・製本／創栄図書印刷㈱
検印省略　落丁・乱丁本はお取り替えいたします。

ISBN978-4-7628-3089-1　C3037　Printed in Japan

・　JCOPY 〈㈳出版者著作権管理機構 委託出版物〉
本書の無断複写は著作権法上での例外を除き禁じられています。
複写される場合は，そのつど事前に，㈳出版者著作権管理機構
（電話 03-5244-5088, FAX 03-5244-5089, e-mail: info@jcopy.or.jp）
の許諾を得てください。

────────────────── 北大路書房の好評関連書 ──────────────────

モラルの心理学
理論・研究・道徳教育の実践

有光興記, 藤澤　文　編著

A5判・288頁・本体2500円＋税
ISBN978-4-7628-2890-4　C3011

道徳の教科化が決定される流れのなか，モラルに関する心理学の最新知見を，理論と実践の両面から幅広く論じる。

主体的・対話的で深い学びに導く
学習科学ガイドブック

大島　純, 千代西尾祐司　編

A5判・240頁・本体2200円＋税
ISBN978-4-7628-3080-8　C3037

アクティブ・ラーニングの観点から，人の学びのメカニズムについて科学的に考える。各節3〜5ページの読み切りで易しく解説。

北欧スウェーデン発 科学する心を育てるアウトドア活動事例集
五感を通して創造性を伸ばす

C. ブレイジ　著
西浦和樹　編訳

B5判・176頁・本体2200円＋税
ISBN978-4-7628-3055-6　C3037

体験的にテクノロジーを学び続けることで，より深い学びに繋げる。課題解決能力・起業マインド・チームプレイの育成にも有効。

21世紀の学習者と
教育の4つの次元
知識, スキル, 人間性, そしてメタ学習

C. ファデル, M. ビアリック, B. トリリング　著
岸　学　監訳／関口貴裕, 細川太輔　編訳

A5判・196頁・本体2200円＋税
ISBN978-4-7628-2944-4　C1037

知識, スキル, 人間性, メタ学習の4つを関連させて育成していくことの重要性を提案。日本や世界の教育改革の方向性が理解できる。